滋賀県内五館共同企画・中川泉三没後七〇年記念展

史学は死学にあらず

中川泉三没後七〇年記念展実行委員会 編

ごあいさつ

中川泉三は、明治二年（一八六九）に現在の米原市大野木に生まれました。泉三は長じるにつれて歴史に関心を深め、大正二年（一九一三）には編纂《へんさん》責任者として携わった『近江坂田郡志』が完成します。その高い学術性が評価され、東京帝国大学（現在の東京大学）史料編纂掛《へんさんがかり》（後の東京大学史料編纂所）をして、地方史の調査編纂の手本と言わしめました。その結果、泉三は『近江蒲生郡志』編纂など次々と依頼を受けることになります。

昭和十四年（一九三九）十月、泉三が郡志のために写した資料や執筆した原稿の収蔵庫と書斎を兼ねて、章斎文庫が設立されます。残念ながら設立の二ヶ月後に泉三はこの世を去るのですが、文庫は泉三の子孫によって現在も受け継がれ、その収蔵資料は実に五万点に及びます。

本年は、泉三が没して七〇年を迎えることから、泉三が編纂した郡志ゆかりの地にある県内五館が共同し、記念の展覧会を

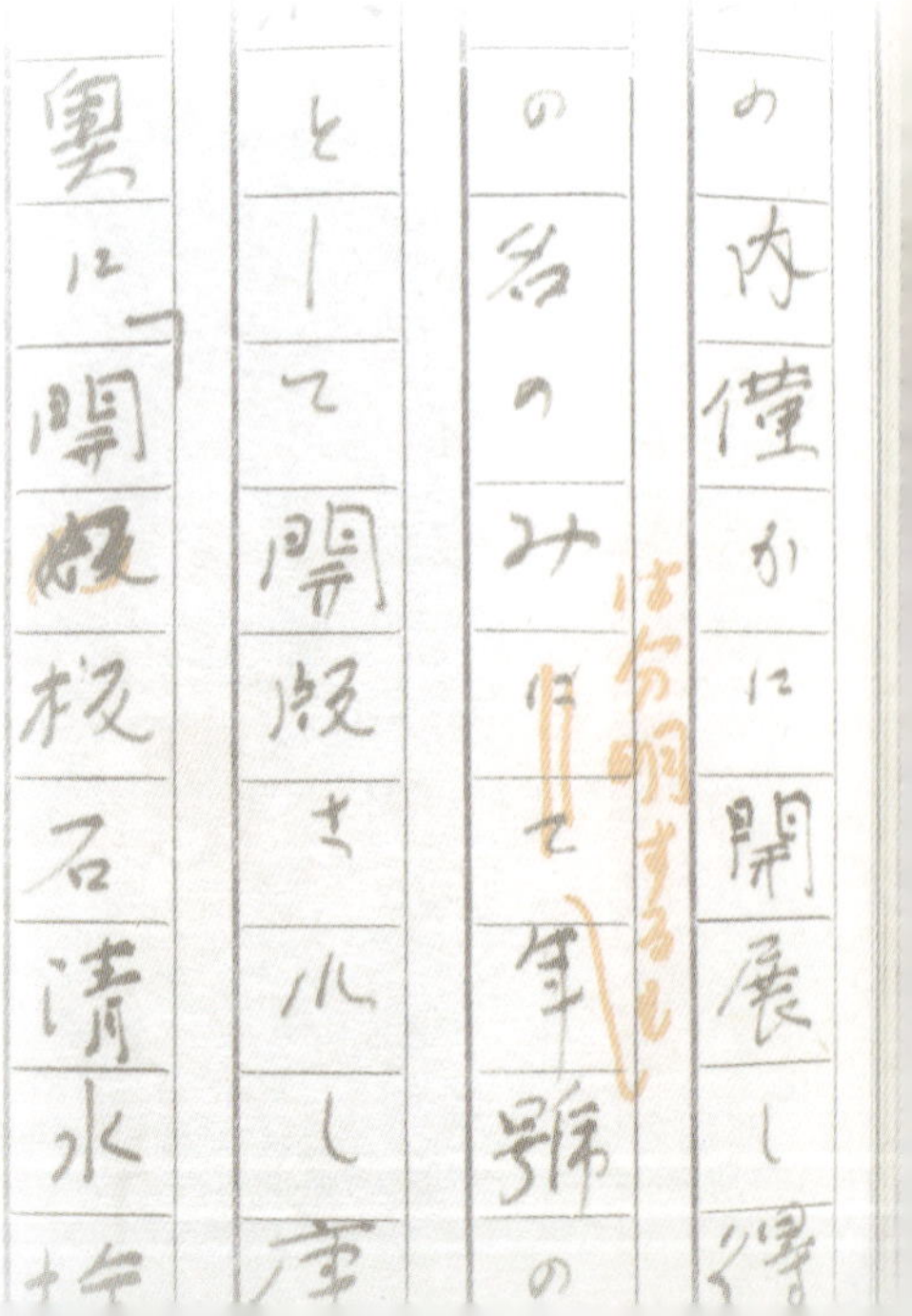

開催すると共に、本図録を作成致しました。各館が地域に根ざした独自のテーマで、章斎文庫に伝わった資料の展覧を中心に、滋賀県の歴史編纂の「魁《さきがけ》」となった中川泉三の業績を振り返ろうとするものです。

最後に今回の共同企画展の開催にあたり、中川泉三の子孫である中川千代さん、中川愛子さん、中川俊秀さん、中川博之さんをはじめ、貴重な資料をご提供いただいた方々、ならびにご協力いただいた方々に対して、厚く御礼申し上げご挨拶といたします。

平成二十一年九月

中川泉三没後七〇年記念展実行委員会
会長　三田村　健城

写真
中川泉三像　中川家蔵
安18　佐々木六角氏観音寺城之図
『近江愛智郡志』原稿（部分）
「章斎」の落款
「章斎文庫」の印

目次

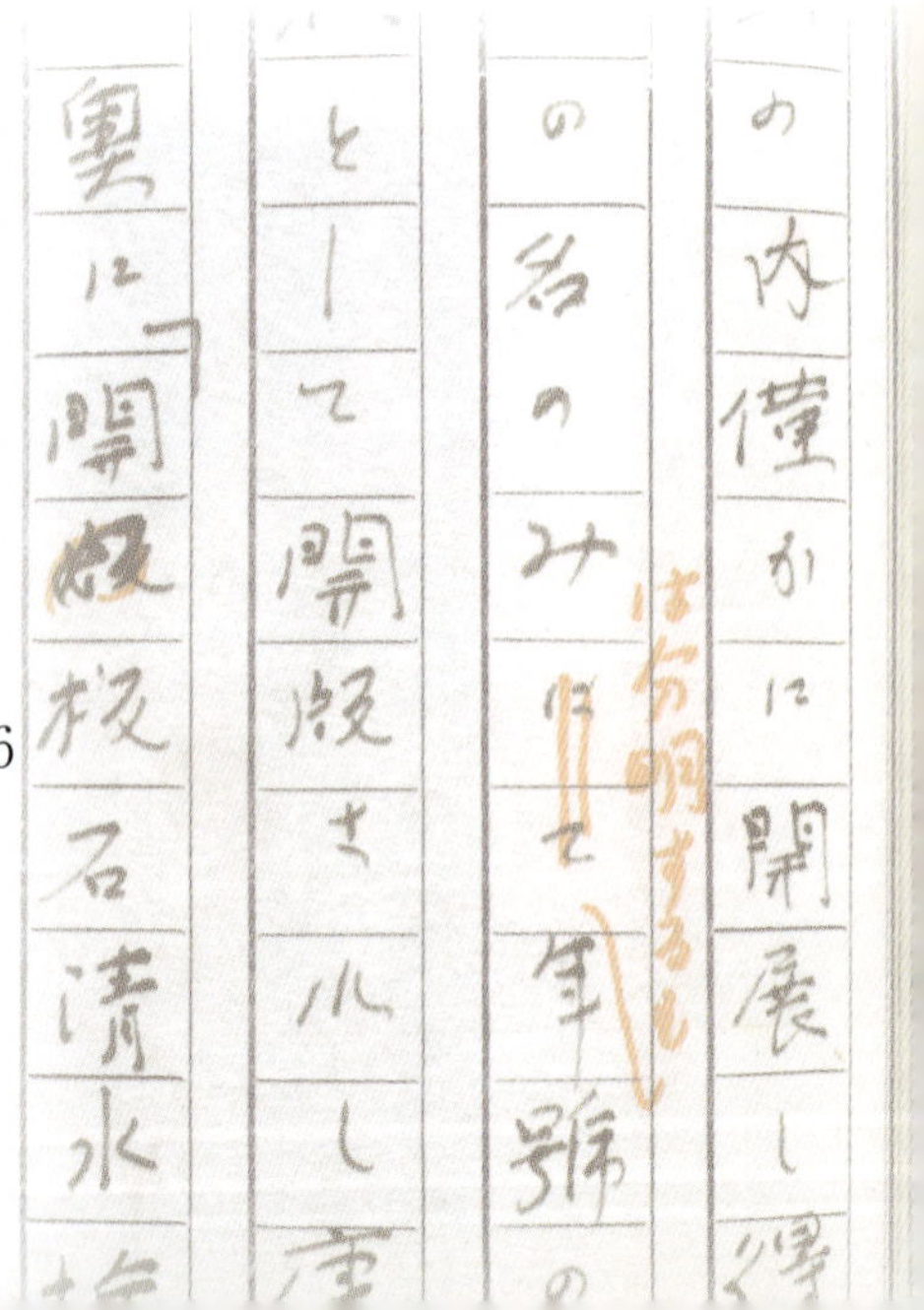

凡例

＊この本は、長浜市長浜城歴史博物館・滋賀県立安土城考古博物館・栗東歴史民俗博物館・愛荘町立歴史文化博物館・米原市近江はにわ館（米原市教育委員会）が共同して行う中川泉三没後七〇年記念展「史学は死学にあらず」にともない作成された展示解説図録である。ただし、展示内容と図録構成は必ずしも一致しない。

＊文章中に所蔵者表記のないものは、昭和十四年（一九三九）に設立された中川泉三の書斎と書庫を兼ねた章斎文庫の所蔵資料である。

＊本文中の「長1」・「安1」などの記号は、「主な展示資料目録」の番号と一致する。

＊史料引用文については、筆者により適宜ふりがなをふった場合がある。

＊各館での記念展の副題と会期は、以下の通りである。

●長浜市長浜城歴史博物館
「中川泉三の生涯・交友と地方史編さん」会期：平成二十一年九月五日㈯～十月十八日㈰

●滋賀県立安土城考古博物館
「中川泉三と蒲生郡」会期：平成二十一年九月八日㈫～十二月六日㈰

●栗東歴史民俗博物館
「中川泉三と里内文庫」会期：平成二十一年九月十二日㈯～十一月二十三日㈪・㈷

●愛荘町立歴史文化博物館
「地方史へのまなざし―『近江愛智郡志』と中川泉三―」会期：平成二十一年十月十七日㈯～十二月六日㈰

●米原市近江はにわ館
「中川泉三の履歴書」会期：平成二十一年十月二十四日㈯～十二月六日㈰

観音寺城趾登山図

昭和11年(1936)11月20日、泉三は神崎郡教育会が主催する臨地講演会に講師として招かれた。会場は比高差300メートル以上の繖山《きぬがさやま》(東近江市・安土町所在。山頂周辺が観音寺城である)であるため、教育会は泉三の要望もあり登山に竹駕籠を準備した。泉三はそれがたいそう気に入ったのか、その情景を漢詩に詠んで色紙に記している。この図は、その色紙とともに章斎文庫に伝わる絵で、竹駕籠に乗って山を登る泉三の姿を描いている。

愛39　稲村山図　村松雲外画

『近江愛智郡志』見返し画として使用された。郡志刊行後、額装され記念品として泉三へ贈られている(本文127頁参照)。

章斎文庫の書斎机上（模式構成）

昭和14年（1939）に完成した章斎文庫の書斎にあった泉三の遺品を模式構成した。机・脇息・めがね・筆立・スポイト・文鎮・水注・朱筆硯など。

第一章　中川泉三の生涯と歴史編纂

栗33　和装本　近江栗太郡志

中川泉三の生涯

蔭山　兼治

中川泉三
大正14年（1925）
1月撮影。56歳。

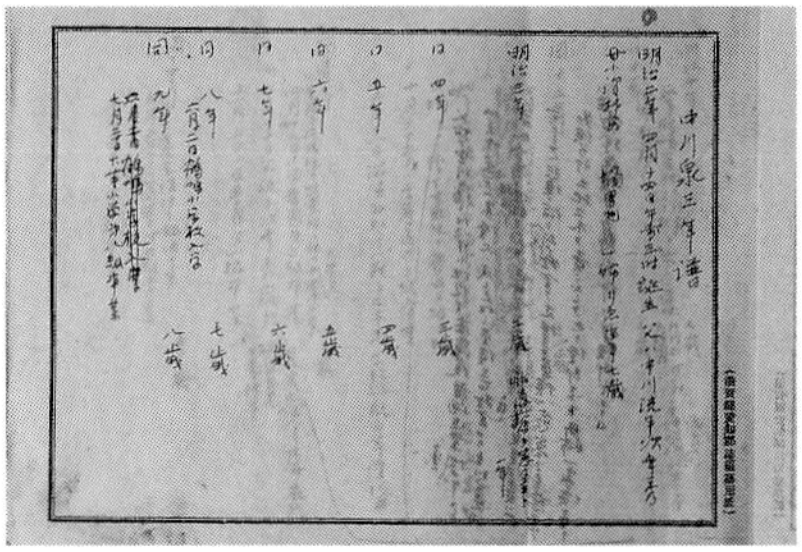

愛14　中川泉三年譜　附録苦心談
前半には「年譜」、後半には「苦心談」を記す。「苦心談」は『中川泉三著作集』所収の「史料採集苦心談」の文章とほぼ同一内容である。「年譜」では泉三は明治８年（1875）、鶴鳴学校に入学となっている。

泉三の履歴史料

泉三の履歴が記された文章として一番の基礎となっているのが、谷村伊平が著した『中川章斎先生小伝』（以下『小伝』と略す。中川泉三著作集刊行会編『中川泉三著作集』第六巻所収。最初は昭和十五年（一九四〇）に発行）である。これは泉三が昭和十四年（一九三九）に古稀と金婚式を迎えるにあたって作成された小冊子である。谷村は長い間、泉三の地方史編纂《へんさん》作業において書記をつとめ、行動をともにしていたことから、この『小伝』を執筆するように中川泉三翁古稀金婚祝賀会事務所から依頼された。内容は泉三自身からの聞き書きや泉三から提供された資料に基づいて記されており、泉三の同時代史料として貴重なものといえるだろう。

他に泉三の没後に執筆されたものとして、泉三の孫にあたる中川千之《せんし》氏の回顧録（『湖国と文化』二〇所収）がある。これは千之氏が幼い頃の祖父泉三との思い出を執筆した文章である。現在見られる泉三の履歴はこの二点をもとにして記されていると思われる。

ところで米原市が現在行っている章斎文庫所蔵資料調査中に、泉三自筆の履歴書が数点確認された。特に詳しく、あるいは長い期間にわたり記されたものは以下の三点である。

（1）「中川泉三年譜」（「保存書類　昭和三年六月病褥中ニ於テ草ス」の添え書きとともに表紙に記される。以下「年譜」と略す。昭和八年（一九三三）彦根町史編纂まで（愛14））。

（2）昭和九年（一九三四）十月三十一日の年月日が記された「報知新聞社主催皇太子御降誕記念事業ニ付村長ヨリ推選《ママ》昭介ニ付ての下案」（以下「履歴書」と略す）。

（3）「神社に関係せし履歴」（以下「神社履歴」と略す。神社昇格に関する記述が主であるが、後半に泉三の履歴を記す）。もとは昭和七年（一九三二）四月の彦根町史編纂の嘱託を受けたところまでの記載であったが、以降も追記が見られ、昭和十三年（一九三八）四月十六日の発病までを記す。

『小伝』はこれらの史料をもとにして作成した可能性が高いと考えられている。ただこれらの史料を対照した結果、『小伝』に

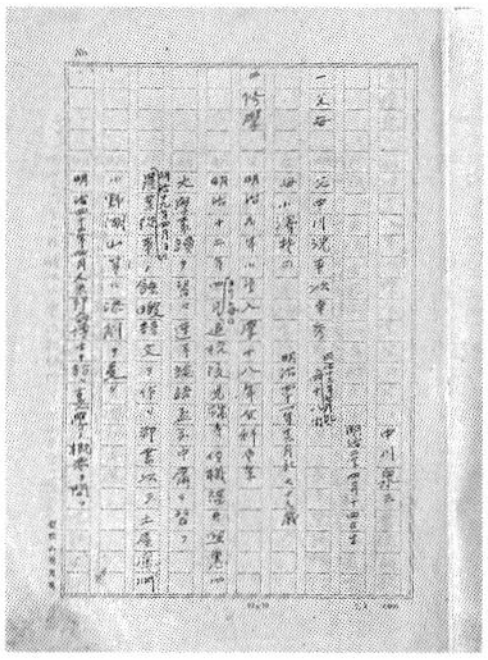

泉三自筆の「履歴書」（10頁下段（2））
報知新聞社が主催して皇太子降誕記念として皇国文化の進軍と国民精神の涵養に寄与するため、手本となる英才篤行の人を表彰することになった。中川泉三は、柏原村長からその候補者として挙げられていたのである。その際に履歴や業績の提出を求められた。その下書きがこの冊子である。

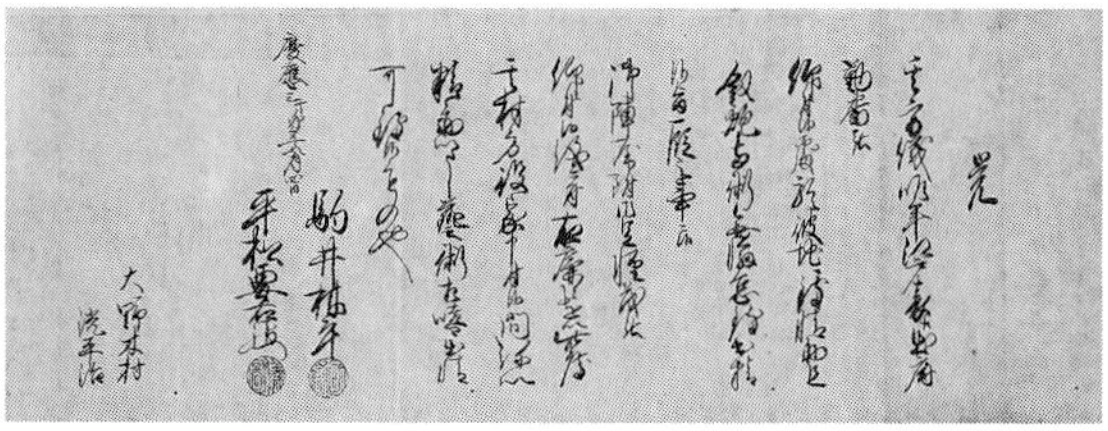

宮川藩「村方役家」任命状　中川洸平次宛
慶応3年（1867）、宮川藩における「精勤」により、中川洸平次が「村方役家」を務めることを命じられている史料。中川家はこの時までその家格ではなかったようである。この文中に「陣屋附足軽」を命じられていたことが記されている。

は年月日の誤記、履歴の脱漏と思われる箇所があった。また『小伝』や千之氏の回顧録には載せられていない事項もある。そこで新たに確認された三点の履歴史料と『小伝』を中心にして、さらに章斎文庫所蔵資料で補足しながら泉三の生涯を追ってみたい。

誕生から青年期

泉三は、明治二年（一八六九）四月十四日、近江国坂田郡大野木村（現在の滋賀県米原市大野木）に生まれた。諱《いみな》（本名のこと）は「成秀」という。また雅号として若いころは「柳江」、また時折「秀翠」（もとは父洸《こう》平次《へいじ》の雅号か）・「西疇」・「太湖」とも名乗る。しかし一番多く使っていたのは「章斎」（早い段階の署名では「章斉」と記すものもある）と「膽吹山人《いぶきさんじん》」・「伊吹山人」であった。

泉三は、父洸平次（脇之助とも。諱は幸秀）、母そののもとに生まれた。姉が一人いる。中川家は残存している史料から確認できる限り、江戸中期以来、代々百姓であった。しかし洸平次の代にあたる慶応四年（一八六八）、宮川藩（藩主は堀田氏。坂田郡宮川村（現在の長浜市宮司《みやし》町）に陣屋があった）より「中小性（姓）」を仰せつけられている。少なくとも幕末のこの時期には藩士として取り立てられていたことがわかる。しかし明治維新により藩士の身分でなくなった洸平次は明治四年（一八七一）に帰郷し、酒造業を営むようになる。酒造業は『小伝』によれば順調であった。また幕末ころ藩主に馬を献上したり、明治になって学校資金を寄付するなど、経済的にも余裕があったようである。

さてこういった家庭環境に生まれた泉三であるが、明治三年（一八七〇）に胎毒瘡《たいどくそう》を一年間患っている。この後も泉三は何度か大きな病気をしており、決して頑強な身体ではなかったようである。

明治八・九年（一八七五・六）頃、小学校（はじめ鶴鳴《かくめい》学校、のち誠良《せいりょう》小学校）に入学する。ちなみに年が不明確なのは「年譜」（八年）と「履歴書」（九年）の記述が異なり、現時点では確定できないためである。ただ他の履歴に関する史料を見る限り、九年（「六月二日　鶴鳴小学校へ入学」とある）が正しいように思われる。学校に通い始めた泉三は、明治十二年（一八七九）から近所の見瑞寺の住職に下校後、漢文の素読を習っている。これは同十五年（一八八二）まで続く。

明治十三年（一八八〇）、父洸平次が亡

16歳の中川泉三

右端が泉三。明治18年（1885）、年齢が近い近所の友人とともに長浜の大通寺の夏中法要に参詣した時の写真。

中川泉三父母

泉三の父・中川洸平次（右）と母その（左）。写真台紙の裏書によると、父は42歳の時の写真である。そのはいつの撮影写真か不明である。剃髪した状態であることから洸平次が亡くなってからの晩年であろうと思われる。

くなる。これにより残された母と姉と幼少の泉三の三人では酒造業を続けていくことが困難になり、経済的余裕がなくなっていく。『小伝』によれば、泉三は高等科への進級を断念し、当時の家業になっていた農業を手伝おうと考えていたようである。しかし母が家にあった一対の飯銅《はんどう》火鉢と、宗和塗りの膳二十人前とを売り払い、書籍代を工面して進級を勧めたので、母に感謝してこれに従った。そして同十八年（一八八五）三月、全科（高等科）を卒業するが、同四月から一年間の約束で代用教員としてそのまま学校に残り勤務する。この代用教員の一年間、校長・同僚らに漢文・漢詩を習う。泉三が雅号を「章斎」としたのもこの頃である。この一年間は、泉三が漢詩文への興味を持ち、かつ深めていく契機となったのである。

漢詩文への傾倒と公務の日々

代用教員を退職してからは農業を営むかたわら、漢詩文を創作して仲間同士で批評し同好会を設立するまでになる。また泉三は当時、著名な漢詩人であった小野湖山《おのこざん》や土屋鳳洲《つちやほうしゅう》らに郵書で自作詩稿の添削を依頼している。また明治二十年（一八七七）四月には菊池三渓《きくちさんけい》の京都宅を訪れ、直接詩文について講義も受けた。これは漢詩文に限ったことではなく、泉三は世間で大家と呼ばれる人びとにも臆することなく、積極的に質問をして学んでいる。このような性格ゆえ、後年泉三は逆に教えを請われる立場になっても真摯《しんし》に対応している。多数の地方史編纂により地方史研究の大家となってから、直接面会を求めたり手紙を送ったりして質問してきた研究熱心な人びとに対し、親切に教えているのである。

明治二十二年（一八八九）の春には、友人とともに姉川や賤ヶ岳の古戦場を訪れる。その際、賤ヶ岳の大岩山に建てられている中川清秀の墓碑を読んで、詩文集の刊行を志した。これは姓が同じ中川であり、名にも泉三の諱「成秀」と同じ「秀」の字があることから、清秀という人物に親しみを感じ、その生涯に同情を抱いたためではないかと思われる。そして翌二十三年（一八九〇）、当時盛んに発行されていた詩文雑誌で読者に広く投稿を募り、詩文集を刊行する。それが泉三の記念すべき最初の編纂書『賤岳懐古集』である。またこの頃、母の命により姉りゑが親戚の高橋家へ嫁ぎ、泉三は高橋とゑと結婚している。そして明治二十五年（一八九二）二月に長女そのゑが生まれた。

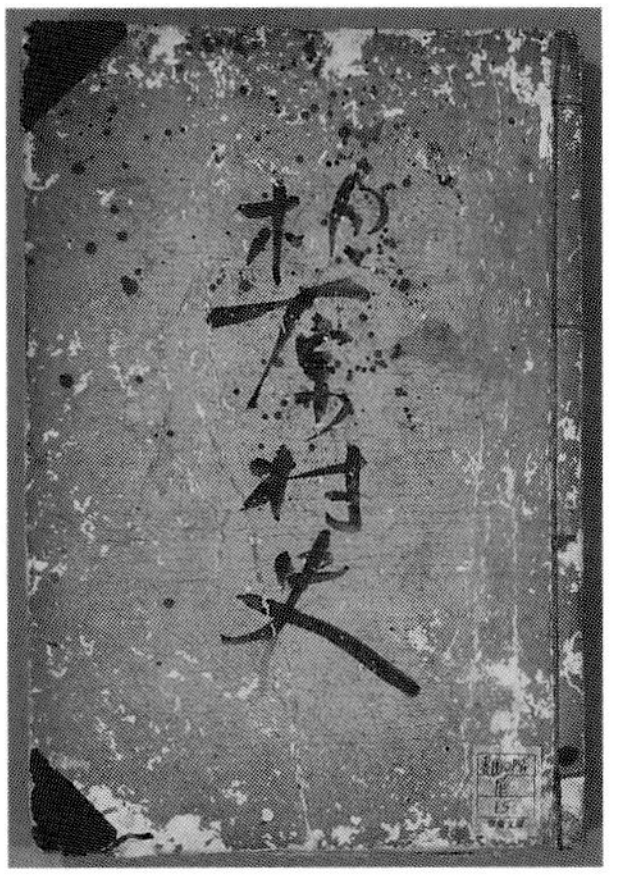

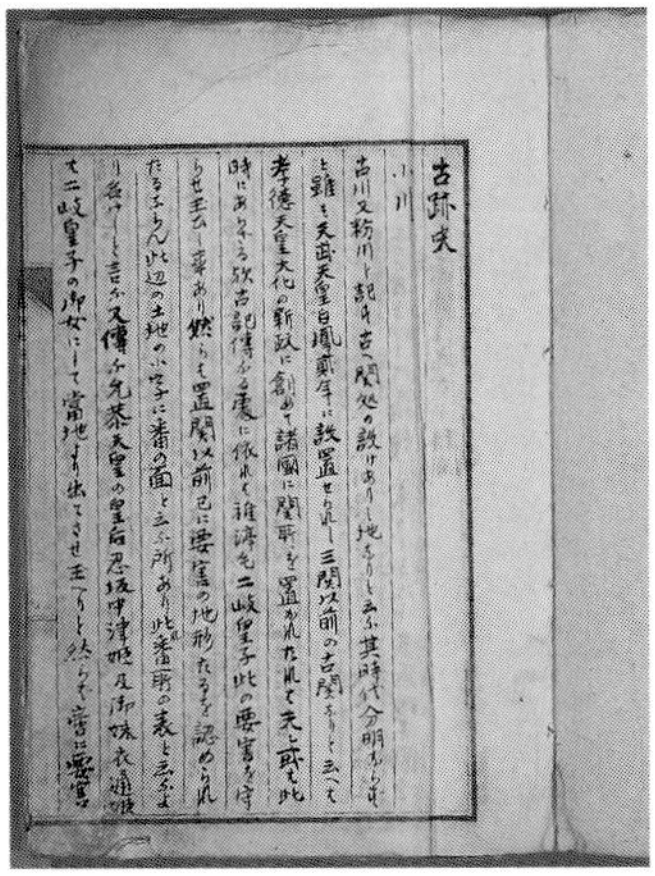

米34　柏原村史
明治三十九年（一九〇六）頃に完成した「村誌」。これは原本からの抜き書きをまとめた冊子のようである。墨書で印刷されなかった。

泉三は明治二十七年（一八九四）四月に柏原村第八区の区長として当選している（泉三の生まれた大野木村は、明治二十二年（一八八九）、町村制の施行により柏原村大字大野木となっている）。翌二十八年（一八九五）四月に柏原村村会議員当選、同三十六年（一九〇三）十月には坂田郡会議員（一期のみ）に当選するなど公務につき、地域での活動を行う。このころ日清・日露戦争があり、公務に忙殺されたと「年譜」に記されている。また私的には同二十八年（一八九五）三月に次女きりゑ、同三十一年（一八九八）八月には三女りう（「りゆ」とも）が生まれている。

明治三十年（一八九七）、泉三は一時公職を辞し、心機一転して柏春小学校の「雇教員」に就職していた。しかし同三十二年（一八九九）に柏原春照《すいじょう》学校組合解除にともなう柏春小学校廃校の案が出され、大野木ほか関係大字の分村問題に発展している。この問題は泉三にも波及し、分村請願委員への要請があり、「雇教員」を辞職することとなった。そして委員として二年間奔走したが、分村はならず、柏原春照学校組合も解除され、柏春小学校は廃校となった。

明治三十三年（一九〇〇）十一月には肺病を患い、京都府立病院に入院する。退院は十二月下旬であったが、『小伝』によれば二年ほど自宅療養をしていた。この時の不安と退院後の嬉しさ、母への思いを綴った一文が「くすりの枕」（米27）と題して残されている。病後療養中の明治三十四年（一九〇一）十月、長男公平が生まれる。一時、死の影がよぎった泉三にとって非常な喜びであっただろう。

同三十七年（一九〇四）には『太湖三十勝』を編纂する。これは滋賀県内の名所旧跡などを題材にして泉三が詠んだ漢詩集である。さきの『賤岳懐古集』は多くの人からの投稿漢詩を編纂したものであったことを考えると、実質『太湖三十勝』が初めての著書ということになる。

地方史編纂の第一歩

泉三は明治三十八年（一九〇五）五月、『膽吹山《いぶきやま》』を編纂する。これは伊吹山の観光案内書であるが、歴史・地理や植物に関する記述もあり、後の郡志編纂につながっていく内容が垣間見られる。この書は好評のため第三版まで出版されたという（大正二年（一九一三）八月、『伊吹山名勝記』と改題・改訂、第二版発行。大正八年（一九一九）四月、『伊吹山案内』と再改題・改訂、第三版発行）。そして同年の九月、

中川泉三
明治四十五年（一九一二）四月撮影。アルバム台紙に貼付されたメモによれば、「坂田郡志成編記念」とある。『近江坂田郡志』編纂完成間近の記念として撮影したものと考えられる。

当時の柏原村長より柏原村誌編纂を依頼されているが、これは『膽吹山』編纂の実績によると考えられる。つまりこの時期にはすでに泉三は「郷土史」に詳しい人物として周囲から認識されていたということであろう。

柏原村誌は当時、郡志編纂の前段階で作られた「郷土誌」である。泉三はこの村誌を郡会議員など、公務の合間をぬって編纂していく。明治三十九年（一九〇六）頃に完成したようであるが、他の「村誌」と同様印刷されていない（章斎文庫所蔵の墨書による冊子は「柏原村史」（米34）と表記されている）。ところでこの柏原村誌編纂中、玉倉部《たまくらべ》について調査した泉三は、不明な点と自分の説を書簡に認めて久米邦武《くめくにたけ》に教えを請うた。そして久米から返事が来た（長27）のだが、これが生涯の師匠として敬愛した久米との交流をもった最初である。私的には明治三十九年（一九〇六）四月、次男占午《せんご》が生まれている。

明治四十年（一九〇七）四月、泉三は坂田郡長の友田效三《こうぞう》より坂田郡志編纂委員を委嘱される。のちに常務委員となり、編纂を主導していく立場となる。泉三は郡内に限らず、東京・京都などにも足を伸ばし、史料収集にあたる。その際、泉三は久米邦武をはじめ、東京帝国大学の三上参次《みかみさんじ》・渡辺世祐《よすけ》、京都帝国大学の喜田貞吉《きださだきち》・三浦周《ひろ》行《ゆき》らと交流をもち、史料調査方法や自説についての意見を求めた。この編纂は、泉三自身の歴史研究・調査に大きな影響を与え、学問的な進歩を遂げさせたのである。

明治四十三年（一九一〇）には、『歴史地理』に「壬申の乱の戦場息長横川と横川駅の位置」という論文を初めて発表した。以後、毎年のように地方史編纂の研究・調査成果を研究雑誌などに発表していく。

またこういった活動から「郷土史」講演を依頼されることが多くなった。明治四十四年（一九一一）、南郷里村青年団（「榎青年会」とも記している。榎は現在の長浜市榎木町）主催の講演会（長1）をはじめ（明治四十二年（一九〇九）に大野木尋常小学校卒業生教育招集会での講演依頼があるが、開催したか不明）、生涯にわたり一〇〇回以上の講演を行った（二二頁の表「講演一覧」参照）。泉三が郡志に関わっていない地域も含めて、特に地方史の担い手とされた教員に対しての講演により、泉三が亡くなった後も今日まで、地方史研究者にその研究・調査方法は様々な形で継承されていくことになる。

中川泉三の家族
大正十五年（一九二六）七月、自宅での撮影。左から中川泉三・八重子・文子（泉三の孫）・とゑ・りう・泉八（りうが抱いている赤ん坊）・俊三。

『近江坂田郡志』完成から『近江蒲生郡志』編纂へ

さて泉三は地方史編纂《へんさん》者・研究者としての第一歩を踏み出す一方で、地域においての活動もあいかわらず盛んであった。明治四十年（一九〇七）に郡会議員の任期が切れると、柏原村の助役に当選、翌四十一年（一九〇八）に学務委員、同四十三年（一九一〇）には村会議員に当選している。

公的な部分では非常に輝かしい経歴となったが、家庭では不幸が続いた。明治四十年（一九〇七）の十二月には、次男の占午が二歳で没した。翌四十一年には母そのが、同四十二年（一九〇九）には長男の公平が九歳で、そして大正元年（一九一二）には長女のそのゑが二十一歳で没している。泉三にとって非常につらい時期であった。その中で明治四十一年（一九〇八）九月に四女の八重子が生まれていることは私的な部分で唯一の救いであった。

大正元年（一九一二）、泉三は鎌倉末期に柏原で処刑された北畠具行《きたばたけともゆき》のものと伝わる墓の整備、碑表の建設を地元の有志の集まりである表忠会（北畠具行を顕彰する目的で柏原村で結成）とともに行っている。またその際、「元弘の忠臣北畠具行卿伝」を編纂して会に寄付している。村誌・郡志編纂の過程で具体化されていったものといえるだろう。

また同年、章斎文庫所蔵資料の編纂日誌（長12）によれば、長浜町誌編纂の初会合に出席している（後に刊行された『近江長浜町志』では編纂主任を嘱託されたのは大正二年（一九一三）とされている）。編纂は柏原村にある永明寺《ようめいじ》の住職服部俊崖とともに担当していた（服部は大正十二年（一九二三）の関東大震災の際、関東方面に出張しており、その後消息が不明となった）。この頃、坂田郡志は発刊の最終段階であり、長浜町誌の編纂主体である下郷共済会がそれを見越して泉三に依頼したと考えられる（しかし長浜町誌は編纂されたものの、当時刊行されなかった）。

大正二年（一九一三）に刊行された『近江坂田郡志』は、久米邦武らの絶賛もあり、地方史編纂者として、泉三の名前は全国的に知られるようになった。

さて大正三年（一九一四）四月、いよいよ泉三が編纂した地方史の中でも大作となった『近江蒲生郡志』の編纂主任を嘱託される。この郡志編纂主任に関しては、当時蒲生郡視学であった角田亀次郎《すみだかめじろう》が泉三を推薦したことがわかっている（安12）。角

人物贈位一覧

人名		結果	贈位時期
北畠具行	南北朝期　公家	従二位→正二位	大正４年11月10日　大典
佐々木広綱	鎌倉期　武士	→正四位	大正４年11月10日　大典
伴　蒿蹊	江戸期　国学者	→正四位	大正４年11月10日　大典
織田信長	戦国大名　安土城主	正二位→正一位	大正６年11月10日　陸軍大演習
鏡　久綱	鎌倉期　武士	→正四位	大正６年11月10日　陸軍大演習
市橋長義	幕末期　仁正寺（西大路）藩主	→従四位	大正６年11月10日　陸軍大演習
小倉実澄	戦国武将　佐久良城主	正五位	昭和３年11月10日　大典
蒲生氏郷	戦国武将　日野城主	贈位ならず	
西澤眞藏	明治期　　実業家	贈位ならず	

＊中川泉三の関与が判明したものだけを挙げた。

田は『近江坂田郡志』編纂の時の坂田郡視学であり、転任して蒲生郡視学となっていた。そのため泉三の仕事ぶりを見知っていたものと思われる。また同年、『東浅井郡志』編纂顧問に就任している（『東浅井郡志』）。

大正四年（一九一五）には、蒲生郡内の日野町志編纂の顧問を要請され、受諾する。これは泉三が地方史編纂者として知られていたことと併せ、すでに『近江蒲生郡志』編纂を行っており、その調査で日野町にも何度か調査に訪れ、町長の野田東三郎とも意気投合していたからであろう。同じころ、八日市町誌編纂の依頼を受けている。こちらは多忙なため断ったようにも見えるが、以後も編纂の助言などを求められていることや編纂用紙が章斎文庫に残されていることから考えて、顧問のような役割を果たしていた可能性がある。

神社昇格申請・人物顕彰・史跡顕場への協力

大正四年（一九一五）には蒲生郡長の藤田正邦から八幡神社（日牟礼《ひむれ》（比牟礼）八幡宮。現在の近江八幡市所在）の昇格申請などについて依頼があった。これが最初の神社（社格）昇格依頼のようである。当時、神社昇格運動は滋賀県に限らず各地で行われていた。（社格の）昇格を申請するためには、その昇格すべき根拠を明らかにして府県を通じて国に提出する必要があった。その「根拠」の一つとして由緒と所蔵資料についての調査書が必要なため、郡志編纂調査の過程でこういったものを調べる機会が多かった泉三に執筆が依頼されたのである。「神社履歴」や章斎文庫所蔵資料を見ていると、以降も県内各地から同様の依頼があったことがわかる。その範囲は滋賀郡の白鬚《しらひげ》神社（現在の高島市所在）、甲賀郡の椿《つばき》神社（現在の甲賀市所在）など、泉三が郡志編纂に携わった地域にとどまらない（一八頁の表「神社昇格申請一覧」・一七頁の「位置図」参照）。

また大正四年（一九一五）十一月十日の大正天皇即位大典記念として、歴史上の人物に対する贈位があった。泉三は前述の北畠具行や鎌倉期の武士佐々木広綱・江戸期の国学者伴蒿蹊《ばんこうけい》らの贈位に関し、神社昇格と同様、その人物の事績調査を依頼されている（表「人物贈位一覧」参照）。神社昇格も人物贈位も国や皇室に対する序列に組み込まれることを意味する。しかしただそれだけではなく、地域により濃淡はあるものの、この昇格や贈位を地域における中核として人の結び付きを図ったという面も指

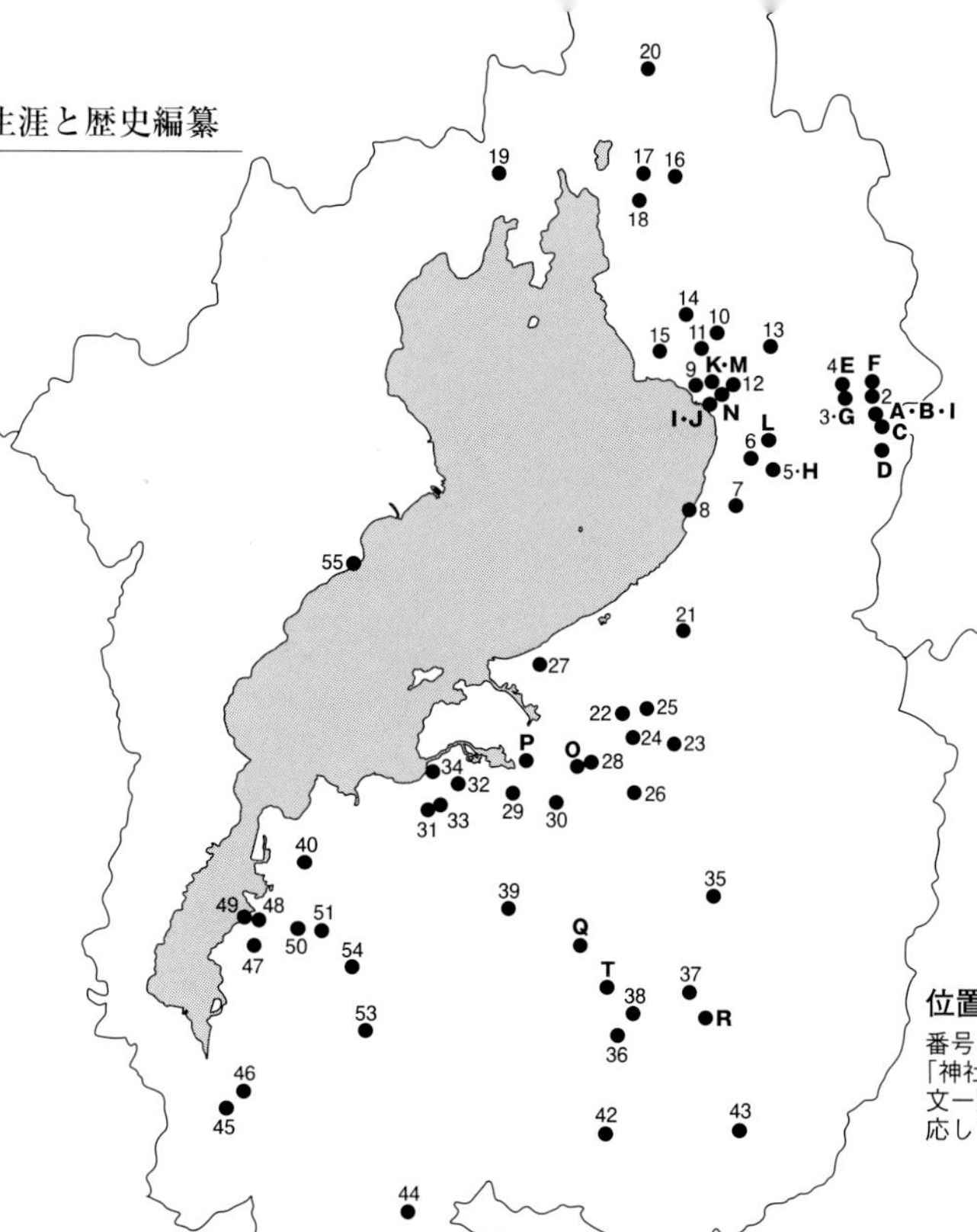

位置図

番号とアルファベットは「神社昇格申請一覧」・「碑文一覧」の表のものに対応している

碑文一覧

	碑名称	対象人・事物名	揮毫・撰文など	現存の有無	所在地（現在地名）	備考
A	藤田真一君伝	藤田真一	不明	○	米原市大野木	
B	表忠碑	石川倉三	不明	○	米原市大野木	
C	故陸軍歩兵軍曹谷本嘉男君伝	谷本嘉男	撰文	○	米原市須川	
D	松浦吉松翁頌徳碑	松浦吉松	撰文	○	米原市柏原	
E	山田留治郎頌徳碑	山田留治郎	撰文・揮毫	○	米原市春照	
F	松本五郎平翁頌徳碑	松本五郎平	撰文・揮毫	○	米原市弥高 平野神社	
G	藤田佐八頌徳碑	藤田佐八	撰文・揮毫	○	米原市高番	
H	〔滋賀県保勝会　石造史蹟標柱〕	山津照神社古墳	揮毫	○	米原市能登瀬	
I	平方史蹟顕揚碑	平方	世話	○	長浜市平方町	
J	潤徳安民碑　碑陰記	薬袋氏	撰文	○	長浜市平方町	
K	忠魂塔銘	大通寺　忠魂塔	不明	△	長浜市元浜町 大通寺	草稿あり。
L	〔滋賀県保勝会　石造史蹟標柱〕	布勢古墳	揮毫	○	長浜市布勢町	
M	長浜小学校大楠公銅像記		撰文	×	長浜市高田町 長浜小学校	草稿あり。
N	徳田大蔵君忠烈碑	徳田大蔵	撰文	○	長浜市勝町	
O	塚本里子女史碑	塚本里子	撰文・揮毫	○	東近江市五個荘川並町	
P	安土城阯碑陰記		撰文	○	蒲生郡安土町下豊浦	
Q	広田神社誌	広田神社	撰文・揮毫	○	東近江市蒲生大森町 広田神社	依頼の書簡あり。ただし泉三の関与したものか不明。
R	大正池記念碑　碑文	大正池	撰文・揮毫	○	日野町西大路	
S	〔石造社標〕	迫神社	揮毫	○	日野町迫	
T	義民卯兵衛碑	卯兵衛	撰文・揮毫	△	日野町豊田	依頼の書簡あり。ただし建碑は不明。草稿あり。
	曽我兵庫允師助之碑	曽我兵庫允師助	撰文	△	不明	草稿あり。
	藤井紫水先生碑銘	藤井耕一	撰文	△	不明	草稿あり。

＊章斎文庫所蔵資料より作成。淡海書道文化専門学校・清水清市氏より情報提供などの協力を得た。
＊「現存の有無」の「○」は現存、「×」は現存せず、「△」は現存未確認または建碑不明を示す。

神社昇格申請一覧

No.	名前	郡	所在地（現在地名）	申請の結果	備考
1	八相宮	坂　田	米原市大野木		中川泉三没後に村社昇格
2	伊夫伎神社	坂　田	米原市伊吹		
3	千福神社？	坂　田	米原市高番		由緒取調依頼あり、正確な社名・所在は不明
4	八幡神社	坂　田	米原市春照	→村社	
5	山津照神社	坂　田	米原市能登瀬	→県社	
6	日撫神社	坂　田	米原市顔戸		
7	湯谷神社	坂　田	米原市米原	→村社	
8	磯崎神社	坂　田	米原市磯		
9	豊国神社	坂　田	長浜市南呉服町	→県社	県社寺課紹介による依頼
10	日吉神社	坂　田	長浜市国友町	→郷社	
11	神明神社	坂　田	長浜市新庄寺町		
12	日枝神社	坂　田	長浜市宮司町	→郷社	
13	上坂神社	坂　田	長浜市東上坂町	→郷社→県社	県社寺課紹介による依頼
14	大木本神社	東浅井	東浅井郡虎姫町大寺	→村社	
15	川道神社	東浅井	長浜市川道町		
16	与志漏神社	伊　香	伊香郡木之本町古橋		由緒取調
17	意冨布良神社	伊　香	伊香郡木之本町木之本	→県社	申請書類作成
18	石作玉作神社	伊　香	伊香郡木之本町千田	→県社	郡長依頼
19	日吉神社	伊　香	伊香郡西浅井町庄		由緒取調
20	丹生神社	伊　香	伊香郡余呉町上丹生		由緒取調
21	高宮神社	犬　上	彦根市高宮町	→郷社	
22	石部神社	愛　知	愛知郡愛荘町沓掛	→県社	郡志編纂中
23	軽野神社	愛　知	愛知郡愛荘町岩倉	→県社	郡長依頼
24	豊満神社	愛　知	愛知郡愛荘町豊満	→県社	郡志編纂中
25	愛知神社	愛　知	犬上郡豊郷町吉田		
26	八幡神社	愛　知	東近江市小田苅町		
27	八幡神社	愛　知	彦根市田附町		
28	龍田神社	神　崎	東近江市五個荘竜田町		
29	沙沙貴神社	蒲　生	蒲生郡安土町常楽寺	郷社→県社	
30	奥石神社	蒲　生	蒲生郡安土町東老蘇	郷社→県社	
31	加茂神社	蒲　生	近江八幡市加茂町	村社→郷社	
32	日牟礼八幡宮	蒲　生	近江八幡市宮内町	村社→郷社	
33	諏訪神社	蒲　生	近江八幡市小船木町		
34	八王子神社	蒲　生	近江八幡市南津田町		
35	白鳥神社	蒲　生	東近江市高木町		
36	迫神社	蒲　生	蒲生郡日野町迫		社標に揮毫
37	馬見岡綿向神社	蒲　生	蒲生郡日野町村井		
38	比都佐神社	蒲　生	蒲生郡日野町十禅師	村社→郷社	
39	苗村神社	蒲　生	蒲生郡竜王町綾戸		
40	己爾乃神社	野　洲	守山市洲本町		
41	不明	野　洲	不明		無格社昇格を依頼されているが、場所不明
42	椿神社	甲　賀	甲賀市甲賀町隠岐	→郷社	県社寺課紹介による依頼
43	田村神社	甲　賀	甲賀市土山町北土山		
44	新宮神社	甲　賀	甲賀市信楽町長野		
45	毛知比神社	栗　太	大津市田上里町		
46	八幡神社	栗　太	大津市上田上堂町		？
47	老杉神社	栗　太	草津市下笠町		
48	印岐志呂神社	栗　太	草津市片岡町	→県社	
49	総社神社	栗　太	草津市志那中町		
50	大将軍神社	栗　太	守山市古高町	→村社	郡長依頼
51	勝部神社	栗　太	守山市勝部町		
53	大野神社	栗　太	栗東市荒張		
54	高野神社	栗　太	栗東市高野		？
55	白鬚神社	滋　賀	高島市鵜川	→県社	

＊章斎文庫所蔵資料などにより、昇格あるいはそのための由緒作成で中川泉三の関与が判明した神社を挙げている。
＊「結果」は「神社履歴」により判明したものだけを記した。

地域での仕事
大正十五年（一九二六）七月五日、八相宮《はっそうぐう》での記念写真。泉三は氏子総代として中門透塀《すかしべい》の新築の会計を行っている。この他にも徳願寺の門徒総代などもつとめていた。

摘できるだろう。戦前の地域の人びとにとって現代で言う「地域づくり」的な要素の一つだったのではないだろうか。

大正六年（一九一七）十一月、陸軍特別大演習が滋賀県において挙行された。この時、泉三は『蒲生郡行幸啓誌《ぎょうこうけいし》』一冊、『蒲生郡古城趾図』（一帙十城趾図入）を編纂する。郡はこれをはじめ、その他来県した文武官に献上している。また同時に泉三が事績調査に尽力した人物への贈位も行われた。伏見宮貞愛《ふしみのみやさだなる》親王・閑院《かんいんの》宮載仁《みやことひと》親王・戦国期の織田信長・鎌倉期の武士鏡久《かがみひさ》綱《つな》・幕末期の仁正寺（西大路）藩主市橋長義である。織田信長については他県からも申請があったが、滋賀県でも泉三に依頼して調査書を作成させていたのである。

大正九年（一九二〇）六月には、滋賀県保勝会委員を嘱託される。これにより泉三は担当地域の坂田郡などを中心に史跡の調査を行っているが、その中で現状・修復方法などについても報告し、文化財保護的な活動も行っていることがわかる。

これに関連して、昭和に入ってから坂田郡息長《おきなが》村の山津照《やまつてる》神社古墳（現在の米原市能登瀬所在）や同郡西黒田村の布勢《ふせ》古墳（現在の長浜市布勢町所在）には泉三の揮毫《きごう》になる石碑が建てられている（米44）。これは地元の人に依頼されたことによる建碑であった。また昭和八年（一九三三）には、蒲生郡馬淵村の千僧供《せんぞく》古墳（現在の近江八幡市馬淵町所在）の発掘調査概要を作成、さらに地元の依頼により祭文も作成している（安19）。

続々と依頼される郡志編纂

大正十年（一九二一）十月、蒲生郡志編《へん》纂《さん》が終了間近になった時、『近江栗太郡志』編纂主任の依頼が郡視学の一谷軍治《いちたにぐんじ》より来た。当初、泉三は自著の刊行を考えており、編纂事業を受ける気がなかったようである。しかし再三にわたる要請により、編纂主任の嘱託を受けることになった。

大正十一年（一九二二）、『近江蒲生郡志』が刊行される。九月には『高島郡誌』編纂事業について助言を求められ、講演も行う（米41）。また伊香郡でも郡誌編纂の気運が高まり事業について協議を行い、翌十二年（一九二三）には編纂顧問として就任している。『近江伊香郡志』編纂事業は当時、郡長であった松原五百蔵という人物の提唱により始められている（『近江伊香郡志』）が、松原は泉三が蒲生郡志編纂を行っていた時期に金田村（現在の近江八幡市金剛寺町の一部）の村長（後に蒲生郡役所勤務）であっ

「彦根町史」編纂記念写真
昭和十一年（一九三六）四月十日、彦根町役場において町史編纂委員の記念撮影。前列右から三人目が中川泉三。当初の編纂期限はこの年であったことから、撮影されたと考えられる。しかし彦根町は昭和十二年（一九三七）に周辺町村と合併し市となり、対象地域が拡大したこともあって彦根市史として事業が延長され、再編纂することになった。

た人物で、泉三とは既知であった。おそらくその関係と泉三の編纂者としての力量を知っていたことから依頼したものと考えられる。

大正十三年（一九二四）、大坂の陣で戦死した木村重成《しげなり》への贈位があった。滋賀県が贈位申請を行ったものではなかったが、木村重成の首塚が彦根町の宗安寺《そうあんじ》にあり、その縁で奉告祭が同寺で行われている。その際、泉三が講演を行っている（米38）。同年四月一日には、大野木の八相宮《はっそうぐう》氏子総代に当選している。この後も再選を果たして地域における活動も続けた。

大正十四年（一九二五）四月、柏原村の村会議員に当選した。この年、栗太郡志編纂が終了間近になって近江愛智郡志編纂主任の嘱託依頼を再三受けている。この交渉を直接していたのは郡視学の古市良吉であった。実は古市は泉三が栗太郡志編纂をしている時期に同郡の物部《ものべ》小学校の校長をしており、泉三に守山の蛍について報告したことがあった。また愛知郡とは、明治四十三年（一九一〇）の皇太子行啓時に泉三が花の木（郡内南花沢村・北花沢村、現在の東近江市南花沢町・北花沢町に所在する名木）の台覧を上申した縁がかつてあった。それでも泉三は疲労のため、依頼を再三固辞していたのである。しかし「履歴書」によると「郡制廃止ニ付今其ノ人ヲ得サレハ編纂不可能ニ終ルニヨリ是非応諾サレタシトノ懇望」により、栗太郡志の編纂が完了すれば専念するという条件で七月に受諾している。そして大正十五年（一九二六）に『近江栗太郡志』が刊行された後は愛智郡志編纂に専念していく。

「履歴書」によれば、泉三は昭和三年（一九二八）六月に「胃腸病」に罹り、一時危篤状態になったという。しかし何とか三週間ほどで回復している。またこの年、坂田郡平方村の潤徳安民碑建設に伴い、その碑文作成を依頼されている。泉三のもとには昭和に入ると人物の顕彰や史跡に関する碑文の撰文・揮毫の依頼が多くやってくるようになった（一七頁の表「碑文一覧」・「位置図」参照）。碑文の作成依頼は前述の山津照神社古墳や布勢古墳をはじめ、坂田郡が多く、次いで蒲生郡が多い。前述した神社昇格や人物顕彰のための調査、そして碑文撰文・揮毫は、当時の歴史研究者が依頼される仕事の一つであったようである。つまり泉三はすでに研究者として世間に認められていたのである。

昭和四年（一九二九）四月に中世の武将である小倉実澄《おぐらさねずみ》の贈位奉告祭（泉三が事績

愛酒記

昭和6年（1931）、中川泉三が好きな酒について漢文「愛酒記」を作成し、知人に送った。送られたうちの1人である村松雲外が大変気に入ったようで、俳句を詠み、画を描いて泉三のもとへ送った色紙帖。

調査を行い、前年の昭和三年（一九二八）十一月十日に昭和天皇即位大典として贈位）があり、その講演を永源寺（現在の東近江市永源寺高野町所在）で行っている（米38）。十一月には『近江愛智郡志』が刊行される。これが泉三の編纂・刊行した最後の郡志であった。

「郡志」後―個人家史編纂・ラジオ講演

昭和五年（一九三〇）四月には泉三自身の還暦記念として漢詩集『章斎詩鈔』二巻を印刷する。また同時に祝賀会が催され、泉三の自宅などで所蔵の軸の展覧会を行った。

七月から十一月に至る半年間は、日野町志原稿校閲と追補の嘱を受け従事している。これは編纂《へんさん》者であった池田毅が没したことで、その刊行が泉三に託されたのである。

昭和六年（一九三一）、蒲生郡日野町の近江商人として有名な中井源左衛門家の古文書調査と家史編修の嘱を受ける。三月から十月まで日野に滞在してこの作業を行った。このような個人の家の歴史を記した家史・家誌も編纂を依頼されることがしばしばあったようである。泉三が編纂したものには『松居家誌』や「中野家史」・『曽我氏家記』などがある。またこの六月には中井家史編纂の合間に山陽・九州方面に旅行に出かけている。泉三はこのころから毎年旅行に出かけることが通例となっている。特に温泉は好きであった。

同じく昭和六年（一九三一）六月には、名古屋中央放送局において織田信長没後三五〇年記念講演が開催されたが、泉三も午後六時半より「織田信長公と安土城」の題で放送講演を行っている。このラジオ放送講演は生涯で三回行っているが、昭和八年（一九三三）十一月（講演題目「豊臣家の忠臣　石田三成」）と昭和十二年（一九三七）九月（講演題目「琵琶湖に就て」）に行われた講演は大阪中央放送局の依頼であった（二二頁の「講演一覧」参照）。

昭和七年（一九三二）四月、彦根町史編纂の嘱託を受け、四ヶ年継続事業として従事する。しかし昭和十二年（一九三七）に彦根町が周辺の村と合併し市となるに及んで対象地域が拡大することになったため、史料調査のさらなる必要性が増し、事業が延長された。同年に八幡町誌の編纂顧問にも就任している。しかし彦根町史の編纂が多忙になったため同九年（一九三四）には辞任したようである（『滋賀県八幡町史』）。またこの七年（一九三二）の十一月には自著『近江之聖蹟』一巻を刊行、天皇・皇后・皇太后に献上している。

講演一覧

No.	講演会名	年月日	西暦年	主催者	場所	内容または演題
1	大野木尋常小学校卒業生 教育招集会講演	明治42年頃？	1909	大野木尋常小学校	大野木尋常小学校？	不明
2	南郷里村青年団講演	明治44年3月26日	1911	南郷里村青年団 （榎青年会）	南郷里村？	不明
3	山東部教育会講演	大正元年？	1912	山東部教育会	柏原尋常高等小学校？	不明
4	米原文芸茶話会講演	大正2年？	1913	米原文芸茶話会	不明	不明
5	入江東同窓会講演	大正2年3月8日	1913	入江東同窓会	不明	入江村の略歴
6	東浅井郡講演	大正2年11月23日	1913		不明	東浅井郡志編纂
7	蒲生郡役所講演	大正3年10月18日	1914	蒲生郡	安土村浄厳院	蒲生郡志史料展覧会
8	坂田郡青年会講演	大正4年？	1915	坂田郡	坂田郡役所？	不明
9	野洲郡兵主村立外中洲村・ 中里村三村小学校教育会講演	大正4年10月26日	1915	野洲郡兵主村立外中洲村・ 中里村三村小学校教育会		史料調査について
10	息長村青年会講演	大正5～6年？	1916	息長村青年会	息長小学校？	不明、No.11と同一？
11	息長村青年会講演	大正6年？	1917	息長小学校	息長小学校？	不明、No.10と同一？
12	米原文芸茶話会講演	大正6年？	1917	米原文芸茶話会		不明
13	愛知郡教育会講演	大正6年12月	1917	愛知郡教育会		12月25～27日？
14	市橋長義贈位？奉告祭講演	大正7年？	1918	旧西大路藩士族会？		市橋長義の贈位に関する講演？
15	蒲生郡教育会総集会講演	大正7年？	1918	蒲生郡教育会		不明
16	梨本宮御前講演	大正7年？	1918			開催時期誤り？
17	古器・古文書展覧会　講演	大正7年8月4日	1918	岐阜県不破郡	垂井尋常小学校？	不明
18	桜川村青年団講演	大正7年？	1918	桜川村青年団		不明
19	梨本宮御前講演	大正7年9月18日	1918		長浜公園（豊公園）勧業館	不明
20	大阪朝日新聞社主催臨地講演	大正8年4月20日	1919	大阪朝日新聞社	安土城趾？	不明、史蹟説明
21	長岡学校講演	大正9年？	1920			講演対象者は「教育家」（教育関係者）
22	沙沙貴神社講演	大正9年？	1920	沙沙貴神社	沙沙貴神社	佐々木世代史
23	講演	大正10年？	1921	柏原尋常高等小学校？	柏原尋常高等小学校？	北畠具行関係
24	長浜共済会講演？	大正10年5月19日	1921		不明	六荘平方建碑
25	伊香郡教育会講演	大正10年8月12日	1921		不明	伊香郡志編纂について
26	郡志史料展覧会講演	大正11年	1922	栗太郡教育会	不明	郡志史料関係
27	講演	大正11年7月1日	1922		坂田郡役所？	坂田郡の歴史
28	西黒田村処女会講演	大正11年8月16日	1922	西黒田村処女会	西黒田村	長浜町の歴史
29	栗太神職会講演	大正11年9月16日	1922	栗太神職会	常盤村	栗太郡の歴史
30	金勝村講演	大正11年	1922	金勝村？	金勝村	不明
31	高島郡講演	大正11年	1922	高島郡	高島郡役所？	高島郡志編纂について
32	後醍醐天皇奉讃会講演	大正12年4月3日	1923	後醍醐天皇奉讃会	大原観音寺	奉賛会の成立・観音寺の歴史など
33	長浜女学校記念日講演	大正12年6月1日	1923		長浜女学校	長浜町の成立の歴史と歴史上の人物
34	西黒田村処女会講演	大正12年7月？	1923	西黒田村処女会	西黒田村	西黒田村を中心とする附近の歴史地理
35	愛知郡教育会講演	大正12年12月18日	1923	愛知郡教育会	高野小学校	愛智郡志編纂関係？
36	愛知郡教育会講演	大正12年12月19日	1923	愛知郡教育会	押立小学校・ 秦川西小学校	愛智郡志編纂関係？
37	浅井長政陣歿後 三百五十年忌法会講演	大正12年？	1923		徳勝寺？	浅井長政関係？
38	常盤村青年処女総集会講演	大正13年4月26日	1924	常盤村青年会	常盤村	不明
39	栗南教員会組合会講演？	大正13年4月27日	1924	栗南教員会	不明	大石・上田上・下田上・瀬田四ヶ村の歴史
40	木村長門守重成贈位奉告祭	大正13年6月6日	1924	彦根町教育会？	彦根町京極 宗安寺本堂	木村長門守重成
41	下郷共済会浅井公墓落慶式 墓前講演	大正13年	1924	下郷共済会	徳勝寺？	浅井氏関係？
42	講演	大正13年	1924		不明	不明、彦根高等商業学校？、大通寺？
43	栗太郡神職会講演会	大正14年5月16日	1925	栗太郡神職会	栗太郡役所	歴史上より見たる栗太郡の神社
44	栗太郡仏教同心会講演	大正14年7月10日	1925	栗太郡仏教同心会	不明	歴史上より見たる栗太郡の寺院
45	郡教育者歴史部委員会講演	大正14年7月29日	1925	郡教育者歴史部委員会	草津小学校	郡の歴史、No.46と同一？
46	第二回郡教育者歴史部委員会？ 郷土史講演	大正14年	1925	郡教育者歴史部委員 会？	栗太郡草津小学校	郡の歴史、No.45と同一？
47	愛知郡教育会講演	大正15年2月13日	1926	愛知郡教育会	角井村	愛智郡志編纂関係？
48	第三回郡教育者歴史部委員会？ 郷土史講演	大正15年2月20日	1926	郡教育者歴史部委員 会？	栗太郡役所（草津町）	栗太郡の歴史
49	葉枝見村展覧会講演	大正15年3月27日	1926	愛知郡役所？（戸主会）	葉枝見村	愛智郡志編纂関係？
50	日枝・豊国村講演	大正15年	1926	愛知郡役所	日枝・豊国村	愛智郡志編纂関係？

No.	講演会名	年月日	西暦年	主催者	場所	内容または演題
51	講演	大正15年4月28日	1926		見瑞寺	不明
52	東西小椋・角井・高野四ヶ村史料展覧会講演	大正15年5月13日	1926	愛知郡教育会？	角井小学校	愛智郡志編纂関係？
53	八日市飛行第三連隊将校団講演	大正15年8月7日	1926	八日市飛行第三連隊将校団	彦根町下魚屋町魚一旅館	八日市飛行場周辺の歴史地理
54	愛知郡農会実業講習所同窓会講演	昭和2年1月27日	1927	愛知郡農会実業講習所同窓会	不明	愛知郡の歴史
55	神崎郡講演	昭和2年		神崎郡？		不明
56	犬上郡教育会講演	昭和2年3月19日	1927	犬上郡教育会	青波小学校	犬上郡の歴史地理
57	滋賀県農会講演	昭和2年	1927	滋賀県農会	不明	不明
58	犬上郡西部教員会講演	昭和2年11月12日	1927	犬上郡西部教員会		犬上郡の歴史地理
59	小倉実澄贈位奉告祭講演	昭和4年5月16日	1929		永源寺	小倉実澄関係？
60	講演	（昭和4年）	1929			北畠具行と坂田郡について、開催時期など不明
61	鳥居本青年団講演	昭和5年2月23日	1930	鳥居本青年団	鳥居本村	歴史地理の概要
62	息長村青年団講演	昭和5年3月13日	1930	息長村青年団	息長尋常高等小学校？	息長村の史実講演
63	神田村青年団講演	昭和5年4月29日	1930	神田村青年団	神田小学校	神田村の歴史
64	日野町講演	昭和6年？	1931	日野町？	日野町？	不明
65	山東部教員会講演	昭和6年4月25日	1931	山東部教員会	長岡小学校	山東部を中心とする史蹟講演
66	ラジオ放送講演	昭和6年6月20日	1931	名古屋中央放送局	名古屋中央放送局	織田信長公と安土城
67	犬上郡教育会講演	昭和6年？	1931	犬上郡教育会		不明
68	滋賀県立神崎商業学校講演	昭和6年？	1931	犬上郡教育会	滋賀県立神崎商業学校	不明
69	大津市西尋常小学校講演	昭和6年？	1931	大津市西尋常小学校	大津市西尋常小学校	不明
70	町村長及小学校長連合打合会講演	昭和6年7月11日	1931	町村長及小学校長連合会？	法性寺村	不明
71	滋賀県教育会夏期講演	昭和6年8月12日	1931	滋賀県教育会	彦根東小学校	近江の史蹟
72	滋賀県教育会夏期講演	昭和6年8月13日	1931	滋賀県教育会	彦根東小学校	近江戦史
73	西黒田村講演	昭和6年9月2日	1931	西黒田小学校？	西黒田小学校？	不明
74	山東五村教員会講演	昭和6年9月11日	1931	山東五村教員会		坂田郡志改訂・郷土史編纂への協力
75	南郷里村修養団講演	昭和7年8月16日	1932	南郷里村修養団	南郷里村	不明
76	講演	昭和7年？	1932	八幡町	八幡町？	八幡町志資料収集？
77	愛知郡農会実業講習会講演	昭和8年2月18日	1933	愛知郡農会実業会		不明
78	彦根町志講演	昭和8年？	1933	彦根図書館	彦根図書館	彦根町志編纂？
79	ラジオ放送講演	昭和8年11月25日	1933	大阪中央放送局	大阪中央放送局	豊臣家の忠臣石田三成
80	日野町講演	昭和8年？	1933	日野町？	日野町？	開催不明、新春の挨拶など
81	建武中興と近江について講演	（昭和8年）	1933	？		開催時期不明、No.83、84と同一？
82	史蹟講演	昭和9年？	1934	日野尋常高等小学校	日野尋常高等小学校	開催時期不明、内容不明

昭和八年（一九三三）、『近江坂田郡志』刊行後の新発見資料により改訂・増補をしたいという泉三の献策により、坂田郡志の改訂事業が決定している。

昭和十年（一九三五）七月には、漢詩文集の『伊吹山人文草』・『伊吹山人詩草』を謄写《とうしゃ》版にて刊行している。

昭和十一年（一九三六）には今までの地方史編纂・研究の功績が認められて史蹟名勝天然紀念物保存協会から表彰されている（米47）。滋賀県内の表彰者は泉三を含め、二名であった。この年から坂田郡志の改訂事業が開始され、泉三も顧問として就任していたようである（『改訂近江国坂田郡志』）。

昭和十二年（一九三七）十二月、かねてからの宿願であった『石之長者木内石亭全集』を編纂し、下郷共済会から出版した。これは同会を通して天皇・皇后をはじめ皇族や朝鮮王家、そして満州国皇帝へ献上したという。

泉三死す

昭和十三年（一九三八）四月、彦根市史編纂に関わる図書館での「郷土史」講演をまとめた『近江要史』が刊行される。また長浜の舎那院《しゃないん》の復興に際し

No.	講演会名	年月日	西暦年	主催者	場所	内容または演題
83	南朝六百年記念講演	昭和9年？	1934	龍潭寺	龍潭寺	南朝六百年記念
84	建武中興紀念講演	昭和9年？	1934	常盤村神職会	常盤村	建武中興紀念
85	滋賀県立八幡商業学校講演	昭和9年4月20日？	1934	滋賀県立八幡商業学校	滋賀県立 八幡商業学校	北畠具行の事蹟について講演、 No.89と同一？
86	天王寺青年団講演	昭和9年4月22日	1934	天王寺青年団	彦根町	石田三成と佐和山城・大坂城について
87	愛知郡史関連講演	昭和9年？	1934	愛知郡教育会？		愛知郡開連、No.90と同一？
88	伊吹村郷土史講演	昭和9年4月	1934	伊吹村？	伊吹村？	伊吹村郷土史
89	八幡商業学校講演？	昭和9年5月3日	1934	滋賀県立八幡商業学校	滋賀県立八幡商業学校	北畠具行について、No.85と同一？
90	京都愛友会講演	昭和9年5月20日	1934	京都愛友会	京都寺町 山口会館	愛智郡志の内容について講演、 No.87と同一？
91	滋賀県小学校校長会講演	昭和9年9月6日	1934	滋賀県小学校校長会		北畠具行卿神社創立について
92	在阪近江人会講演	昭和10年？	1935	在阪近江人会		不明
93	日本経済史研究所大会 二府六県郷土歴史家招聘講演	昭和10年 5月11・12日	1935	日本経済史研究所		不明
94	大峰山上臨地講演	昭和10年5月26日	1935			不明
95	高等商業学校寄宿生講演	昭和10年6月25日	1935	彦根高等商業学校？	彦根高等商業学校？	国史と彦根の歴史
96	六荘村郷土史講演	昭和10年8月22日	1935	六荘小学校	六荘小学校	六荘村の歴史
97	法性寺村青年団処女会講演	昭和11年2月15日	1936	法性寺村青年団処女会	法性寺村	法性寺の歴史
98	第九師団留守将校団講演	昭和11年3月19日	1936	第九師団留守将校団	安土城趾？	安土山城に付て講演
99	日野小学校教員講演	昭和11年？	1936			日野谷地方に関する史的事績の講演、 当地方各小学校教員向けの講演
100	講演	昭和11年6月26日	1936	県社会教育事業主催	長沢福田寺	福田寺を中心とする郷土史講演
101	妙心寺派講習会科外講演	昭和11年10月23日	1936		彦根町大洞　龍潭寺	一　彦根附近の郷土史 二　近江於る仏教の変遷
102	神崎郡教育会臨地講演	昭和11年11月20日	1936	神崎郡教育会	観音正寺	不明
103	坂田郡志編纂臨地講演会	昭和12年5月28日	1937	坂田郡教育会	上野小学校	古文書について講演
104	士官学校生徒見学姉川古戦場講演	昭和12年？	1937	士官学校	姉川古戦場	姉川古戦場について？
105	ラジオ放送講演	昭和12年9月10日	1937	大阪中央放送局	大阪中央放送局	琵琶湖に就て
106	坂田郡志資料調査委員会講演	昭和12年？	1937	滋賀県坂田郡教育会	坂田郡教育会	不明
107	郷土講演	昭和12年？	1937	犬上郡？	敏満寺小学校？	不明(11月24～27日の内に開催希望)
108	県処女会講演	昭和13年1月27日	1938	滋賀県処女会	長浜町　大通寺	湖国の生みし女性
109	彦根国防婦人会講演	昭和13年3月6日	1938		彦根市立図書館	英雄と賢母、No.110と同一？
110	婦人団体修養会講演	昭和13年？	1938	彦根婦人団体？	彦根市立図書館？	不明、No.109と同一？
111	無根水会講演	昭和13年？	1938	無根水会	不明	井伊直弼誕辰祭講演
112	舎那院記念講演	昭和13年？	1938	舎那院	舎那院	10日間
113	金田村処女会講演	？		金田村処女会	金田村	金田村の歴史、蒲生郡志編纂時期？
114	柏原村処女会講演	？		柏原村処女会	柏原村	柏原村の歴史

＊章斎文庫所蔵資料より作成。開催地・開催年月日、あるいは開催自体が不明な講演会であっても開催の可能性があるものは含めている。

て編纂した『勝軍山新放生寺　舎那院史』も刊行する。泉三は明治の廃仏毀釈《はいぶつきしゃく》により衰退した寺院の復興にも協力を求められることがあり、このような寺史を編纂するなど尽力していた。しかし同年四月十六日、脳溢血のため倒れてしまう。五十日後には筆をとるまでに回復したようであるが、中川千之氏の回顧録によれば、以前のように歩くことは困難になったようである。さらに回復を焦り、様々な治療法を模索していた姿が所蔵資料からも見える。

昭和十四年（一九三九）四月、泉三は古稀と金婚を迎え、有志により祝賀会が催された。また六月ころには犬上郡志の編纂顧問に就任している。彦根市史編纂が終了間近になり、次は犬上郡として郡志編纂を依頼したと思われる。

十月、祝賀会の記念品として章斎文庫の贈呈を受ける。泉三は自宅にあった資料・原稿・書籍などをこの章斎文庫に移し、彦根市史編纂の最終段階に取り組んで行く。そして十二月二十三日に脱稿したのである（米52）。ようやく多忙な日々から解放され、文庫で悠々自適の生活を送るはずであった。しかし二十七日、突如倒れ、そのまま午後六時に帰らぬ人となる。享年七十であった。葬式は年の暮れも迫った三十日の午後一時

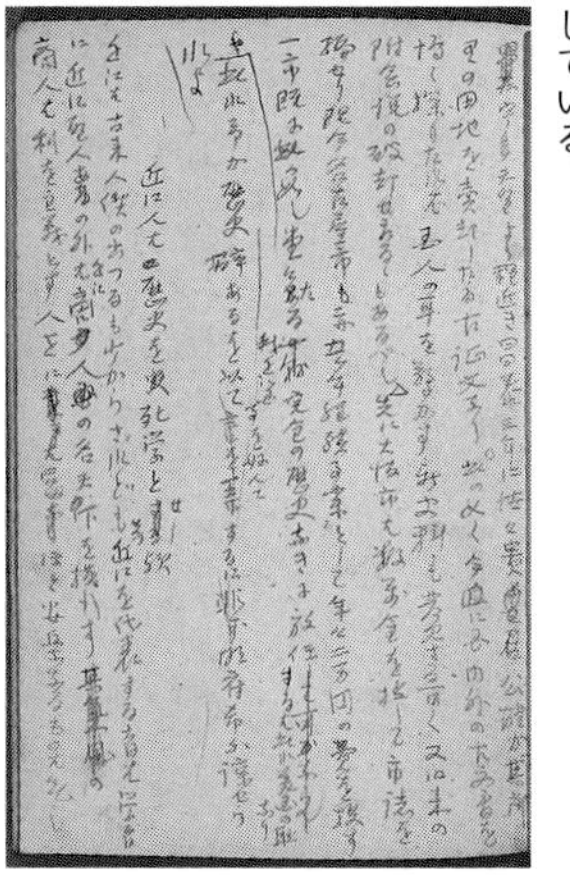

中川泉三メモ
明治四十四年（一九一一）に大津で行われた歴史地理学会夏期講習会でのメモと思われる。後ろから四行目に「近江人は歴史を死学とせし歟」と鉛筆で記している。

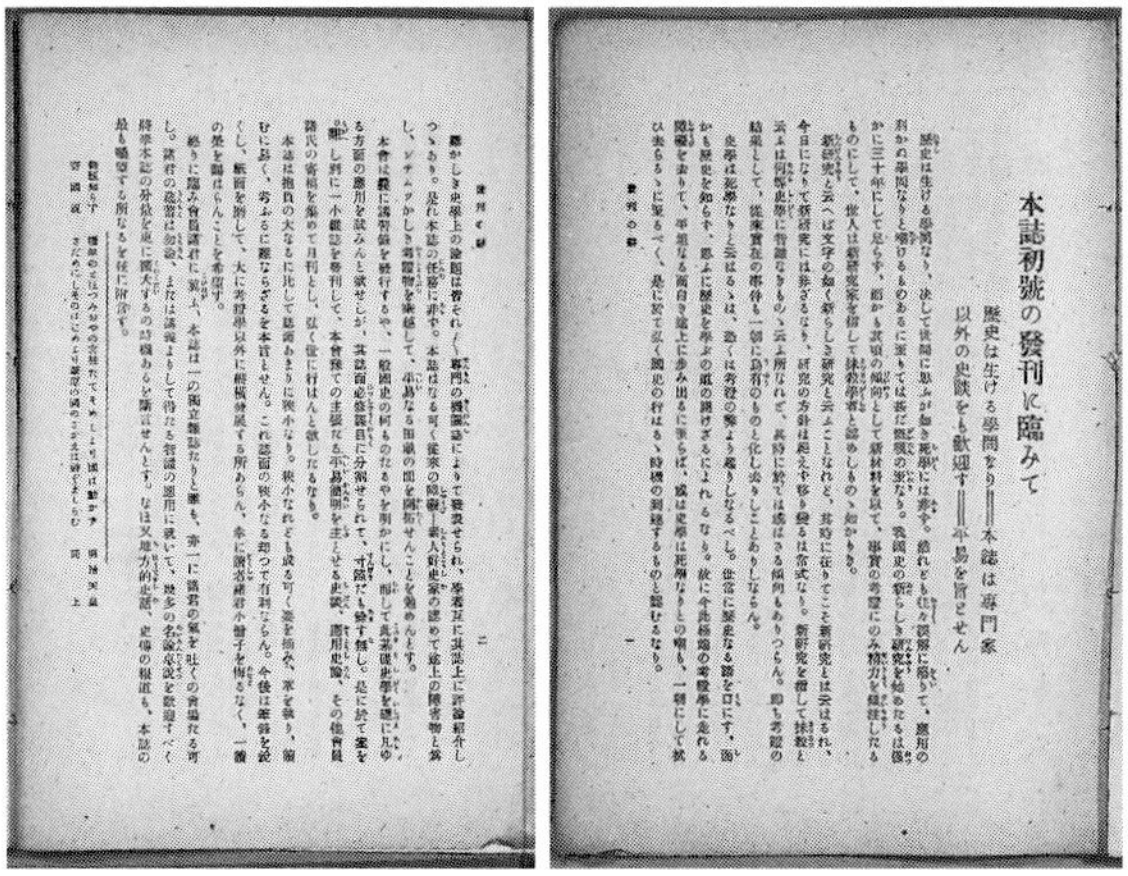

本誌初號の發刊に臨みて

歴史は生ける學問なり＝本誌は專門家以外の史眼を歡迎す＝平易を旨とせん

『国史の友』創刊序文

より大野木の徳願寺で行われている。

「史学は死学にあらず」

「史学は死学にあらず」。この言葉を最初に言ったのは誰か。実は今のところよくわかっていない。泉三が講演で言ったのが史料上確認できる最初は、大正四年（一九一五）十月二十六日に行われたらしい野洲郡兵主《ひょうず》村・中洲村・中里村三村小学校教員会における講演である（米38）。ただ泉三のこの言葉は、明治四十四年（一九一一）、大津市で行われた歴史地理学会の夏期講習会の中で使われたものがもとになっている可能性が高い。この会には泉三も出席しており、その講演のメモと思われるものが残されている（長1）。その中に「近江人は歴史を死学とせし歟《か》」と記していた。この時の講演者は村上直次郎・内田銀蔵・黒板勝美・大森金五郎・渡辺世祐・田中義成・福井利吉郎・吉川貞次郎・藤田明・岡部精一・三上参次・荻野仲三郎、そして久米邦武である。

「史学は死学にあらず」の言葉は泉三の講演より後の大正五年（一九一六）十一月刊行の雑誌『国史の友』（国史講習会主催、次号より『国史講習録』と改題・改訂し再創刊）の創刊号の序文にも記されている。この序文は編輯《へんしゅう》主任であった川上多助《たすけ》（慶應義塾講師、もと名古屋市史編纂員）が執筆したと思われる。国史講習会は泉三と交流があった堀田璋左右《たまぞう》が会長をつとめ、顧問には吉田東伍・大森金五郎・岡部精一・黒板勝美、課外講義に久米邦武・喜田貞吉・辻善之助・中川忠順《ただより》・矢野太郎、そして他に時代・分野別に受持教師がいた。この中に夏期講習会の講師であった久米や黒板、大森、岡部といった人物も含まれており、この中の誰かが発した言葉、あるいは考え方を川上が執筆したのであろう。ちなみにこの会は、歴史学が過去の出来事を研究する死んだ学問であると世間から揶揄《やゆ》されていた原因を、考証学に走り過ぎたためととらえ、もっと広く一般にわかりやすく国史が何であるかを説き、この基礎史学を礎にしてあらゆる方面に応用することを目的としていた。

まさに青年期から地域に貢献してきた泉三にとって、歴史学は社会に貢献できる学問であるという可能性を示したこの言葉は、地に足のついた研究者として、その後の自身の歴史研究に対する姿勢を決めたとも言える。そして生涯を通し、「史学は死学にあらず」を実践していったのである。

滋賀県の地方史編纂

蔭山　兼治

県内地方史編纂の画期

　明治政府は明治八年（一八七五）六月五日付「皇国地誌編輯《へんしゅう》列則 幷《ならびに》着手方法」と十一月十二日付追補により皇国地誌編纂《へんさん》に向けての要項を各府県に通達した。滋賀県でもこの通達を受けて、同年に史誌編纂兼学務掛を設置する。翌九年（一八七六）には区や村の正副戸長に対して村誌編纂調査を命じている。まず村誌編纂の調査を行い、その後、郡誌としてから県、そして国へと提出させるつもりであった。しかし皇国地誌の編纂は全国的に進捗せず、明治十七年（一八八四）までに提出された郡区村誌は計画全体のおよそ一割でしかなかったという。そのため国は方針を変え、各府県の収集した資料全てを提出させ、これらをもとに大日本国誌として直接編纂しようとした。結局この計画も頓挫《とんざ》するが、二つの編纂事業が地方に与えた影響は大きかった。

　滋賀県では皇国地誌と大日本国誌のために収集した史資料をもとに、郡誌編纂へと動き出す。戦前における滋賀県内の地方史編纂については、岩永篤彦氏の「滋賀県における地域史と「郷土史」編纂」と栗東歴史民俗博物館企画展「近江の歴史家群像」図録に概説されている。

　岩永氏によれば、滋賀県の「地域史」編纂着手・刊行は明治十二年（一八七九）から昭和十五年（一九四〇）までの六十年間に、大きく分けて六つの画期があるという。すなわち

（一）明治十年代（一八七七～八六）
（二）日露戦争前の明治三十年代
　（一八九七～一九〇三）
（三）明治三十八年（一九〇五）以降
　日露戦争戦勝記念
（四）大正四年（一九一五）前後
　大正天皇即位記念
（五）大正十二～十五年（一九二三～二五）
　郡制・郡役所廃止記念
（六）昭和十五年（一九四〇）
　紀元二千六百年記念

である。特に（三）と（四）の時期にあたる明治三十八年（一九〇五）から大正初年にかけて編纂が集中しており、この時期は全国的にも「地域史」編纂が盛行した時期であった。また岩永氏は（三）をほぼ境として、滋賀県における「地域史」の書名が変遷していること（「誌」→「志」「史」、「滋賀県」→「近江（国）」）や、滋賀県全体の地方史編纂の中で、編纂主体としての「教育会」の役割、地方史と地方改良運動との関連なども指摘している。

中央史学者の関与—編纂者の変化—

　さて改めて岩永氏の示した六時期の区分を見てみると、内容や編纂体制により、大きく三つの時期に分けてみることもできると思う。

（一）は、国による「皇国地誌」編纂に関わって作られた、郷土教育を目的とした小学校用教材である。内容は山岳・河川・人口・面積・村名一覧・社寺・史跡などについて概観したものであった。編纂者は師範学校を卒業した小学校教員がほとんどである。

（二）・（三）は史料を交えながら編纂したもので、一般向きのものである。編纂者は（一）と同様である。

（四）から（六）は、編纂者は従来のように教員か教員経験者が多く、四郡の郡志を編纂した中川泉三など、滋賀県内の人物に任せられている場合がほとんどである。しかしこの時期の特徴として指摘できるのは、いわゆる中央史学者を顧問などに迎え、指導・協力を得ながら編纂しているという点であろう。

ところでこの中央史学者の関与は『近江坂田郡志』（明治三十五年（一九〇二）着手、大正三年（一九一四）刊行。ただし中央史学者が関与するのは、編纂主体が郡教育会から郡に代わった明治四十年（一九〇七）以降）を先がけとするが、『近江蒲生郡志』（明治三十五年着手、大正十一年（一九二二）刊行）までは東京・京都の両帝国大学の関係者が一緒に顧問などの肩書で入っている。しかし『滋賀県史』（大正七年（一九一八）着手、昭和三年（一九二八）刊行）以降は、郡志や市志・町志においても、両帝国大学の関係者が名前を並べて携わることはなくなり、両帝国大学が独自に関与していく。

そして京都帝国大学は独自に編纂体制を組んで、顧問にとどまらず編纂者にも大学関係者を入れるようになるのである。特に『滋賀県史』については、顧問として県内の各地方史に関与していた三浦周行《ひろゆき》が編纂の相談を受け、牧野信之助らを紹介していることがわかる（『滋賀県史』など）。滋賀県内の地方史編纂においては中央史学者の関与という点で、この時期、東京帝国大学と京都帝国大学という二つの流れに分かれていったのである。

さらにこの時期の特徴としては市・町による編纂事業が挙げられる。実際に刊行されたのは、『近江日野町志』（大正四年（一九一五）着手、昭和五年（一九三〇）刊行）・『滋賀県八幡町史』（大正七年（一九一八）着手、昭和十五年（一九四〇）刊行）・『大津市史』（昭和十三年（一九三八）着手、昭和二十年（一九四五）刊行。この前段階として『大津市志』が明治四十四年（一九一一）に刊行されている）である。完成したものの刊行されなかったり編纂中止となったものとして、長浜町誌・八日市町誌・彦根市史もある。県・郡からより小さな行政単位である市・町へ地方史編纂の主体が移っていったことがわかる。そしてここにも両帝国大学が関与していったのである。

「誌」・「志」・「史」

最後に書名に付けられる「誌」・「志」・「史」が持つ意味の違いについて少し触れたい。岩永氏によるとこれらの語は本来ともに「記録」という意味であり、「各語のもつ意味の本質的な差異」ではなく、「各語が用いられてきた沿革、すなわち各語の用法の歴史性」によって意味の差が生じてきたという。明治初年の地方史に「誌」が付けられているのは「地誌的な要素が濃い」こと（「地誌」は地域の特性を記述したもの）、「志」は「分野別史書」の構成をとっていることによるという。

章斎《しょうさい》文庫に残っている各地方史の編纂用紙を見てみると、いずれも「誌」を使用している。つまりその後、刊行に際して「志」や「史」に変更されているということである。刊行されなかった彦根市史も用紙は「彦根市誌」だったが、束《つか》見本の段階では『彦根市史』となっていた。また『近江蒲生郡志』を編纂するため各町村から提出された史資料の綴りは「蒲生郡誌編纂材料」や「村誌」と題名が付されている。

こういったことから岩永氏の時期区分でいう（四）以降、刊行前の編纂材料としては地誌として「誌」、刊行すると分野別の「志」、または「史」を使用するという方針が推測されるのである。

滋賀県における戦前の地方史編纂

	明治8年	明治9年	明治10年	明治11年	明治12年	明治13年	明治14年	明治15年	明治16年	明治17年	明治23年	明治24年	明治31年	明治32年	明治33年
滋賀県															
滋賀郡						●『滋賀県管内滋賀郡誌』(村田巧)		●『近江国滋賀郡誌』刊?						●『近江国滋賀郡誌』刊(郡教育連合会)	
大津市															
栗太郡					●『滋賀県管内栗太郡誌』刊(山本清之進)					●『改正滋賀県管内栗太郡誌』刊(山本清之進)					
野洲郡						●『滋賀県管内野洲郡誌』刊(巽栄蔵)									
甲賀郡						●『滋賀県管内甲賀郡誌』刊(山県順)								●『甲賀郡誌』刊(森井春太郎)	●『滋賀県管内甲賀郡誌』刊(久野正二郎)
蒲生郡															
日野町															
八幡町															
神崎郡						●『滋賀県管内神崎郡誌』刊(松浦果)									
愛知郡						●『滋賀県管内愛知郡誌』刊(横内平)									
犬上郡							●『滋賀県管内犬上郡誌』刊(渡辺弘人)								
彦根市(彦根町)															
坂田郡					●『滋賀県管内坂田郡誌』刊(中矢正意)										
長浜町															
東浅井郡						●『滋賀県管内浅井郡誌』刊(中矢正意)		●『近江国東浅井郡各村誌』発行						●『滋賀県東浅井郡誌』着手(私立郡教育会)	
伊香郡					●『滋賀県管内伊香郡誌』刊(長瀬登喜雄)					●『滋賀県管内伊香西浅井郡誌』刊(天守正信)					●『滋賀県伊香郡誌』着手(郡教育会)
高島郡															

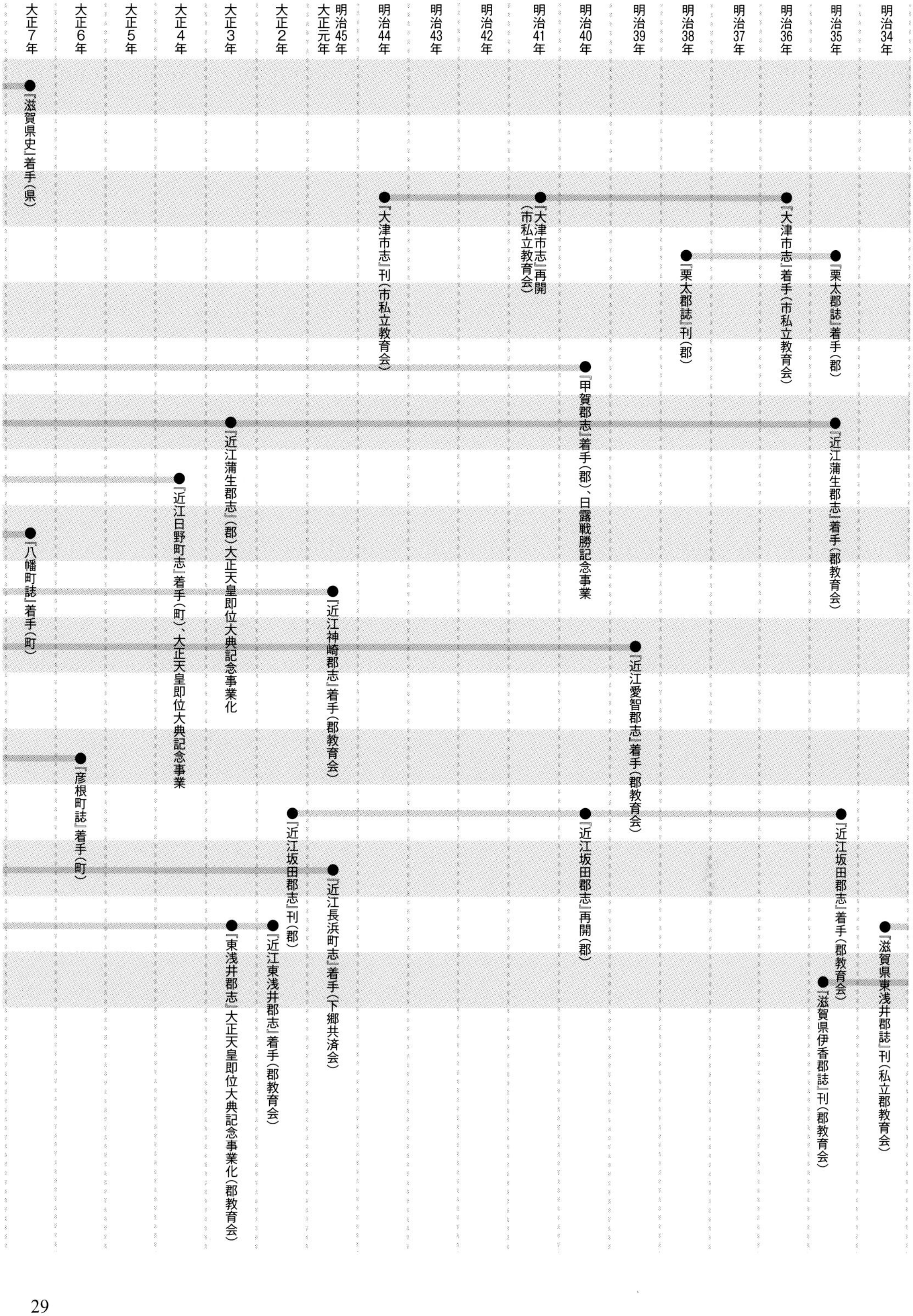
明治34年
明治35年
明治36年
明治37年
明治38年
明治39年
明治40年
明治41年
明治42年
明治43年
明治44年
明治45年
大正元年
大正2年
大正3年
大正4年
大正5年
大正6年
大正7年
『滋賀県史』着手（県）
『大津市志』着手（市私立教育会）
『大津市志』再開（市私立教育会）
『大津市志』刊（市私立教育会）
『栗太郡誌』着手（郡）
『栗太郡誌』刊（郡）
『甲賀郡志』着手（郡）、日露戦勝記念事業
『近江蒲生郡志』着手（郡教育会）
『近江蒲生郡志』（郡）大正天皇即位大典記念事業化
『近江日野町志』着手（町）、大正天皇即位大典記念事業
『八幡町誌』着手（町）
『近江神崎郡志』着手（郡教育会）
『近江愛智郡志』着手（郡教育会）
『彦根町誌』着手（町）
『近江坂田郡志』着手（郡教育会）
『近江坂田郡志』再開（郡）
『近江坂田郡志』刊（郡）
『近江長浜町志』着手（下郷共済会）
『滋賀県東浅井郡誌』刊（私立郡教育会）
『滋賀県伊香郡誌』刊（郡教育会）
『近江東浅井郡志』着手（郡教育会）
『東浅井郡志』大正天皇即位大典記念事業化（郡教育会）

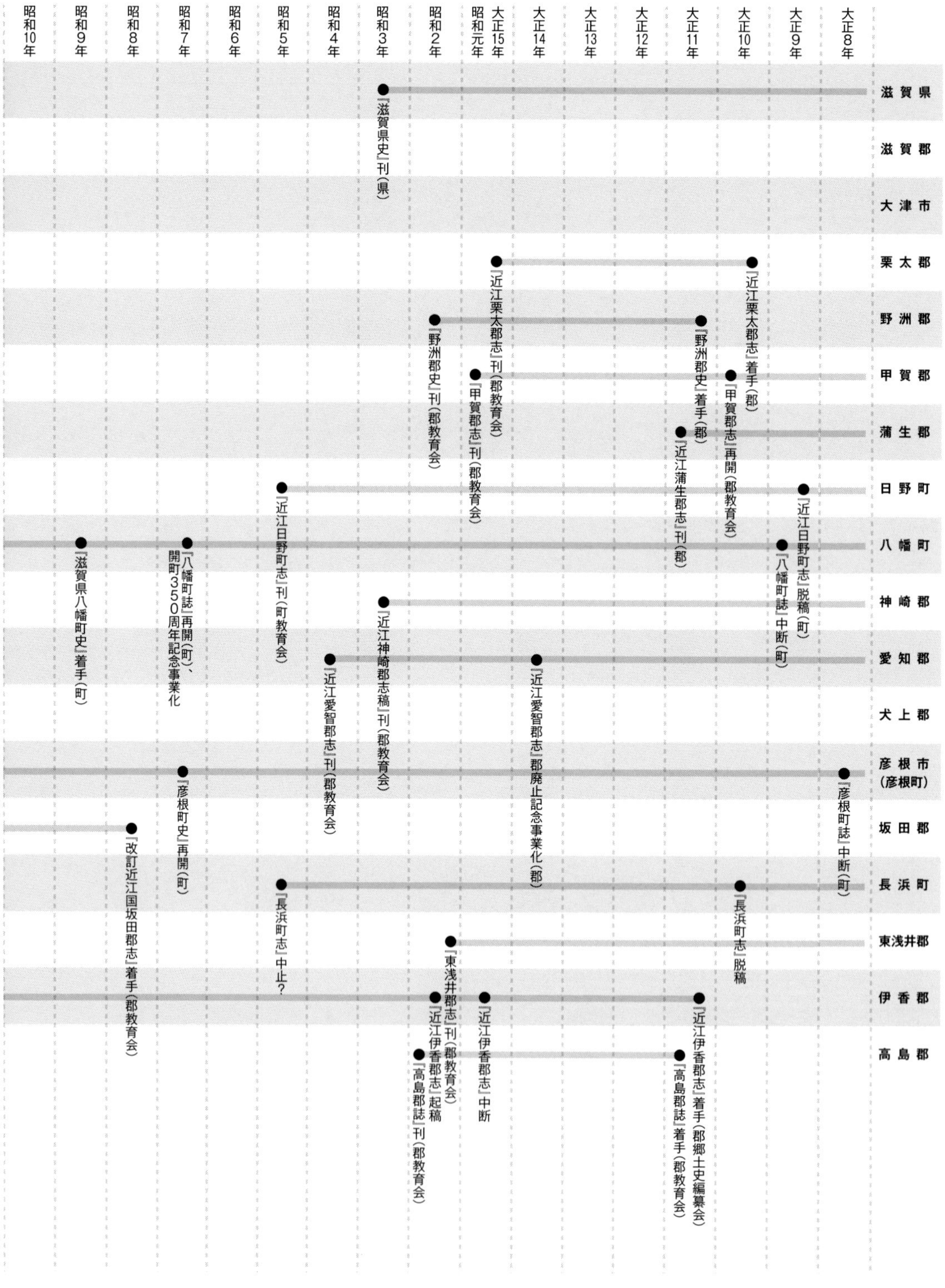
大正8年
大正9年
大正10年
大正11年
大正12年
大正13年
大正14年
大正15年
昭和元年
昭和2年
昭和3年
昭和4年
昭和5年
昭和6年
昭和7年
昭和8年
昭和9年
昭和10年
滋賀県
『滋賀県史』刊（県）
滋賀郡
大津市
栗太郡
『近江栗太郡志』着手（郡）
『近江栗太郡志』刊（郡教育会）
野洲郡
『野洲郡史』着手（郡）
『野洲郡史』刊（郡教育会）
甲賀郡
『甲賀郡志』再開（郡教育会）
『甲賀郡志』刊（郡教育会）
蒲生郡
『近江蒲生郡志』刊（郡）
日野町
『近江日野町志』脱稿（町）
『近江日野町志』刊（町教育会）
八幡町
『八幡町誌』中断（町）
『八幡町誌』再開（町）、開町350周年記念事業化
『滋賀県八幡町史』着手（町）
神崎郡
『近江神崎郡志稿』刊（郡教育会）
愛知郡
『近江愛智郡志』郡廃止記念事業化（郡）
『近江愛智郡志』刊（郡教育会）
犬上郡
彦根市（彦根町）
『彦根町誌』中断（町）
『彦根町史』再開（町）
坂田郡
『改訂近江国坂田郡志』着手（郡教育会）
長浜町
『長浜町志』脱稿
『長浜町志』中止？
東浅井郡
『東浅井郡志』刊（郡教育会）
伊香郡
『近江伊香郡志』着手（郡郷土史編纂会）
『近江伊香郡志』中断
『近江伊香郡志』起稿
高島郡
『高島郡誌』着手（郡教育会）
『高島郡誌』刊（郡教育会）

昭和11年	●『滋賀県八幡町史要綱』刊(福尾猛市郎) ●『改訂近江国坂田郡志』紀元2600年記念事業化(郡教育会)
昭和12年	
昭和13年	●『大津市史』着手(市)、紀元2600年記念事業
昭和14年	●『彦根市史』脱稿(市)
昭和15年	●『滋賀県二千六百年史』(大阪毎日新聞大津支局) ●『滋賀県八幡町史』刊(町) ●『彦根市史』(市)中絶
昭和16年	●『改訂近江国坂田郡志』刊(郡教育会)
昭和17年	●『大津市史』刊(市) ●『改訂近江国坂田郡志』刊(郡教育会)
昭和18年	●『改訂近江国坂田郡志』刊(郡教育会)
昭和19年	●『改訂近江国坂田郡志』刊(郡教育会)
昭和20年	●『大津市史』刊(市) ●『改訂近江国坂田郡志』刊(郡教育会)
昭和27年	●『近江伊香郡志』刊、講和記念
刊行・編纂年不明など	●「八日市町誌」編纂(明治43年頃から開始されたようであるが、中絶カ) ●昭和63年(1988)、『近江長浜町志』として通史編を刊行 ●「犬上郡誌」編纂(昭和13年頃に編纂計画があったが、中絶カ) ●昭和12年、合併により町から市に名称変更

*この表は岩永篤彦「滋賀県における地域史と「郷土誌」編さん」と木全清博「明治期の郷土地理教科書」(同『滋賀の学校史』所収)中の表をもとに、章斎文庫所蔵資料、各地方史序文、彦根市所蔵の史料などから蔭山が一部加筆・修正して作成

章斎文庫の設立と公開・維持

蔭山　兼治

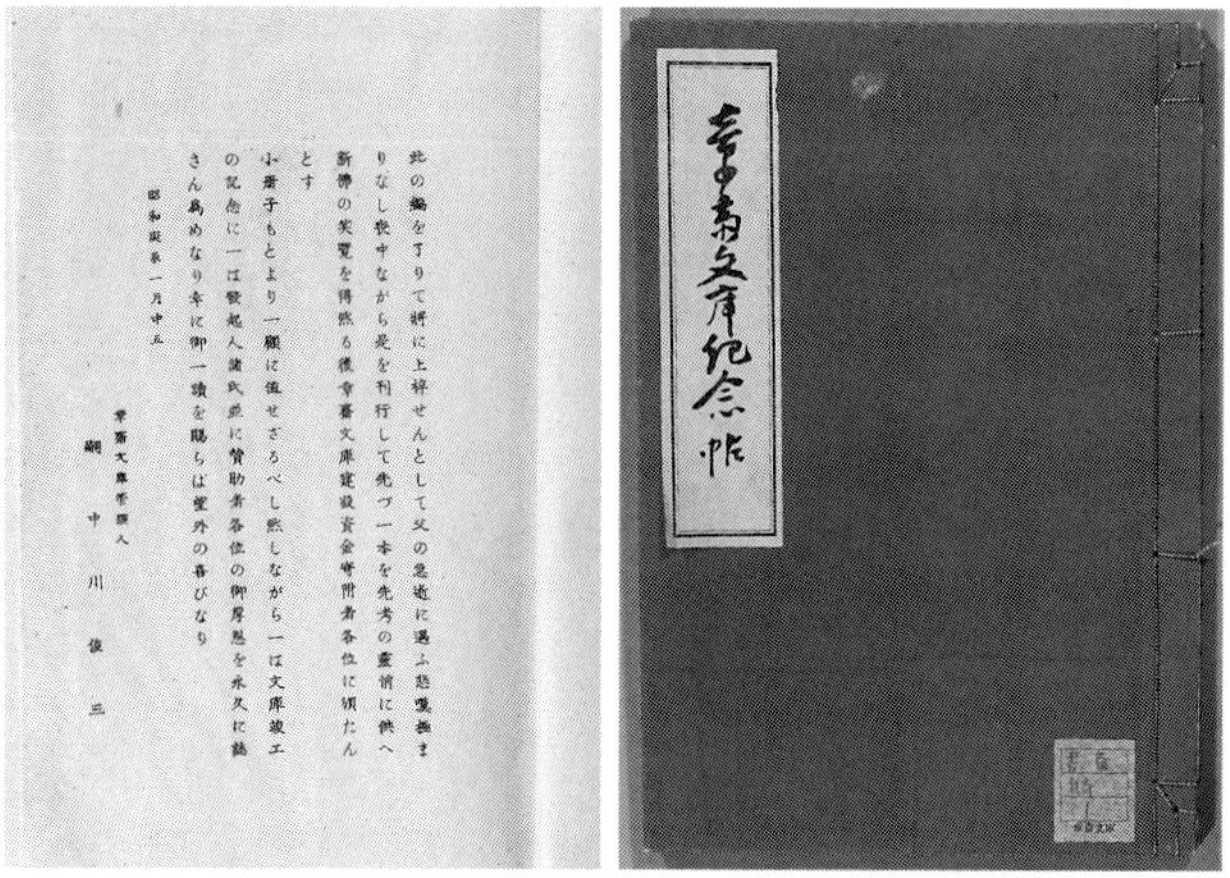

此の編を了りて将に上梓せんとして父の急逝に遇ふ悲嘆極まりなし喪中ながら是を刊行して先づ一本を先考の霊前に供へ新帰の笑覧を得然る後章斎文庫建設資金寄附者各位に頒たんとす

小冊子もとより一顧に値せざるべし然しながら一は文庫竣工の記念に一は発起人諸氏並に賛助者各位の御厚恩を永久に謝さん為めなり幸に御一読を賜らば望外の喜びなり

昭和庚辰一月中五

章斎文庫発起人

嗣　中川俊三

『章斎文庫紀念帖』と中川俊三の序

建設までの経緯

章斎《しょうさい》文庫には文庫設立時に編集された『章斎文庫紀念帖』という冊子が残されている。これは文庫設立に関わった人びとに記念品として配られた冊子であり、文庫設立の経緯などが記されている。

昭和十四年（一九三九）は、泉三が古稀と金婚式を同時に迎える年であった。そこで泉三の古稀（七十歳）と夫妻の金婚（結婚五十年）を祝うとともに、滋賀県内の郡志編纂《へんさん》など地方史研究における功労を讃えるため、古稀金婚祝賀会開催と文庫贈呈が企画される。文庫贈呈には泉三の著述した原稿と蔵書の保存、そして泉三が余生を過ごすための書斎を贈るという目的もあった。この文庫は泉三の雅号である「章斎」を冠して「章斎文庫」と名付けられた。

計画の発案者は、当時坂田郡教育会の会長であった一谷軍治《いちたにぐんじ》らで、同年一月頃から実現に向け、動き出したようである。発起人にはこの一谷軍治をはじめ二十三人が名を連ねている（次頁の「発起人一覧」参照）。その中には言論界の著名人で影響力のあった徳富蘇峰《とくとみそほう》、もと東京帝国大学教授の三上《みかみ》参次《さんじ》（泉三とは『近江坂田郡志』編纂時以来の付き合いであるが、この年の六月に死去する）も見られるが、他の発起人は全て滋賀県内の人である。以下県内の人びとについて簡単に触れたい。

発起人の人びと

下郷傳平《しもごうでんぺい》は長浜の実業家で下郷共済会の主宰者でもあった。木島茂は彦根市長である。当時、『彦根市史』（最初は『彦根町史』、昭和十二年（一九三七）に合併して市制となり『彦根市史』）は泉三が編纂中であった。西川太治郎は近江新報社の主筆・社長も務めた人物で、泉三に滋賀県の歴史について問い合わせを何度もしている。石岡清蔵は『近江蒲生郡志』・『近江日野町志』編纂以来の知己である。青地重治郎は所蔵古文書や先祖について泉三に問い合わせをしたことがあり、また『近江栗太郡志』編纂にも関わっている。伊庭慎吉は蒲生郡安土村（現在の安土町）にある沙沙貴《ささき》神社の社司で、同社の社格昇格申請のための由緒調査などで泉三の尽力を得たことがある。三木佐右衛門は『近江愛智郡志』掲載の土地条里図

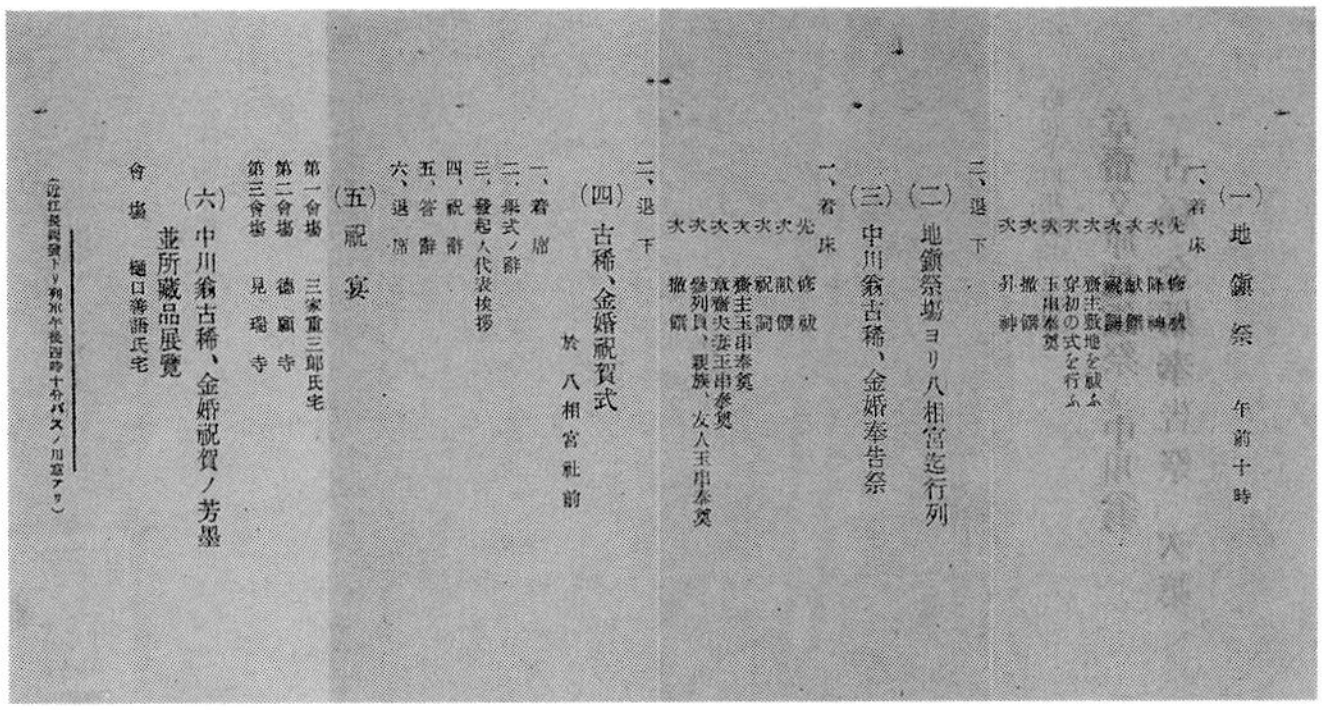
(一) 地鎮祭　午前十時
一、着床
先 修祓
次 降神
次 献饌
次 祝詞
次 斎主敷地を祓ふ
次 穿初の式を行ふ
次 玉串奉奠
次 撤饌
次 昇神
二、退下
(二) 地鎮祭場ヨリ八相宮迄行列
(三) 中川翁古稀、金婚奉告祭
一、着床
先 修祓
次 献饌
次 祝詞
次 斎主玉串奉奠
次 章斎夫妻玉串奉奠
次 参列員、親族、友人玉串奉奠
次 撤饌
二、退下
(四) 古稀、金婚祝賀式　於 八相宮社前
一、着席
二、挙式ノ辞
三、発起人代表挨拶
四、祝辞
五、答辞
六、退席
(五) 祝宴
第一会場　三家重三郎氏宅
第二会場　徳願寺
第三会場　見瑞寺
(六) 中川翁古稀、金婚祝賀ノ芳墨
並所蔵品展覧
会場　樋口海浦氏宅

章斎文庫地鎮祭並中川翁古稀、金婚奉告祭次第
昭和14年（1939）4月16日に行われた式典の次第。式典の後、祝宴と泉三の揮毫した書や所蔵品の展覧も行われた。

発起人一覧

氏名	氏名
徳富蘇峰	宮川真造
三上参次※	山根敏三
下郷傳平	松浦佐京
木島茂	沢重城
西川太治郎	桑原勘三郎
石岡清蔵	山本茂雄
青地重治郎	北野源治
伊庭慎吉	椙本栄次
三木佐右衛門	中川原金人
井上英貞	西秋実郎
古市良吉	一谷軍治
国領捨治郎	

※中途死亡

の筆者・推定者であり、また自身の地元にある愛知《えち》神社（犬上郡豊郷町所在。当時は愛知郡）の社格昇格を申請するため、由緒調査などを泉三に依頼している。井上英貞は彦根小学校長で『彦根市史』編纂関係者、古市良吉は当時の蒲生郡教育会の会長であり、『近江愛智郡志』編纂時は愛知郡の郡視学であった。国領捨治郎は愛知郡の西小椋小学校長などを務めた人で『近江愛智郡志』編纂の関係者であるとともに、自作漢詩のやり取りを行っていることから泉三とは漢詩仲間でもあったようである。

宮川真造・山根敏三は柏原村の人で村長を務めていた。松浦佐京は柏原宿の有名な艾《もぐさ》屋である亀屋の店主である。この亀屋については、泉三が所蔵史料調査を行い「伊吹艾と亀屋佐京」を執筆している。沢重城は柏原村大野木の区長、桑原勘三郎は大野木の旧家の人で泉三の史料筆写を手伝ったこともあった。また山本茂雄は大原小学校長、北野源治は息長《おきなが》小学校長、椙本《すぎもと》栄次は南郷里小学校長、中川原金人は北郷里小学校長、西秋実郎は柏原小学校長と、みな坂田郡内の教員で、後に『改訂近江国坂田郡志』の編纂につながる、泉三を顧問とした『坂田郡志』追補史料調査のメンバーでもあった。

賛同者たち

これらの発起人が、泉三と関係があった滋賀県内外の人々に計画の賛同者を募ったのである。祝賀会および文庫建設基金の寄贈者・団体の中には辻善之助（聖心女子学院専門学校教授、もと東京帝国大学教授）・渡辺世祐《よすけ》（国学院大学および明治大学教授、もと東京帝国大学史料編纂所編纂官）・鷲《わし》尾順敬《おじゅんきょう》（東洋大学教授、もと東京帝国大学史料編纂所編纂官）・平泉澄《きよし》（東京帝国大学教授）・蘆田伊人《あしだこれと》（旧小浜藩酒井伯爵家編纂部主任）・小林行雄（京都帝国大学考古学研究室助手）・藤井甚太郎（もと文部省維新史料編修官）・菅野和太郎（大阪市教育部長、もと彦根高等商業学校教授）といった歴史学者が名を連ねている。しかし他の多くは滋賀県各地の教育関係者や、地方史編纂・神社昇格・寺院復興・人物顕彰などについて泉三に依頼したり、あるいは泉三とともに関与した人々・団体・組織である。その数は約二九〇になる。また地元の大野木などから「労力援助祝賀酒肴《しゅこう》贈与」があったようで、その人々の名も九一人が記されている。こういった多くの人々の協力により、章斎文庫設立は実現に向けて進んでいくことになったのである。

工事中の章斎文庫
外観がほぼ完成した章斎文庫。中川泉三（真ん中で山高帽をかぶり、杖を持って座っている人物）と工事を請け負った岡部貫二（泉三の左後ろ）らが写っている。

章斎文庫地搗の様子
昭和14年（1939）4月28日、地面を搗いて固める作業の様子を撮影したもの。写真左に見える機械が地搗きに使う道具である。また写っている多くの人は大野木の住民で、この作業の他も工事を手伝っていたようである。

建設と贈呈

ところで章斎文庫は当初から現在の場所に設立されることが決まっていたわけではない。文庫設立関係書類によれば、別の場所に建っていた中古住宅を文庫として当てる案もあったようである。しかし予算や先に購入者がいるなどの問題により見送られている。そして結局、現在文庫が建っている場所に新築することに決まったのであった。文庫の設計は、蒲生郡安土村在住の建築技師である田中亀太郎に依頼している。

昭和十四年（一九三九）四月十六日には古稀金婚奉告・祝賀会が文庫建設の地鎮祭とともに行われ、この後工事が始まる。二十八日には地搗《じつき》（地面を搗《つ》いて固める基礎工事）が行われ、地元の人々（八三人）が手伝っている。以後も工事にはこういった地元の人びとによる手伝いがあった。またこの頃には文庫の設計図が完成し、工事を地元の宮大工岡部貫二に依頼したようである。そして十月二十二日に造作竣工となり完成し、二十七日、文庫の贈呈式が行われた。

贈呈式当日は出席者を乗せた自動車が大野木へ入り、章斎文庫前では旭日旗でそれらの客人を迎えたようである。式は午前九時半頃から行われ、一谷軍治らが出席した。また式典後文庫内の見学、記念撮影を行い、泉三の自宅で祝宴を開いた。

なお当初は文庫という性格のため居住の設備は考えられていなかったが、泉三の老後の生活が可能なように設計が変更されている。そのため当初予算をオーバーするということになったが、泉三の養子で娘婿である俊三の負担を大きくすることで解決した。

泉三はこの文庫に原稿や蔵書などを移し、『彦根市史』の編纂に取り組んでいたが、原稿完成の四日後（文庫の完成からちょうど二ヶ月後）の十二月二十七日、急に倒れ、その日の内に帰らぬ人となった。

文庫の公開と維持

泉三の没後、章斎文庫は主《あるじ》のいない建物となった。しかし、そのまま文庫内に所蔵された原稿・資料・書籍・雑誌が放置されたわけではない。泉三は生前から遺言として家族に伝えていたことがあった。それは所蔵資料・蔵書の公開である。この考えは『章斎文庫紀念帖』に泉三が記した「序」や「謝辞」にも見える。文庫が完成する以前から、泉三は所蔵資料・蔵書を滋賀県の地方史研究者らに公開していた。また章斎

完成した章斎文庫

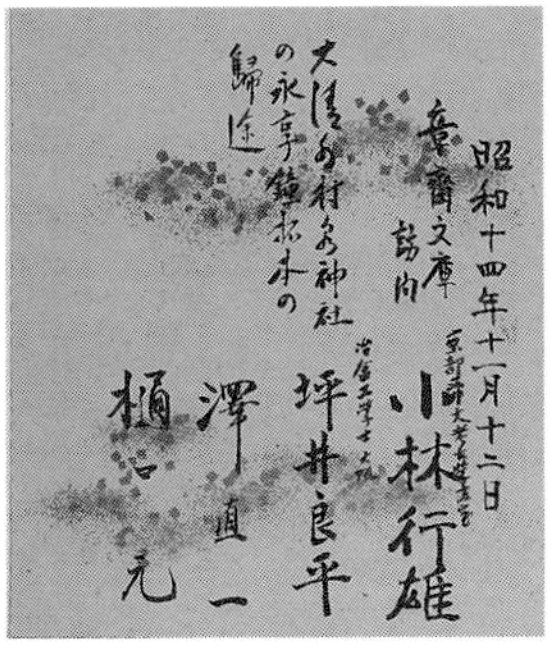

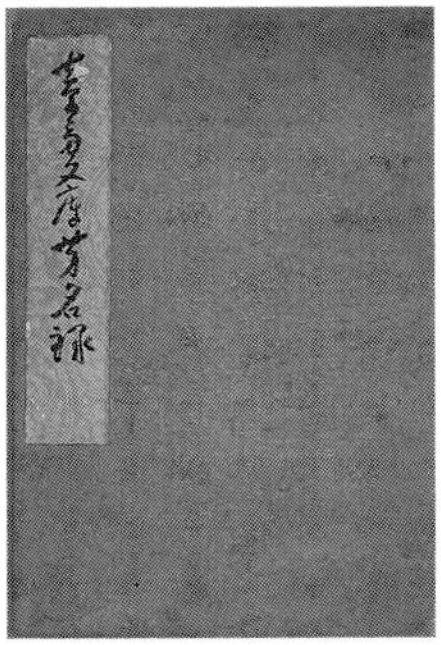

米22　芳名録
昭和14年（1939）10月27日の贈呈式以後、文庫を訪れた人が記名している冊子。ここに記した小林行雄らは『近江坂田郡志』の追補調査の帰りに立ち寄ったようである。現在も書き継がれているが、別の冊子となっている。

文庫に残る書簡類などからは、滋賀県内にとどまらず岐阜県など他府県からも問い合わせや資料閲覧があり、泉三の所蔵資料や調査・研究成果が広く活かされていたことがわかる。

泉三は資料を自分だけが独占して持つのではなく、自身の死後も研究者に公開することで歴史研究の発展を望んでいたのである。この所蔵資料の公開という考え方は、泉三が交流を持った東京帝国大学（現在の東京大学）史料編纂所の人びとからの影響を少なからず受けていたことによるものと思われる。国の歴史編纂を行うために国によって設立された施設が東京帝国大学史料編纂所であるならば、泉三は多くの人びとの協力を得て設立された章斎文庫が、滋賀県の歴史編纂を行うための「滋賀県の史料編纂所」として利用されることを目指したともいえよう。

中川家の跡を継いだ俊三は、泉三のこの遺志を受け継ぐことになった。そして文庫内の資料・蔵書の整理を行い、終了した昭和十五年（一九四〇）三月に公開を再開したのである。この再開を知らせる中川俊三の案内状には月二回文庫を開けること（ただし事前連絡が必要）、資料公開はするが遺言により門外不出とする、といったことが記されている。このうち、所蔵資料を門外不出としたことには泉三の危惧があったと考えられる。すなわち泉三が生涯を通じて各所を調査してきた経験上、資料の外部持ち出しは紛失などにつながる恐れがあると感じていたからであろう。

文庫の公開は、俊三を管理人としてこのような形で再開された。章斎文庫を訪問した人びととの名は芳名帳に記されている。それによれば戦前・戦後を通じ、多くの人がこの文庫を利用したことがわかる。このことは泉三も本望であっただろう。そして現在も子孫の手で泉三の遺志は守られ続けているのである。

長15　長浜町誌第弐回史料展覧会写真

下郷共済会文庫で、大正5年(1916)11月に行われた。大型のパネルと机に、ぎっしりと史料が並べられた光景が印象的である。泉三は多くの史料展覧会を開催したが、その写真が残っている例は他にない。

長浜町誌調査記念写真

大正5年（1916）4月に下郷共済会文庫で撮影されたもの。多くの古文書や巻子、それに鰐口《わにぐち》と共に椅子に座った泉三の姿が写される。このような写真が撮影されていることからも、同年には「長浜町誌」が完成間近と考えられていたことを示している。

豊公園勧業館

明治44年（1911）に「坂田郡設勧業館」として長浜豊公園内に建設され、内部は大広間と商品陳列館からなっていた。昭和元年（1926）の坂田郡々制廃止後は、長浜町が管理したが、戦後に取り壊され現存しない。泉三が収集した写真である。

蒲生郡長命寺三重塔前記念写真

蒲生郡志の編纂事業のさなか、大正五年（一九一六）八月二十七日に、郡内の古刹の一つである長命寺（近江八幡市）の三重塔前で撮影した写真。郡志には、長命寺所蔵の古文書も多く引用されている。左より、郡書記の南弘、泉三、西川嘉右衛門、長命寺の武内韶巌住職と小僧二人。

愛智郡稲村山山上古墳調査記念

この時発掘された石槨《せっかく》や遺物と共に泉三が写っている。
昭和二年（一九二七）五月十七日の撮影。

第二章　中川泉三を支えた人びと

栗太郡近江国分寺　瀬田村三大寺山中

久米邦武

青谷 美羽

米24 久米邦武
久米が73歳のとき撮影された写真。泉三が巻子に仕立てた「久米邦武博士書翰集」の巻頭に収められている。この写真は久米の自筆で「明治四十四年四月花時撮影逢呈」「中川泉三学友七十三叟久米邦武」と添書されて贈られた。「学兄」でなく「学友」と記したところに、泉三との関係が表れている。

官僚から歴史家へ

久米邦武（一八三九～一九三一）は明治から昭和にかけて活躍した官僚であり、歴史家である。明治四年（一八七一）、岩倉具視《ともみ》に随行して欧米に渡った経験があり、その記録『米欧回覧実記』の筆者としても知られている。

帰国後、久米は官僚として修史事業に携わる。明治二十一年（一八八八）には帝国大学文科大学（東京大学文学部の前身）の教授兼臨時編年史編纂掛《へんさんがかり》委員に任じられ、『大日本編年史』・『国史眼』などの編纂・執筆に取り組んでいる。久米の歴史研究者としての姿勢を端的に示すのが、久米の論文「神道ハ祭天ノ古俗」によって引き起こされた筆禍《ひっか》事件である。明治二十五年（一八九二）、久米は同論の内容が不敬にあたるとして神道家から非難され、論文の撤回を求められた。

事件の背景には、修史事業に携わった人々の研究手法、特に史料に基づいた厳密な歴史考証への反発があったと言われている。事態を収拾するため、久米は論文を撤回して帝国大学教授を辞職、さらに事件を受けて政府による修史事業そのものが中止されるにいたった。

しかし事件ののちも、久米が自身の研究手法を変えることはなかった。帝国大学を追われた久米は、同郷の大隈重信が創立した東京専門学校（現在の早稲田大学）に講師として迎えられ、のちに教授となって研究を続けている。そして同校教授時代の久米が、泉三を歴史研究の道へと導くことになる。

「歴史家中川泉三」の父

泉三の書記を長年務めた谷村伊平は『中川章斎先生小伝』の中で、泉三が歴史研究の世界に足を踏み入れた経過について、詳しく述べている。それによれば、泉三が歴史への関心を深めるきっかけとなった一冊が、明治四十年（一九〇七）早稲田大学が出版した『大日本時代史』の第一巻「日本古代史」だという。『大日本時代史』は日本の通史を近代的な手法で描いた歴史書として、当時画期的な内容であった。その「日本古代史」の執筆者というのが、久米邦武なのである。泉三が『近江坂田郡志』編纂を手がけることになったとき、久米に教えを仰いだのは、ごく自然ななりゆきと言えるだろう。

泉三の日記に、泉三が目黒の久米邸を訪ねた記事がある（長2）。明治四十二年（一九〇九）、『近江坂田郡志』資料収集のため東京に滞在していた泉三は、休日を利

米24　久米邦武書簡

明治41年（1908）、「膽吹《いぶき》の名称につきて」と題して泉三から送られた質問状に、久米が朱墨で返答を書き加えている。「膽吹」とは、滋賀と岐阜の県境にそびえる伊吹山を指す。泉三はイブキの漢字表記について自説を述べ、意見を求めた。対する久米は、「伊夫岐」「異布貴」「伊吹」などさまざまな表記があるのは、漢字を仮名として使用した結果であり、漢字の字義から言葉の意味を推測することはできないなどと返答している。

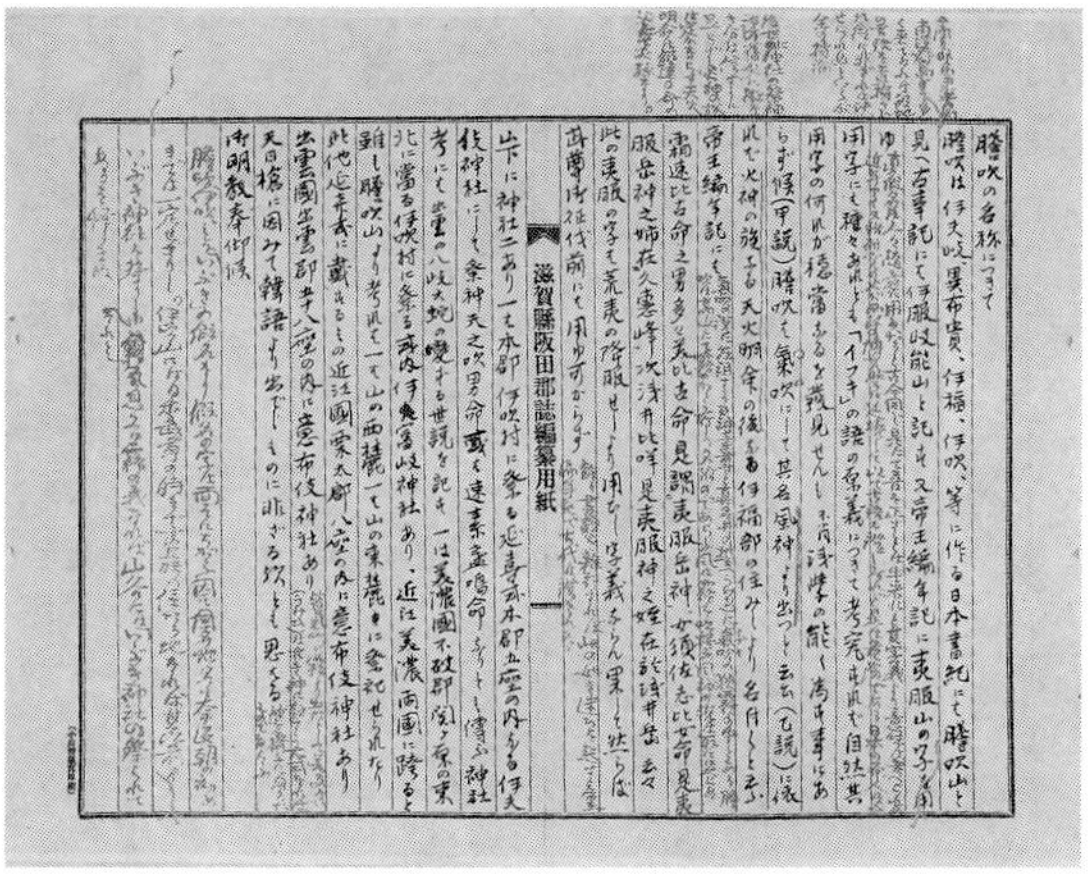

用して久米邸の門を叩いた。久米は着衣正しく姿を現し、古代史に関する泉三の問いかけに対して大変丁寧に答えた。それ以後泉三は日曜が来るたび足繁く久米邸へ通い、編史について教示を受けたという。このとき久米邦武七十一歳、泉三四十一歳である。

章斎文庫に残された久米の書簡を読み解くと、泉三が滋賀に戻ったのちは書簡の往復によって、史料の読み下しや解釈などを細かく指導していたことが分かる。そのほかにも久米は、自身が参加する日本歴史地理学会を通じ、泉三に歴史を学ぶ機会を提供した。泉三は久米の薫陶を受け、科学的・実証的な歴史学の知識を身につけていったのである。

のちに泉三が専門の歴史学者に匹敵する研究成果を挙げることができたのは、久米の影響によるところが非常に大きい。歴史家としての泉三は、久米邦武との出会いによって生まれたといっても過言ではないだろう。

泉三生涯の師

泉三は歴史家としての地位を確かなものにしたのちも、久米を師と仰ぎ続けた。滋賀県の郡志編纂に情熱を傾けた泉三に対し、久米はたびたび滋賀を訪れて面談するほか、郡史の完成にあたっては序文を寄せる形で応えている。大学で弟子らしい弟子を育てなかった久米にとって、三十も年が離れた泉三は、遅れてできた弟子とでもいった存在だったのだろう。

公私にわたり親しく交際していた二人の様子は、谷村伊平の目に「親の如く、子の如く、相互に慈む」間柄と映った（『中川章斎先生小伝』）。悠々自適の生活を楽しんでいた久米は、東京でもまだ郊外の風情を残していた目黒に居をかまえ、夏は避暑、冬は避寒と称して保養地を巡っていたが、逗留する旅館が決まると必ず泉三に連絡している。また近畿へ足を延ばす際には泉三に声を掛け、史談や各地の観光を共に楽しんだ。泉三が春に久米の定宿である箱根松坂屋を訪ね、秋になると逆に久米が滋賀を訪れて、茸狩りを行うのも毎年の恒例となっていた。

泉三は久米の希望に応えてたびたび同行しただけでなく、折々に聞く久米の回顧談を書きとめて「聞書」の冊子をまとめている。のちに泉三は上下二巻に及ぶ「久米邦武先生伝」を書き上げているが、泉三が久米の履歴について本人に問い合わせている形跡もあり、久米の生前から泉三が伝記をまとめる計画があったようだ。

久米邦武と泉三の交流は、久米が没するまで途切れることなく続いた。久米の死去は昭和六年（一九三一）二月二十四日、九十三年の生涯であった。

歴史学者・研究者

青谷　美羽

三上参次

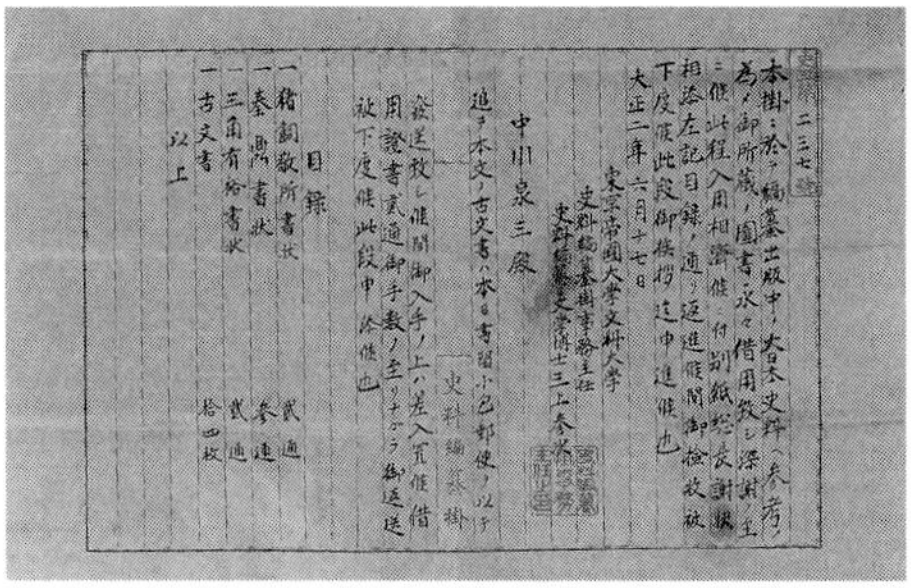

本掛ニ於テ編纂出版中ノ大日本史料ノ参考ノ為メ御所蔵ノ圖書永々借用致シ深謝ノ至ニ候此程入用相濟候ニ付別紙総長謝状相添左記目録ノ通リ返進候間御検收被下度旁此段御挨拶迄申進候也

大正二年六月十七日

東京帝國大學文科大學
史料編纂掛事務主任
史料編纂官文學博士三上参次

中川泉三殿

追テ本文ノ古文書ハ本日書留小包郵便ヲ以テ發送致シ候間御入手ノ上ハ差入置候借用證書貳通御手數ナカラ御返送被下度候此段申添候也

史料編纂掛

目録

一 猪飼敬所書状　貳通
一 秦鼎書状　参通
一 三角有裕書状　貳通
一 古文書　拾四枚
以上

借用史料返却挨拶状　中川泉三宛

史料編纂掛の事務主任三上参次から泉三に、大正2年(1913)6月17日付で資料を返却した際の挨拶状。史料編纂掛では『大日本史料』の参考とするため、泉三から秦鼎《はたかなえ》書状・三角有祐《みすみありひろ》書状などを借用していた。

各界の研究者と交流

泉三は郡志の編纂《へんさん》過程でさまざまな分野の研究者と出会い、次第に交際の範囲を広げていった。そうして築き上げられた人脈は知的交流の土壌となり、泉三の研究により一層の深みを与えている。また泉三自身は終生研究機関に所属することなく研究を続けたが、泉三と交流があった研究者の多くは大学出身で研究機関に属しており、泉三の研究成果を学界へ還元する橋渡し役にもなっている。

東京帝国大学史料編纂掛を起点に

泉三の人脈形成において、泉三が各地で史料採集にあたったこと、とりわけ東京帝国大学史料編纂掛《へんさんがかり》(昭和四年(一九二九)改組され、同編纂所と改称)に通ったことは非常に大きな出来事である。泉三の時代には現在ほど史料の活字化が進んでいなかったという事情があり、本格的な史料採集をするといえば、所蔵者に直接史料の閲覧を申し入れるか、史料編纂掛が過去に収集した史料を閲覧するというのが主な手段だった。

明治四十二年(一九〇九)三月、東京で『近江坂田郡志』の史料収集を行うことになった泉三は、連日のように東京帝国大学史料編纂掛へ足を運んだ。そのとき史料編纂掛には、事務主任の三上参次と編纂主任の田中義成を筆頭に、編纂官の和田英松・辻善之助・黒板勝美、編纂官補の鷲尾《わしお》順敬《じゅんきょう》・蘆田《あしだ》伊人《これと》、編纂補助嘱託の渡辺《わたなべ》世祐《よすけ》など、多くの研究者が籍を置いていた。それぞれ専門を異にするが、大正から昭和戦前期の歴史学界で活躍し、学界の発展に寄与した錚々《そうそう》たる顔ぶれである。

泉三はここで面識を得た研究者たちと、後々まで交流を続けた。当初は泉三が質問状を送り返答をもらうという関係だったが、のちには資料調査に誘われることもあれば、資料提供の依頼を受けることもあり、相互に便宜を図りあう関係を築いている。

郡志の完成後、泉三が歴史家として知られるようになると、今度は滋賀県や県内各郡の公務によって中央の機関と接点を持つことが増えていく。そこでもまた新たな研究者との出会いがあった。羅列的になるが、以下、学界に広がる泉三の人脈を紙面が許すかぎり再現したい。

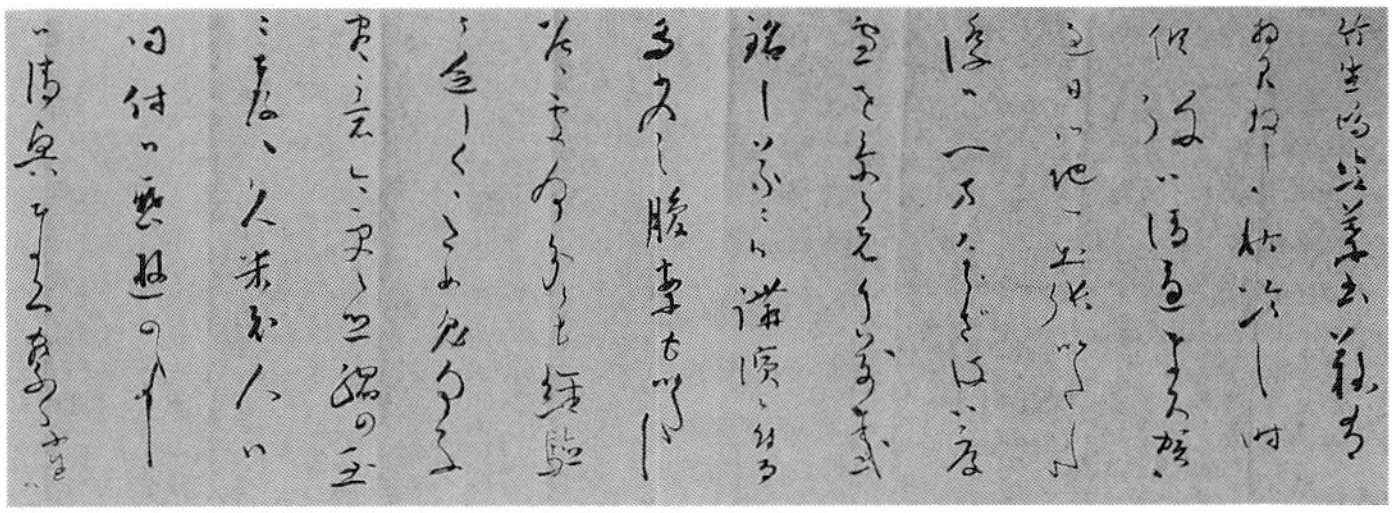

鷲尾順敬書簡　中川泉三宛(部分)
大正4年(1915)10月16日、蒲生郡志史料展覧会の一環として滋賀県で講演した際の挨拶状。この件に関連して、鷲尾の派遣を仲介した渡辺世祐の書簡も確認できる。

渡辺世祐

東京帝国大学・東京帝室博物館の人びと

渡辺世祐(一八七四～一九五七)は中世史を専門とし、東京帝国大学講師・史料編纂官のほか、明治大学・国学院大学の教授を務めた。久米邦武が古代史を担当した早稲田大学発行の『大日本時代史』で「室町時代史」と「安土桃山時代史」を執筆していることから、泉三は『近江坂田郡志』編纂の段階で渡辺世祐の業績にふれていたと考えられる。渡辺は泉三とともに滋賀県内の資料調査に参加し、講演活動も行っている。

三上参次《みかみさんじ》(一八六五～一九三九)は東京帝国大学文科大学教授・史料編纂掛主任を務め、臨時帝室編修官長や貴族院議員を歴任した。泉三とは大正初年から文通している形跡があり、泉三から『菅浦文書』の写を借用して筆写も行っている。昭和十四年(一九三九)の泉三古稀金婚祝賀会では発起人に名を連ねるが、文庫完成前の六月に死去している。

辻善之助(一八七七～一九五五)は仏教史を専門とし、東京帝国大学教授・史料編纂所所長を務めた。泉三とは『近江坂田郡志』の史料収集に協力した縁で知り合ったと考えられる。史料編纂官、のちには史料編纂所所長として泉三に資料閲覧の便宜を図る一方、「島記録」など滋賀県内の資料を借用する場面で、泉三に協力を依頼することもたびたびであった。

鷲尾順敬(一八六八～一九四一)も仏教史の専門家である。東京帝国大学史料編纂官・東京府史跡調査嘱託のほか、駒沢大学・大正大学などの講師を歴任、『仏教史学』などの雑誌で主筆を務めた。鷲尾と泉三はともに漢詩をたしなんだ縁によって、学問的な交流だけでなく、趣味の分野でも親交を重ねている。鷲尾は泉三の詩を「有韻の日記」と評し、泉三の漢文集『伊吹山人文章』に序文を寄せた(『中川章斎先生小伝』)。

堀田璋左右《ほったたまぞう》(一八七一～一九五八)は中世史を専門とする研究者だが、『名古屋市史』『山梨県史』『横浜市史』や郷里の『丸亀市史』など、各地の自治体史編纂に従事したことでも知られている。

明治四十二年(一九〇九)、史料編纂掛へ通うために上京する泉三は、まず名古屋で堀田に面会を求めた(長2)。史料編纂掛で史料を閲覧する際、便宜をはかってもらうためである。また堀田は京極家の旧臣として同家の調査にも加わっており、堀田の手で収集された京極家史料を借覧することも目的のひとつであった。その後、今度

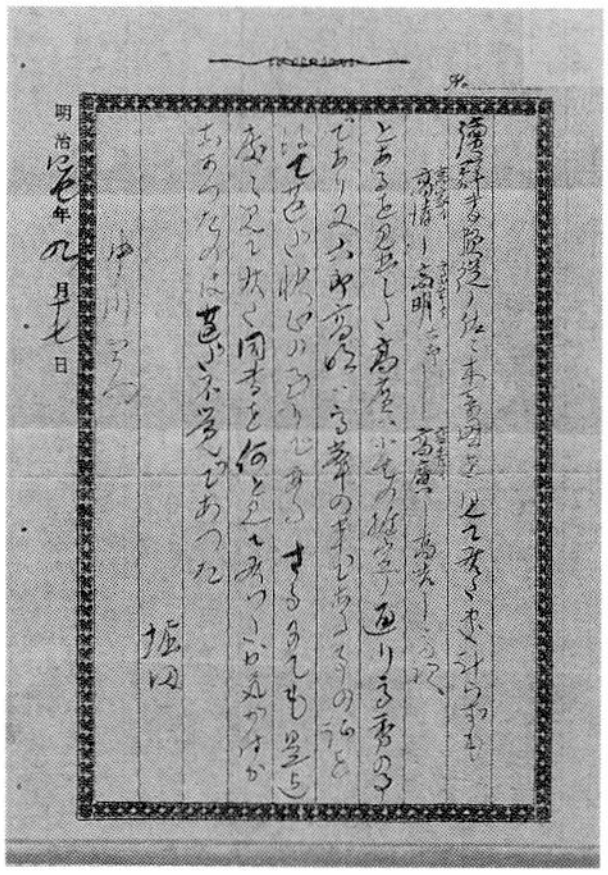

堀田璋左右書簡　中川泉三宛

明治四十四年（一九一一）九月十七日付けで、『続群書類従』を再見していて偶然、佐々木氏系図に関する新たな事実を発見したと泉三に知らせている。当時の書簡としては珍しく口語体の文面で「是迄度々見て居て同書を何と見て居つたか、気が付かなかつたのは甚だ不覚であつた」と結んでいる。

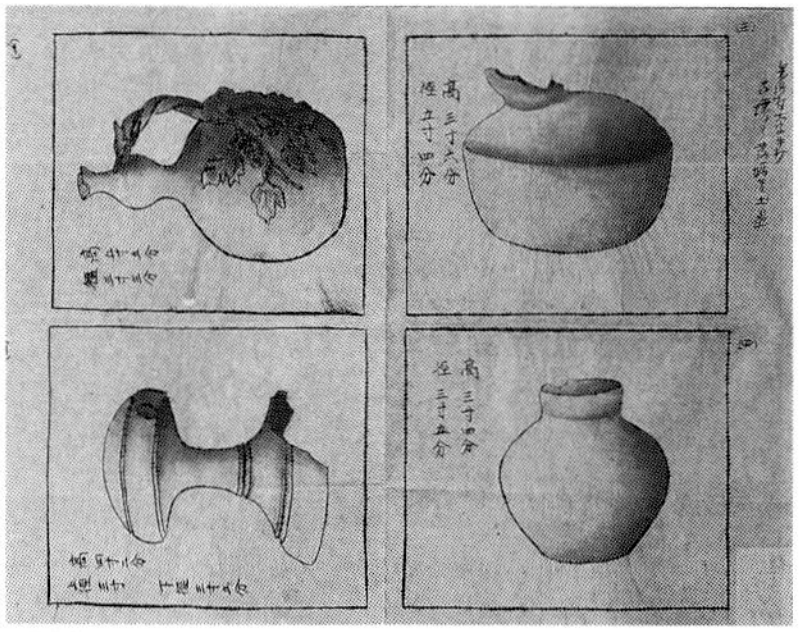

息郷《おきさと》村字牛打の古墳より出土した土器の図

泉三が高橋健自に出土品の鑑定を依頼するため送った図。四面の図のうち、左半分は用紙の左端を上にして描かれている。

は堀田が泉三の協力を得て、滋賀県内で京極関係資料を収集している。

堀田は歴史学の普及にも熱心だった。明治三十三年（一九〇〇）日本歴史地理学会の創設に参画して雑誌『歴史地理』の発行に携わっただけでなく、国史講習会では会長職を務めている。国史講習会は歴史学の成果を平明な文体で説き、通信教育で学ぶことができるよう雑誌の体裁をとって発行する趣旨の会で、顧問に吉田東伍・黒板勝美、課外講師に久米邦武・喜田貞吉・辻善之助などを迎えて活動していた。

泉三はどちらの会にも所属して、歴史学の知識を深めている。また『歴史地理』には論文を投稿し、学者としての足跡を残している。以降に紹介する人物の項でもふれるが、日本歴史地理学会と国史講習会は、史料編纂掛と並んで泉三の人脈形成に大きな影響を与えた組織であった。

藤田明（一八七七〜一九一五）は中世史が専門の研究者である。東京帝国大学在学中に日本歴史地理研究会（後の日本歴史地理学会）に参加したが、卒業後は東京を離れ、鹿児島の第七高等学校造士館で教授を務めていた。そこで声を掛けられ、史料編纂掛の史料編纂官として東京へ戻る。泉三が史料閲覧を行ったのは、ちょうどその頃である。

歴史地理学会を通じて親交があったためか、堀田璋左右は泉三に紹介状を持たせて藤田を紹介した。泉三と面会した藤田は史料閲覧など万事協力することを約束、大変心強く感じたと泉三は書き残している。藤田は史料編纂掛、また歴史地理学会の事務方として、泉三と書面でやりとりをすることも多かった。しかし大正四年（一九一五）十一月、三十九歳の若さで亡くなっている。

東京帝国大学に籍を置かず、東京帝室博物館を拠点に活躍した研究者として、高橋健自《けんじ》（一八七一〜一九二九）がいる。高橋健自は東京高等師範学校を卒業後、福井県や奈良県の中学校教諭を経て、明治三十七年（一九〇四）東京帝室博物館学芸委員となり、三宅米吉（一八六〇〜一九二九）の下で歴史部次長として勤務した。

高橋・三宅はともに、日本考古学の草創期を支え、基礎を築いた研究者である。考古学会は明治二十八年（一八九五）、帝国博物館学芸委員の三宅が、帝国大学在籍中の下村三四吉《みよきち》らと創立した。高橋は考古学会の学会誌『考古学雑誌』を定期刊行し、学会の発展に尽くしている。

高橋は泉三から『近江坂田郡志』に掲載する出土品の鑑定を依頼され、懇切に返答

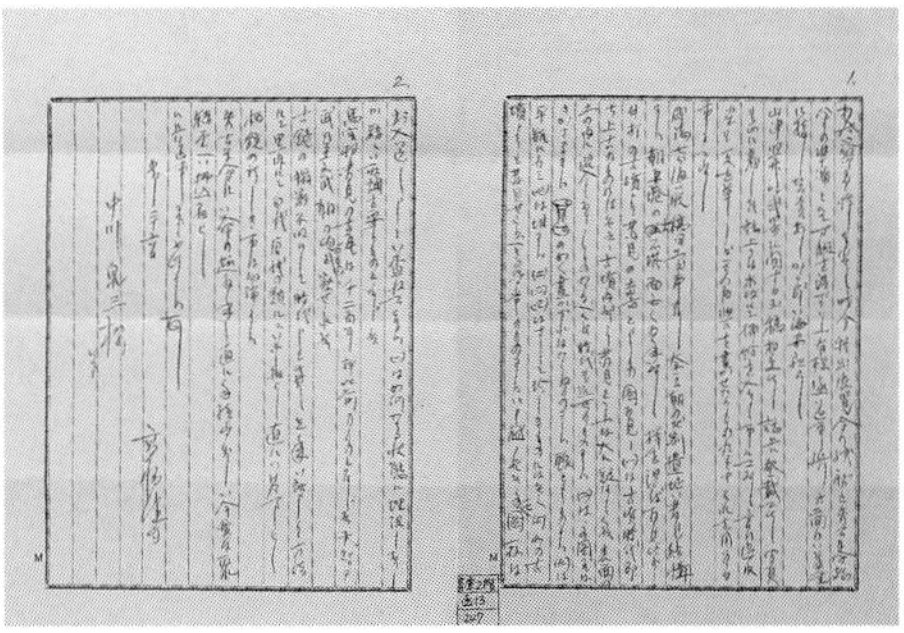

高橋健自書簡　中川泉三宛

明治四十四年（一九一一）五月二十六日付けで、泉三の考古学会への入会申込を受け付けたこと、泉三が執筆した原稿を『考古学雑誌』に掲載することなどについて記す。また牛打の古墳から出土した遺品について、図一（四六頁写真左上）は古墳時代の遺品ではなく、どのような状態で埋没していたか調べる必要があること、図二（同左下）は上下逆さに描かれていることを指摘した上で、図二以下は特に珍しい遺物ではないと述べている。

三浦周行

している。出土品に関する知識をそれほど持ち合わせていなかった泉三は、高橋の指導を受け、のちには『考古学雑誌』に寄稿するまでになった。

京都帝国大学の人びと

三浦周行《みうらひろゆき》（一八七一〜一九三一）は明治三十六年（一九〇三）まで東京帝国大学で、その後は京都帝国大学で活躍した法制史の研究者である。『近江坂田郡志』編纂中の大正元年（一九一二）、泉三が北畠具行《きたばたけともゆき》の墓について問い合わせたことから二人の交流が生まれようだ。三浦からの書簡を読み解くと、互いに史料の交換を行っているほか、三浦が大学の修学旅行先として滋賀県を候補に挙げ、泉三に案内を打診するなど、さまざまな出来事が読み取れる。泉三が発見した『今堀日吉神社文書』を、いち早く論文で紹介したのも三浦である。

喜田貞吉《さだきち》（一八七一〜一九三九）は法隆寺再建・非再建論争を展開したことで知られる歴史学者である。京都帝国大学教授、のち東北帝国大学講師となった。また日本歴史地理研究会の創設に関わり、雑誌『歴史地理』に多くの論文を発表している。

泉三との交流は、明治四十四年（一九一一）、喜田が醍ヶ井を訪問する際に案内を受けて以来続いていたらしい。資料の交換や、郡志史料展覧会の問い合わせなどに関する書簡が残っている。

梅原末治《すえじ》（一八九三〜一九八三）は、京都帝国大学教授を務めた考古学者である。大正二年（一九一三）に同志社普通学校を卒業後、同三年（一九一四）京都帝国大学文学部考古学講座の無給雇いとして調査に従事した。欧米留学を経て、昭和四年（一九二九）京都帝国大学文学部講師となっている。泉三は山津照《やまつてる》神社の出土品調査などで梅原と知り合った。梅原は同じく考古学者の小林行雄とともに、中川家を訪れたこともある。

小林行雄（一九一一〜一九八九）は考古学とは畑違いの神戸高等工業学校を卒業し、学校の副手を勤めていたが、退職して京都帝国大学考古学研究室の助手となった経歴の持ち主である。『改訂近江国坂田郡志』編纂の際、泉三と伊吹山の遺跡踏査を行うなど、積極的に資料調査に協力している。

宮内省・内務省の人びと

本多辰次郎（一八六八〜一九三八）は東京帝国大学を卒業後、宮内省図書寮に務めながら勤王論や維新史の研究を行った。早稲田大学発行の『大日本時代史』でも「維

宮内省図書寮玄関記念撮影
大正十三年（一九一四）十月二十一日に撮影された。右から泉三、宮内省編修室本多辰次郎、同省図書寮大澤図書出納掛。泉三は『近江栗太郡志』の図版に帝室御物となっていた「金勝寺文書」を掲載するため、許可を得て撮影に訪れていた。

新史」を執筆している。

泉三との交流は、『近江栗太郡志』の編纂中、泉三が質問状を送ったことから始まったようだ。宮内省所蔵史料の閲覧に便宜を図っているほか、泉三が「平方史跡顕揚之碑」（現在の長浜市平方町に所在）を建碑するにあたって、侍従長入江為守の揮毫を仲介している。

宮地直一《みやじなおかず》（一八八六～一九四九）も本多辰次郎同様、東京帝国大学を卒業後、内務省神社局に入り神道史の研究を行っている。明治四十一年（一九〇八）の入省以来、内務省神社局考証課長などを歴任した。泉三とは内務省の考証官時代に知り合ったことがはっきりしている。出張で宮地が滋賀県を訪れた際には、泉三が山津照神社や蓮華寺を案内した。

宮地は昭和十三年（一九三八）に内務省を退職、その後は東京帝国大学教授となり神道講座を担当して、戦後は神社本庁の設立に尽力している。

厳密にいえば研究者には当たらないかもしれないが、ここでもう一人取り上げておきたい人物がいる。新納忠之介《にいろちゅうのすけ》（一八六八～一九五四）である。新納はそもそも彫刻家で、明治二十七年（一八九四）二十七歳で東京美術学校の助教授を務めるまでになったが、明治三十一年（一八九八）岡倉天心が同校の校長を退職したとき、横山大観らとともに辞職し、日本美術院の創設に参画した。

岡倉天心に勧められ、新納は日本美術院で仏像の修理を行う。古社寺保存会委員・国宝保存会委員などを務め、文化財行政に深く関わりながら、生涯に文化財指定の像二〇〇〇軀以上の修復を手掛けた。新納が修復した仏像には、広隆寺の弥勒菩薩など、現在も国宝に指定されている仏像が多く含まれている。

郡志の編纂過程で指定に漏れた古仏像を発見した泉三は、新納に相談をもちかけた。新納は滋賀県へ出張して仏像を実見し、指定に協力している。また章斎文庫には、新納が描いた達磨像も納められている。

章斎文庫の所蔵資料には、近代史学の歴史をいろどる研究者たちが、彼らのほかにも数多く登場する。はじめにお断りした通り、ここまで挙げた研究者は泉三の幅広い交友関係のごく一端に過ぎない。章斎文庫は、泉三の業績をたどることができるばかりでなく、近代史学史を追う者にとっても史料の宝庫なのである。

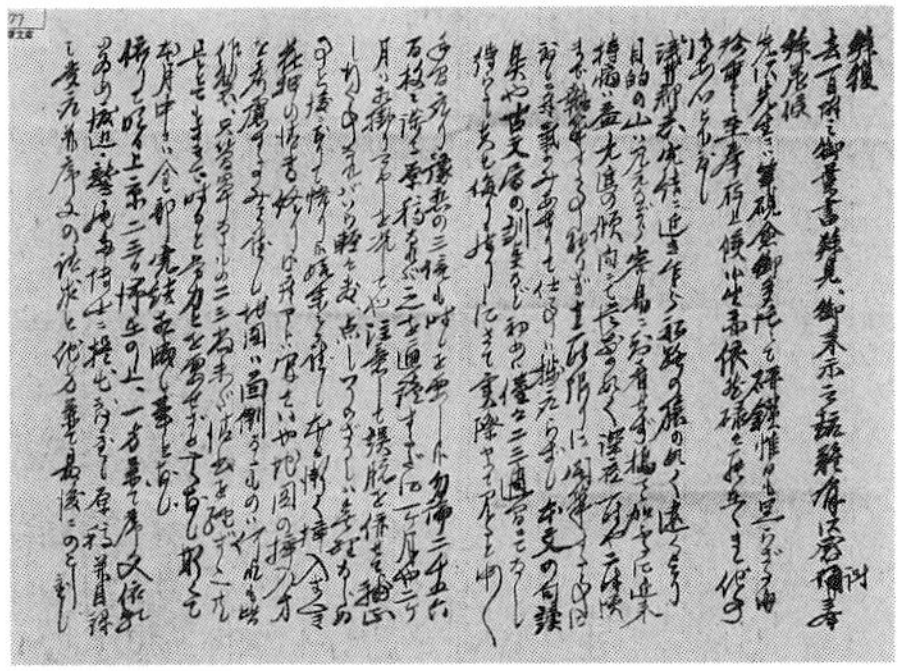

黒田惟信書簡　中川泉三宛（部分）
昭和３年（1928）５月10日付けで、原稿の完成予定などを泉三に知らせた書簡。冒頭で郡志の編纂と執筆について、目的の山は見えるけれどもたどり着けないと記している。

黒田惟信

黒田惟信

青谷　美羽

横須賀の牧師黒田惟信

泉三の友人、黒田惟信《これのぶ》（一八六七～一九三五）は横須賀を拠点に活躍した牧師で、『東浅井郡志』の編纂者としても知られている。黒田が泉三と接し、滋賀県の郡志を編纂《へんさん》するに至った経緯の前に、まず黒田の略歴について記しておく。

黒田の牧師としての活動は、峯崎康忠の研究に詳しい。それによれば、黒田は慶応三年（一八六七）五月、静岡県伊豆の岩科《いわしな》に生まれた。本名は佐藤曠二《こうじ》といい、静岡師範学校を卒業後、小学校訓導を務めていたという。明治十八年（一八八五）、東京牛込一致教会で師の奥野昌綱から洗礼を受け、キリスト教者として生きる道を選んだ。

明治二十三年（一八九〇）、明治学院神学部へ入学して神学と外国語を学ぶと、卒業後は郷里での伝道を経て、明治二十九年（一八九六）神奈川県横須賀日本基督教会に六代目牧師として招かれている。この頃は稲葉と称していたが、明治三十年（一八九七）ごろ佐藤に復姓、名を広吉、のち惟信と改め、明治四十一年（一九〇八）に黒田家の養子となって以降は黒田惟信と名乗った。同じ年、妻久良子を迎えている。

牧師として軍港を有する横須賀の教会に身を置くうち、軍人伝道の必要性を感じた黒田は、明治三十二年（一八九九）、日本で伝道を行っていた米国人女性エステラ・フィンチと共に陸海軍人伝道義会を設立し、軍人伝道に努めた。初代会長はフィンチである。このとき黒田は教会の牧師を辞任し、陸海軍人伝道義会の主任となった。

フィンチはのち日本に帰化して星田光代と名乗り、伝道義会の活動に身を捧げて大正十三年（一九二四）日本で没した。黒田は最後まで星田のパートナーであり続け、星田の死後は会長として伝道義会を引き継いでいる。しかし昭和十年（一九三五）四月二十七日、黒田の死去によって伝道義会は解散し、その活動を終えた。

泉三との出会い

黒田惟信の生涯をたどってみても、一見して歴史学との接点、まして滋賀県や泉三との接点など見当たらない。しかし意外なところで黒田は滋賀に関心を寄せ、自ら足を運んでいる。

黒田惟信は滋賀を訪れた際の紀行文「江

北紀行」に、先祖のうちひとりの墓が徳源院にあると記した（個人蔵）。先祖とは黒田政光のことである。黒田長政に連なる黒田家の発祥には諸説あるが、そのひとつに滋賀県の湖北地方を拠点とした佐々木氏の支流という説があり、黒田が家の歴史をたずねるうち、自然と滋賀県へ行き着いたのである。

『東浅井郡志』完成記念撮影　個人蔵
多くの時間を費やして編纂した郡志の完成を祝って、黒田惟信が妻の久良子とともに撮影した一枚。夫妻が自宅の縁側で郡志を囲んでいる。

滋賀県の歴史に関心を抱いた黒田が泉三と出会うのに、それほどの月日はかからなかった。泉三が残した記録によると、明治四十四年（一九一一）十月十三日、黒田が泉三邸を訪れ、史談を交換している。そのとき黒田の肩書は外国語学校教諭であった。伝道義会の支部を佐世保と呉に置いていた関係上、旅をすることが多かった黒田は、その途中しばしば滋賀の泉三を訪ねている。泉三と黒田は漢詩という共通の趣味を持っていたこともあり、急速に親しくなっていった。

『東浅井郡志』編纂主任として

黒田が『東浅井郡志』編纂を手掛けたのは、泉三の紹介による。そもそも大正四年（一九一五）、『東浅井郡志』の編纂主任を依頼されたのは泉三であった。『近江坂田郡志』編纂のとき郡視学の任にあった細井良吉が、このとき東浅井郡長に昇任して、泉三に白羽の矢を立てたのである。しかし泉三は『近江蒲生郡志』編纂に着手したばかりであるという理由でこれを断り、代わって黒田を紹介した。黒田は何度も辞退したが最後は首を縦に振り、泉三も助力を約束して編纂顧問に就いている。

歴史家としての黒田は、泉三と同じく、実証主義に基づいた堅実な研究を行った。それは完成した郡志だけでなく、編纂の過程で泉三と交わした書簡からも読み取れる。黒田はまず東京帝国大学史料編纂掛《へんさんがかり》に通って資料を集め、泉三と積極的に資料や意見の交換をした。泉三のもとで資料を筆写したことも一度や二度ではなく、逆に泉三の手元にない資料は、手書きの資料集にまとめて泉三に贈っている。

黒田が筆写した資料に特徴的なのは、黒田がその資料をどのように読んだのか、独自の見解が記されている点である。これは黒田が、歴史研究の基礎になる史料批判の技術を身につけていたということに他ならない。伝道義会のメンバー太田十三男《とみお》は、黒田について「恐らく先生の道楽は修史であったと思う」と記している（『奥野昌綱先生略伝並歌集』）。しかし黒田の研究は、「道楽」という言葉で表現するには、あまりにも高い専門性を備えていた。

黒田が力を注いだ研究の成果は、泉三と親交のあった歴史学者、鷲尾順敬《わしおじゅんきょう》と渡辺《わたなべ》世祐《よすけ》の序文を得て、昭和二年（一九二七）全四巻の『東浅井郡志』として刊行された。泉三が編纂した郡志と同様、今日も学問的に通用する水準の研究である。

徳富蘇峰

高木　叙子

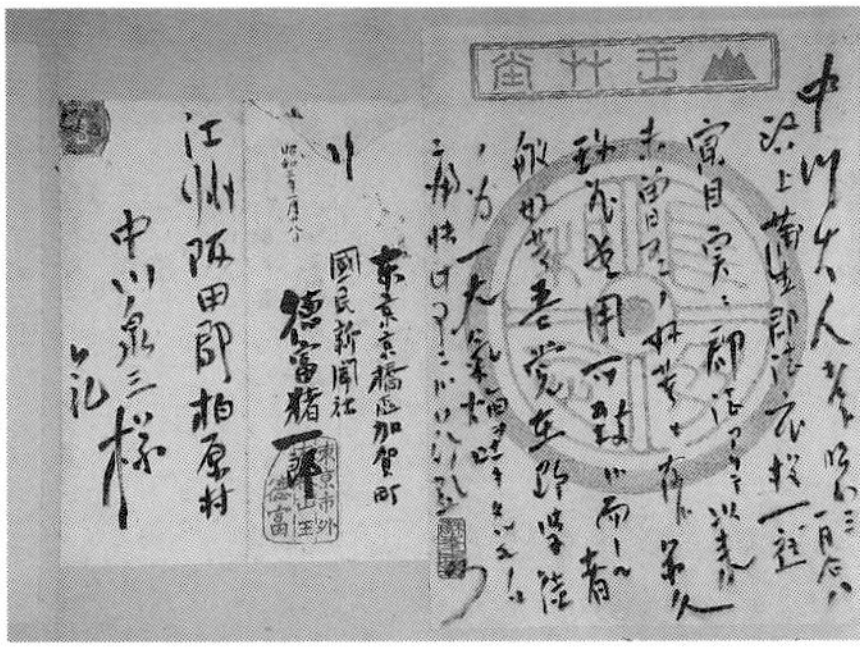

安１　徳富蘇峰書簡　中川泉三宛
昭和３年（1928）１月23日に、『近江蒲生郡志』を受け取った蘇峰が泉三に送った礼状。郡志の出来を高く評価している。

安３　蘇峰と泉三
昭和12年（1937）、蘇峰と泉三が下郷傳平の京都の別邸清流荘に招かれた際の記念写真の一部分。

明治の言論界を主導

徳富蘇峰《とくとみそほう》は、明治から昭和にかけての日本を代表するジャーナリストで、九十四年の長い生涯において、政治家・言論人・歴史家・評論家・思想家など幅広い活動を展開させた人物である。実名は猪一郎。蘇峰の他にも多くの別号を持つ。小説家として知られた徳富蘆花《ろか》は、その実弟である。

文久三年（一八六三）に肥後藩（熊本県）の郷士の家に生まれた蘇峰は、熊本洋学校から東京英語学校を経て、明治九年（一八七六）十月に、新島襄《じょう》が京都で設立した同志社英学校に入学。新島より洗礼を受け、クリスチャンとして熱心に活動を行っていたが、学内の学生同士の対立に巻き込まれた結果、同十三年（一八八〇）五月に卒業を目前にして退学し東京に向かう。この時蘇峰は、明確に新聞記者の道を志していたようだが、すぐには果たしえず、その年の秋にはいったん熊本に帰郷している。そこで蘇峰は自由民権運動に加わり、同地の政社相愛社において、その機関誌『東肥新報』の編集を担当するようになる。その傍らで、自宅に大江義塾を開いて地方青年の啓発を目指し、講義や著作活動を行っていった。

この間に著した『将来の日本』を足がかりとして、蘇峰は同十九年（一八八六）末に塾生を率いて上京。翌年早々に民友社を設立し『国民之友』を創刊する。この時の蘇峰はまだ二十四歳になったばかりであったが、平民主義を掲げて、明治政府や当時の社会のあり方を鋭く批判していく。そして三年後には『国民新聞』を創刊し、言論界を主導するまでになる。

しかしながら、不平等条約改正や日清戦争などの議論の中で、蘇峰は次第に便宜主義に傾くとともに、思想的変転や政府中枢の政治家との接近なども手伝って、世間の非難を受けるようになる。明治三十七年（一九〇四）の日露戦争開戦に至っては、桂太郎内閣を支持して国論統一や国際世論への働きかけに力を尽くしたため、『国民新聞』は政府の御用新聞に成り下がったとして反対運動の襲撃を受けることもあった。

大正二年（一九一三）、第一次護憲運動により蘇峰がブレーンとなっていた第三次桂内閣が倒れると、蘇峰は政治の世界から退き、『時務一家言』において再び言論家に立ち戻ることを宣言。著作活動に力を入れる。それとともに、本来好んでいた歴史の著述にも取り組む姿勢を見せ始める。

「織田時代」の舞台、安土へ

大正七年（一九一八）六月、五十五歳となった蘇峰は、生涯を代表する大著となる『近世日本国民史』の執筆に着手。本書の目的は、明治天皇とその時代の歴史を叙述することにあったが、江戸幕府崩壊を述べるためには幕府の成り立ちを説かねばならず、近世社会の創始者である織田信長・豊臣秀吉にまで、言及する必要に迫られた。

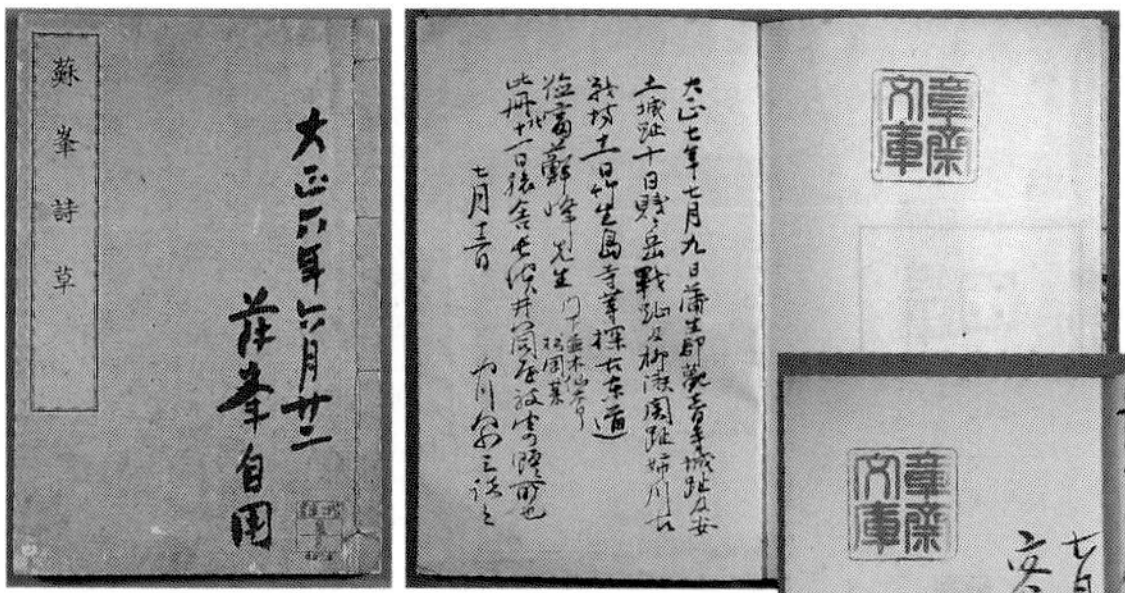

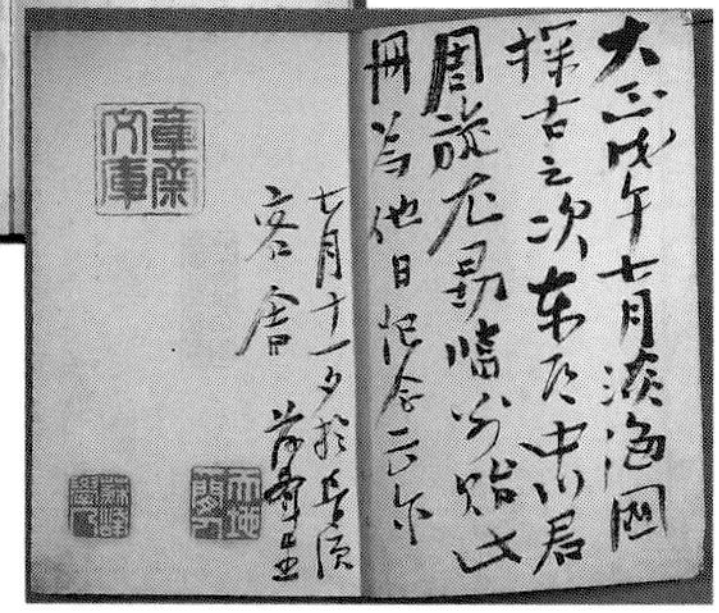

安２　蘇峰詩草
大正７年（1918）に近江の各史跡を案内した泉三に対し、蘇峰は礼として、自著の漢詩集であるこの本の表紙見返しに、為書をしたためて贈った。泉三もまた、裏表紙見返しにその旨を書き入れている。

　蘇峰が発端となる「織田時代」の舞台である滋賀を訪れ泉三と出会うのは、連載開始早々の同年七月のことである。このおり泉三は、蘇峰を案内して観音寺城跡・安土城跡・賤ヶ岳古戦場・柳瀬関跡・姉川古戦場および竹生島等を回っている。十一日に、泉三は蘇峰より記念として、蘇峰が自分用に携帯していた『蘇峰詩草』（安２）に泉三への為書を書き添えたものを贈呈されている。また、帰京後の礼状も共に章斎文庫に残っている。

　なお、『近世日本国民史』「織田時代」の原稿は後に単行本三冊にまとめられるが、その後も同連載は継続し、最終的に全一〇〇巻を蘇峰が書き終えるのは、昭和二十七年（一九五二）のこととなる。本書がこのように膨大な量となった理由は、蘇峰が本書著作の前提として膨大な根拠資料の探索に力を注ぎ、資料に語らせる形で著述を行ったためであると言われているが、このような編述における姿勢は、泉三が数々の郡志で採ってきたそれと同様のものである。蘇峰が泉三の影響を受けたことを直接証明することはできないが、執筆の最初に二人が出会っていることや、その後の長い交流から考えれば、あり得ないことではないと思われる。

　泉三とのその後の交友は、『章斎詩鈔』『近江之聖蹟』『伊吹山人詩草』『石之長者木内石亭全集』などの泉三の多くの著作の巻頭題字や『近江愛智郡志』の題字を、蘇峰が記していることからも伺える。また、泉三は蘇峰の避暑先である富士山麓山中湖畔の双宜荘を訪れたり、下郷傳平の京都別邸である清流荘に蘇峰とともに招かれたりもしている（安３）。

　泉三の死後も、十八年間蘇峰は生き続けていく。日本が太平洋戦争に向かっていく中、蘇峰は軍部に協力し、超国家主義・皇室中心主義を掲げて言論界に君臨したため、戦後はA級戦犯の容疑をかけられて蟄居《ちっきょ》を余儀なくされた。しかし、約五年の逼塞《ひっそく》の後、再度筆を執り、『近世日本国民史』をまとめ上げる。その生き方に様々な批判はあるが、明治維新から大正・昭和の日本の近代史を全身で受け止め、また発言・著作を続けて生き抜いた、希有な人物であったことは確かである。

下郷傳平久成

太田　浩司

下郷伝平久成と中川泉三

二代にわたる蓄財と文化事業

坂田郡長浜町の商人である下郷《しもごう》家は、もともと長浜南新町の餅屋だったと言われる。江戸時代末から明治時代初めに、初代の久道は長浜を代表する商人として成長した。天保十三年（一八四二）生まれの久道は、長浜の近代化の象徴である、明治十年（一八七七）創立の第二十一国立銀行の発起人十二人の一人で、明治二十年（一八八七）には近江製糸株式会社を長浜に設立している。また、明治二十三年（一八九〇）からは、貴族院議員も務めている。晩年、図書館・美術館の設立を計画していたという。

明治三十一年（一八九八）に没した久道の跡を継いだのが、明治五年（一八七二）生まれの二代目傳平久成（一八七二〜一九四六）であった。彼は明治末期から昭和初期にかけて実業家として成功し、実に二〇社以上の会社を設立し、長浜町会議員、長浜町長、貴族院議員も務めている。明治三十六年（一九〇三）には、公益事業体として下郷共済会を設立、この財団の理事長として文化・福祉を中心とした公益事業を展開していく。久成は大正七年（一九一八）には、伊吹山高層気象観測所を建設・寄附した他、日本赤十字へも生涯を通じて多額の寄付を行っている。

父の構想を引き継いで、大正四年（一九一五）には長浜町に、図書館「下郷共済会文庫」（現在の滋賀銀行長浜駅前支店の場所）を開設した他、同六年（一九一七）には「長陽園」と名づけられた財団運営の運動場（現在の長浜幼稚園の場所）を造っている。さらに、同十年（一九二一）には滋賀県初の博物館である「鍾秀館《しょうしゅうかん》」（図書館の西隣）を、財団として開館させた。この博物館の収蔵品が、現在も維持され、美術品の研究・公開を行っている財団法人下郷共済会の所蔵品の中心をなしている。また、出版活動にも積極的で、大正六年（一九一七）には長浜町のガイドブック『長浜案内』を刊行した他、泉三に『近江長浜町志』の編纂を依頼したことは、第三章で詳しく触れる。

木内石亭全集の発刊

下郷傳平久成と、泉三の交流の一端を示

すために、ここでは『石之長者木内石亭《きのうちせきてい》全集』（長26・栗42・米16）の刊行について触れておこう。同書は、泉三が奇石の収集家として知られる栗太郡北山田村（現在の草津市北山田町）の木内石亭が著した既刊・未刊の著作を集め、伝記や交友関係を記したもので、昭和十一年（一九三六）十二月、財団法人下郷共済会の発行により出版された。明朝綴《みんちょうとじ》の和装で六巻（冊）本。印刷は京都市下京区の内外出版印刷株式会社が担当した。

下郷共済会の博物館・鍾秀館の外観
財団法人下郷共済会提供

全集の序によれば、『近江栗太郡志』の編纂に当たって、泉三は石亭の遺物や遺文を集めていたが、昭和六年（一九三一）に少々余暇が出来たので、全集にしようと原稿を作成していた。しかし、特殊な本なので出版社が見つからず放置していたという。昭和十一年（一九三六）三月四日の中谷治《じ》宇二郎《うじろう》（考古学者）の泉三宛書簡によれば、泉三は渋沢敬三のアチック＝ミューゼアムからの出版を打診していたようである。昭和十一年六月に、泉三が京都の下郷邸を訪ねたおり、下郷との雑談でこの本発刊の話が出て、急転直下出版が決まった。

同年七月二十四日、下郷が泉三へ送った手紙には、「扨《さて》其砌《みぎり》御話ノ石亭全集出版ノ儀、承知仕《つかまつり》候、就而《ついて》右ハ貴殿御編纂、共済会発行、非売品トシテ数奇物ニ進呈候事ニ致度候《いたしたくそうろう》」と、京都での相談を具体化する旨伝えている。その上で、非売品であるが、出版により石亭の子孫から苦情が出る心配など、著作権に関わる問題の有無を泉三へ問い合わせている。これに対し、泉三は七月二十六日付の書状で、問題なしとの返答を行った模様で、八月一日付の下郷書状では、「石亭全集発行に付、一切懸念無き由拝承、安堵致仕候」と述べられている。

また、この手紙では部数を五〇〇とし和装で発刊すること。題字を徳富蘇峰に依頼することを承諾すると共に、序文は京都帝国大学浜田耕作（青陵）に依頼したと述べている。下郷が泉三の出版を経済的にも支えたことは、財団が発行者となったことで明らかであるが、さらに出版に関する序文依頼の事務を含め、本の内容まで関与していたことが知られる。下郷は単なるパトロン

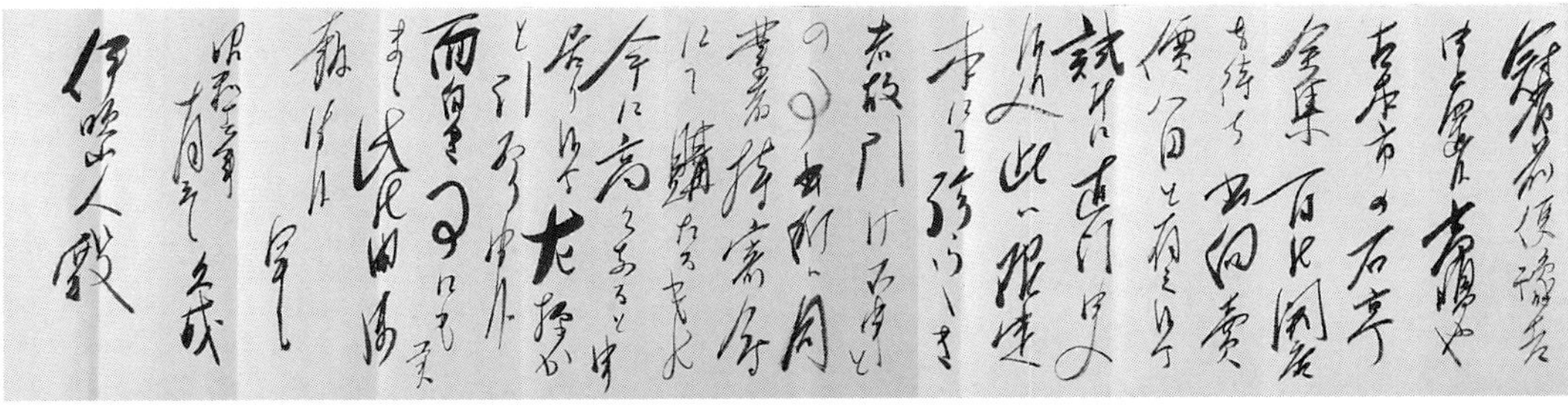

長25　下郷伝平久成書簡　中川泉三宛

ではなく、共同制作者と言ってよいだろう。

値引きできない『木内石亭全集』

発刊の翌年に当たる明治十二年（一九七九）十月三日付、下郷傳平久成の泉三宛ての墨書による書簡（長25）が残っている。この時の下郷の居場所は熱海の寿楽荘であったが、非常に興味深い内容なので、全文紹介しよう。

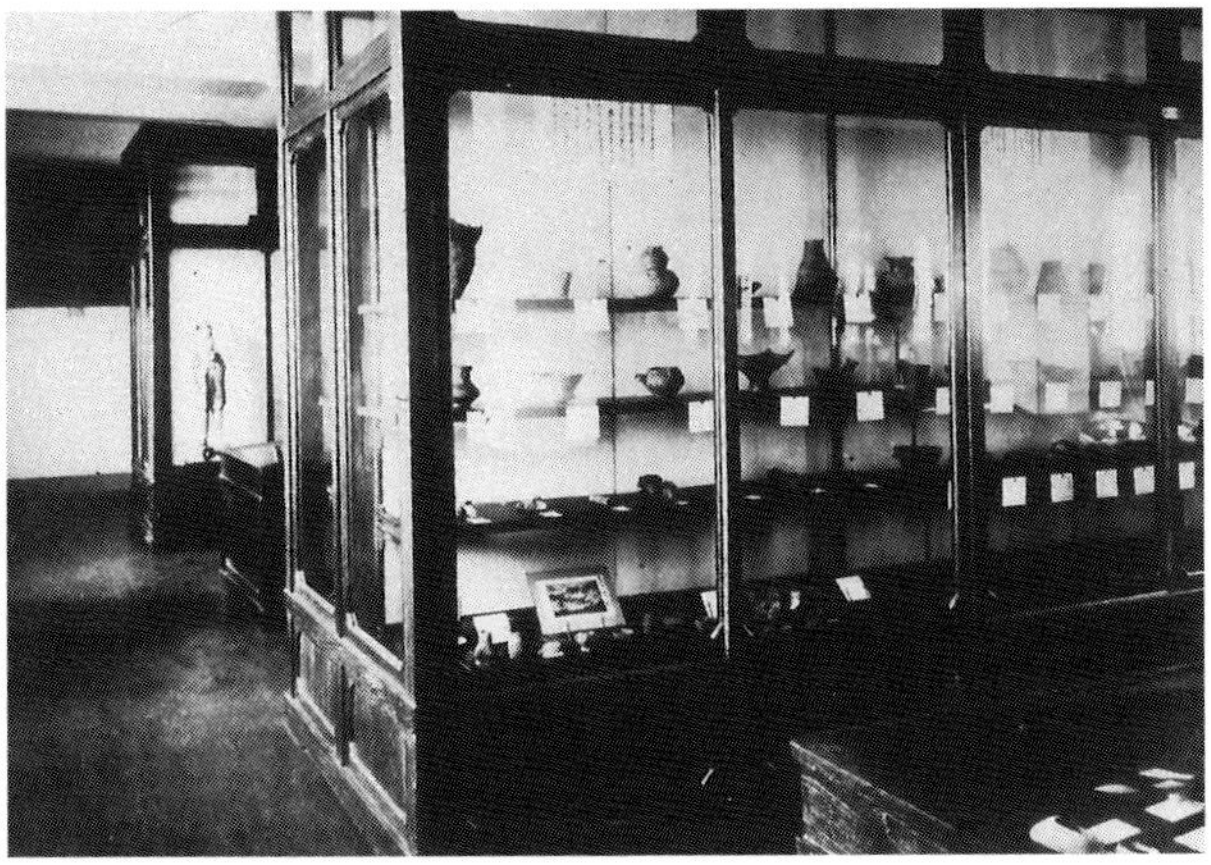

下郷共済会の博物館・鍾秀館の内部
財団法人下郷共済会提供

冠省　別便予告申上置候高嶋や古本市の石亭全集、一日の開店を待ち出向、売価八円と有之候て、試みに直引《ねびき》申入候処、此ハ限定本にて珍らしき者故引け《（ママ）》不申との事、出所ハ同業者持寄会にて購《かい》たるもの、今に高くなると申居り候は、左様かと引取申候、面白き事にも候ま、、此の由御報申候、早々

東京高島屋の古本市で、『石之長者木内石亭全集』が八円で売られていた。わざと値引きを申し出たが、その古本屋は本書は限定本で珍しく、やがて高価になるだろうから安くは出来ないと答えたという。自ら出版した本が高価だと言われ、我が意を得たりの下郷は、喜んでこの書状を泉三に書いて遺《よこ》したのである。自らの文化事業に誇りを持つ下郷の人柄が偲ばれる手紙と言えよう。

なお、下郷共済会で設立した博物館である鍾秀館一階の展示室には、昭和に入ってから、石亭の奇石が並べられていたことが知られている（昭和十五年『長浜郷土読本』）。この本の出版を機に、下郷共済会は石亭遺物の収集も行ったようである。

日野町志の人びと

高木　叙子

編纂事業を担った池田毅

日野町志編纂《へんさん》事業は、刊行まで十五年の歳月を要したこともあり、泉三と日野町の人びととの関わりは、幅広くそして深い。

安4　池田毅家族写真
昭和三年（一九二八）、池田毅夫妻の金婚式の記念に撮られた写真。右の女性が美登子夫人、中央が孫で養子となった葵一。

調査や会議などで、泉三が日野に滞在する機会が多かったことも、その一因であろう。編纂委員や所蔵者など、名をあげればきりがないが、ここでは特に、人間的にも泉三と深く交わった野田東三郎と、編纂全般を任された池田毅を取り上げよう。

実は、日野町志編纂事業がいつ頃から始まったかは、各人の記録に齟齬《そご》があり断言が難しい。町志序文では大正五年（一九一六）四月と受け取れる書き方がなされているが、他の記録などと照らし合わせると、同四年もしくはそれ以前からの動きが確認できるのである。泉三側の記録（安16）では、同三年（一九一四）四月四日に蒲生郡志の史料採訪を西大路村（日野町）から着手した泉三は次いで日野町に回り（編纂日誌では九日）、その際に日野小学校長橋本岩記から、町長であった野田を紹介されたという。

その後、郡志編纂主任として日野を訪れるごとに、町長や旧友で日野の女学校長である水谷捨太郎らと会合を重ねるうち、町志編纂を思い立った野田より執筆の話を持ちかけられたという。章斎文庫に残る野田からの書簡で最も古いものは同三年（一九一四）八月で、十月頃から来町の相談が何度かなされている。編纂日誌によれば、十二月五日に町長から出張依頼を受け翌日から史料採集委員会が開かれているが、この際には「高井委員」（高井商三）の記述（安16）も見え、全体の体制はともかく、すでにこの時点で編纂を視野に入れた動きがなされていることがわかる。

野田町長からの執筆依頼に泉三が応じなかったことは第三章で述べるが、おそらくはその前後に、泉三は実際に編纂事業を負うことになる池田と出会う。池田の記録（「近江日野志編纂始末」）では、編纂の依頼を再三固辞する池田に対し、ある時野田は水谷校長との会合に池田を呼び、その座にいた泉三を池田に引き合わせたという。初対面の二人であったが、話してみると二人とも土屋鳳洲《ほうしゅう》に師事していたことがわかってたちまちに親しくなり、泉三からの懇望と説得で、池田がその任につく決心をしたようである。

章斎文庫に残っている池田から泉三への最も古い書簡（安6）は大正四年（一九一五）五月四日付のものであるが、ここで池田は史料採集の報告を行うとともに、東京で鳳洲に会う予定の泉三に自作の漢詩を託している。またそのおりに、師匠に自分からとして菓子を贈呈することを頼んでいることも、二人の関係が読み取れて興味深い。

池田は安政三年（一八五六）に愛知県に生まれ、堺県師範学校、次いで山梨県師範学校を出て、長年山梨県の小学校で校長を務めた。最初に滋賀県に転じたのは明治三十一年（一八九八）で、一時京都府に移った後、同四十一年に再び滋賀に戻り、蒲生郡比都佐《ひつさ》尋常高等小学校の教導兼校長に任じられた。町志編纂の話があった頃は既に校長を辞しており、残りの生涯を日野において町志編纂に捧げることとなったのである。漢詩を好み紫川《しせん》の号で作品を残したが、章斎文庫にもそれらが伝わっている。昭和四年（一九二九）四月に七十三歳で永眠。

安10　中川泉三家族写真

昭和十四年（一九三九）に、自宅の前で家族と撮影した写真。前列中央が泉三ととゑ夫人。後列中央が娘のりうと左に養子の俊三。左右の三人はその子供たち。泉三の手には、野田から送られた杖が握られている。

会心の友・野田東三郎

野田東三郎は、地元で酒造業を営む地域の名望家で、明治三十七年（一九〇四）に町会議員に当選して以来、日野町長や県会議員を歴任した。泉三とは郡志および町志編纂を通じて関わりを持ったのであるが、これらの仕事を越えて人間的に深い友情で結ばれていたようで、泉三は『友園』（編纂委員でもある本誓寺住職野田現浄が刊行していた地域の同人誌）二二二号（安5）に掲載した野田の追悼文に、「文事や風流を以て交際した師友は少なくないが、栽松君（東三郎の雅号）ほと意気投合した真の会心の友は他に例が無い」と記している。

政治家としての野田の手腕は第三章で紹介するが、人間的にも豪傑肌で度量が大きく、またユーモアと人間味に溢れた人物だったようで、章斎文庫に残る野田の手紙は、異彩を放っている。漢詩を通しての交流や泉三も好きだった酒の話、酒粕の贈答など多方面におよび、野田は泉三と会うのを楽しみにしていたようである。また書簡には、野田独特の軽妙な表現も多く見受けられる。野田が泉三を、江戸時代に『大日本史』編纂に着手した水戸藩主徳川光圀《みつくに》（水戸黄門として有名であるが全国漫遊は創作）になぞらえて「滋賀の光圀公」と呼んでいる（安7）ことも、両者の関係が伺えて微笑ましい。

昭和四年（一九二九）十一月に泉三が還暦を迎えると、野田は大阪の名工に命じて、鹿角を頭にあしらった杖（安8）を作らせて泉三に送った。送状（安9）に「御ヅー體の長く被在《あらせ》られ候に乍恐《おそれながら》御合せ」とあるように、わざわざ長身の泉三に合わせた長めの杖である。野田が「一句不可無《なかるべからず》存候」と礼状への自作漢詩添付を求めたため、泉三は杖の感想を七言絶句に表して送るとともに、これを杖に刻んで用いている。昭和十四年（一九三九）に撮影した家族写真（安10）にもこの杖を持つ泉三の姿が映っており、以後も長く愛用したことが伺える。

里内勝治郎

大西　稔子

栗8　里内文庫内での里内勝治郎写真
栗東歴史民俗博物館蔵（里内文庫コレクション）
世界地図などが並べられた文庫内で写真に収まる里内勝治郎。文庫が開設された頃に撮影されたと考えられる。

里内文庫と里内勝治郎

里内勝治郎（一八七七～一九五六）は、『近江栗太郡志』編纂《へんさん》事業において、中川泉三を支えた人物である。栗太郡志編纂事業では、編纂主任の泉三のもと、郡内の小学校長らからなる編集委員が置かれ、各字に史料蒐集《しゅうしゅう》委員が数名ずつ置かれた。勝治郎は一六〇名以上いた史料蒐集委員の一人であった（栗20）。

里内勝治郎は明治四十一年（一九〇八）に設立された里内文庫の文庫主として知られている。里内文庫は、勝治郎が私費を投じて設立した私立図書館で、勝治郎の自宅のあった栗太郡葉山村手原（現在の栗東市手原）に置かれた。里内文庫は閲覧室などがある平屋の本館と、二階建ての書庫を有し、設立当初は九〇〇〇冊の蔵書を誇る、県内でも有数の図書館であった。

里内文庫の活動は幅広く、子どもたちには地元の葉山小学校の一室に児童文庫をおき、文庫から離れた村々には、巡回文庫（移動図書館）を開催している。こうした活動のほかにも、里内文庫では農事改良を目的とした、勧農社とよばれる附属施設もあり、文庫の活動は図書館という枠組みを超えたものであった。

このように大規模に事業を展開した里内文庫の存在はよく知られており、中川泉三も勝治郎に送った書簡のなかで「貴文庫の御盛名は兼てより拝聞仕り居り候」と述べているほどである（栗13）。

中川泉三との出会い

大正元年（一九一二）、勝治郎は一本の論文に出会う。これこそ『近江坂田郡志』編纂中の中川泉三が執筆した、「近江坂田郡の条里」である。勝治郎は早速泉三に手紙を送った。論文に掲載されていた坂田郡の条里再現図や、引用されていた古文書について問い合わせる勝治郎に対し、泉三は文庫が所在する栗太郡においても条里に由来する地名が散見されることを指摘、土地の売券等の古文書と合わせて研究すれば、栗太郡の条里についてもよい成果が上げられると薦めた。そしてなにより、栗太郡には金勝寺《こんしょうじ》（栗東市所在）や芦浦観音寺（草津市所在）があり、里内文庫の事業としてこれらの寺院に伝わる古文書を中心に、地域の資料収集を薦めたのだった（栗13）。

栗9　里内文庫海軍記念日図書展覧会写真
栗東歴史民俗博物館蔵
（里内文庫コレクション）
明治43年（1910）5月27日、里内文庫で海軍記念日の行事として開催された図書展覧会の様子。書架には多くの図書が並んでいる。泉三との出会いを経て、蔵書に郷土資料が占める割合が増えていく。

　この返信から数ヶ月後、勝治郎は栗太郡にかかわる資料の収集に乗り出す。伊能忠敬が測量した琵琶湖図の複製「琵琶湖近傍大絵図」（栗21）は里内文庫を代表するコレクションだが、まさにこの時期に作成されたものだ（栗22）。

郡志編纂事業とのかかわり

　大正十年（一九二一）、中川泉三は『近江栗太郡志』の編纂主任となる。泉三は各大字に数名ずつ史料蒐集委員をおき、資料収集に力を入れた。勝治郎は葉山村の史料蒐集委員に任命される。史料蒐集委員は資料所蔵者との調整や、場合によっては泉三の史料調査に合わせて事前に所蔵者から資料を借り受けるなどの任を負った（栗24）。勝治郎は葉山村での資料収集に奔走し、二〇回以上収集した資料を泉三のもとへと送っている（栗24）。

　勝治郎の活躍は資料収集にとどまらなかった。泉三が郡志編纂時に行なった事業に「史料展覧会」がある。これは郡内の寺社や個人が所蔵する資料をひとところに集めて展示するというもので、郡志編纂事業そのものの広報はもちろんのこと、資料収集をよびかける狙いももって行なわれた事業である。勝治郎はこの史料展覧会に里内文庫の収蔵資料を提供している。先述の「琵琶湖近傍大絵図」は展覧会の目玉資料となり、新聞報道でも「栗太郡史《ママ》編纂上逸す可からざる資料」と報道されている（栗22）。

　泉三も勝治郎の協力を頼りにしていたのであろう、大正十五年（一九二六）に完成した『近江栗太郡志』の序文では、「特に各種資料を調査し提供されし里内勝次郎君」と史料蒐集委員のなかからは条里図の作図を担当した国松喜一郎を除いて、唯一名前を挙げて感謝の意を表している。

里内勝治郎の郷土史研究

　里内勝治郎は自身も中川泉三に影響され、郷土史研究に取り組むようになった。江戸時代、東海道梅木立場《うめのきたてば》（現在の栗東市六地蔵）で名物と名高かった和中散《わちゅうさん》に関する研究や、明治天皇の聖蹟研究などを雑誌『近江と人』などに数多く投稿している。なかでも地元葉山村手原《てはら》にまつわる「手孕み伝説」に関する資料収集と研究は特筆に価する。里内文庫には手孕み伝説を下敷きにしている、浄瑠璃や歌舞伎の演目「源平布《げんぺいぬの》引滝《びきのたき》」に関する資料が豊富に収蔵されているほか、この演目の地元での上演にも奔走し、実現させている（栗49）。

丸橋茂平

橋本　唯子

丸橋茂平
『現代滋賀県人物史』より転載

地域への貢献

丸橋茂平《もへい》（一八七三〜一九五六）は、明治六年（一八七三）、愛知郡秦川《はたかわ》村松尾寺《まつおじ》（現在の愛荘町松尾寺）に生を受ける。明治三十七年（一九〇四）に村会議員、明治四十四年（一九一一）には県会議員に当選し、大正八年（一九一九）から昭和二年（一九二七）まで秦川村村長を務めた。大正十二年（一九二三）には改めて県議選で当選し、昭和四年（一九二九）には県会議長に就任している。なお政界を引退した後も、松尾寺区長や副区長を務め、地域に貢献したという（『秦荘の歴史』第三巻）。また『現代滋賀県人物史』によると、「同郷岩倉塾に（中略）従ひ、漢学を修めて深く堂奥に達するものあり」とある。

この岩倉塾とは、明治二十年（一八八七）に秦川村岩倉（現在の愛荘町岩倉）に創立された岩倉私塾である。明治二十二年（一八八九）の『滋賀県統計書』には、小学校を除く「諸学校」として「巖倉私塾」の名があり、同時期に記述されているのは、長浜英語学校など県下には四校のみである。また、これは「私塾」という名称ではあるが、県の認可をうけた施設であった。愛知郡内に創立される中等教育機関は、その後明治四十三年（一九一〇）の郡立愛知実業学校を待たねばならないため、岩倉私塾は早い段階での中等教育機関であったといえよう。丸橋はこの私塾で勉学に励んだのである。

二人の接点は、史料で知りうる限りでは大正九年（一九二〇）に遡る。以下注記しない限り章斎文庫に残る史料によってやりとりを追うと、泉三は金剛輪寺の調査について、丸橋に住職との日程調整などを依頼したようである。名刹金剛輪寺の調査に際し、地域社会をよく知り、また知名度の高い丸橋に、泉三がその任を託したことは想像に難くない。ただし住職は多忙で調整が難しかったようで、「住職又々不在に付」などと、丸橋から泉三へ詫びる文言が残されている。大正十年（一九二一）十月には、久米邦武が金剛輪寺を訪れる予定について、「久米博士金剛輪寺御参拝の義は濱中住職も来ル拾日以后なれば在寺せられ歓迎の旨申居られ候」とある。

またその後は金剛輪寺のみならず、村内各地の調査について丸橋が積極的に尽力している。丸橋から泉三への書簡には、「軽《かる》野《の》神社の義に付ては格別の御配慮を辱ふシ」などとあるため、泉三は他地域での例にも見られるように、軽野神社の社格昇格運動にかかわっていたと考えられる。一連の調査や運動などを糸口として、軽野神社は十二年（一九二三）一月に県社へと昇格した。なお、泉三の尽力に対する丸橋の礼状も章斎文庫に残されている。

丸橋茂平の顕彰碑　愛荘町松尾寺所在

郡制廃止をめぐって

　丸橋は、郡制廃止にともなう大正十年（一九二一）前後の郡立愛知実業学校県立移管問題に際して、その対応に苦慮したことが明らかとなっている（『近江 愛知川町の歴史』第三巻）。県立移管にあたっては多額の費用捻出が必要であり、そのことが騒動の端緒となったが、「丸橋茂平氏は、深く世運の進展、時代の要求を洞察し、同志を糾合して輿論の喚起につとめられ、（中略）秦川村の村会は、愛知郡会に於て、郡内各町村に分賦した同村の分賦金を率先して承認、剰《あまつさ》へ特別寄附金をさへ決議して、各町村分賦寄附、特別寄附等を大いに促進せられた」という（『滋賀県立愛知高等女学校十五年小史』）。なお丸橋個人も、特志者として二〇〇円を寄附していることが同書からわかる。また大正十年（一九二一）十二月十五日付『京都日出新聞』には、分賦金以外の五〇〇円の寄附金支出に際し召集された秦川村村会が、「案に相違し苦情処か同村会は郡の重大問題を救ふべく此意義ある寄附を進んで発議し（中略）満場一致で直に原案を可決」したことが記されている。

　なお昭和七年には、丸橋は自身の還暦記念につき泉三に染筆作成を依頼している。すぐさま泉三は丸橋に染筆を送ったようで、これに対して謝辞を記した書状もともに章斎文庫に残されている。

　昭和十一年（一九二二）には、丸橋の功績を称える目的で、秦川村松尾寺に顕彰碑が建立された。この顕彰碑は当時の秦川村村長などが発起人となり、滋賀県知事堀田義治郎ほか多くの協賛があった（『秦荘の歴史』第三巻）。

　丸橋は村長として村域の利害に資するのみならず、愛知郡全体の意志決定において、重要なキーパーソンであった。丸橋の政治家としての特筆すべき主眼は、愛知郡単位での地域利害に対する調停や、地域資産の構築であったといえよう。それらが、殊《こと》に郡制廃止という激動の時期における郡下の様々な難問を、解決へと導いた。また『近江愛智郡志』編纂への地盤固めともいえる泉三への助力も、このような状況下で生まれたと考えられる。

小野湖山

太田　浩司

小野湖山像　五先賢の館蔵

湖山への私淑

小野湖山《こざん》（一八一四～一九一〇）は、近代日本を代表する漢詩人・書家として著名な人物である。文化十一年（一八一四）、近江国浅井郡高畑村（現在の長浜市高畑町）の横山玄篤《げんとく》の長男として生まれ、本名は横山巻《かん》（後に小野長愿《ちょうげん》）、通称は仙助、湖山は号である。初め医学を学んだが漢文学に傾倒し、十七歳にして梁川星巌《やながわせいがん》の門に入った。また、高畑村を所領とした三河国吉田藩に儒者として仕え、勤王の志士とも多く交わった。明治維新後は同門の大沼枕《ちん》山《ざん》や森春濤《もりしゅんとう》と共に、明治の日本漢詩壇をリードした。明治四十三年（一九一〇）に九十七歳の高齢で没している。その生活場は、明治維新以後、東京・京都から再び東京へ戻り、最後は千葉県に住している。

中川泉三が歴史研究を始めるようになったのは、漢詩文への興味がきっかけと考えられる。若き泉三は当時漢詩界の頂点にあった、同郷の偉人・湖山に深く傾倒し、詩文の添削指導を依頼した書簡を送っている。また、湖山も名もなき一青年へ対して書簡や葉書で返信しており、章斎文庫には明治二十年（一八八七）から明治三十三年（一九〇〇）に及ぶ湖山の手紙が残されている。

湖山からの手紙

このうち三通の手紙は、泉三が名士からの手紙を保存した「存誼帖《ぞんぎじょう》」（長20）という巻物に表装されている。その手紙に添えられた泉三の覚書には、次のようにある。「小野湖山先生は現在東京に住む唯一の〝詩星〟である。その書は八十歳を超えた老人とは思えないほど勇壮である」とあり、その私淑ぶりが見て取れる。さらに続けて、「私は詩文を添削して返送頂くよう先生に依頼したけれど、自分の言葉が足りず十分な返事が頂けなかった。しかし、これも後年になってみればよい記念となる」と記している。確かに、湖山から返書は詩文添削の猶予や断りの内容が多い。その内、明治二十六年（一八九三）十二月二十五日付の湖山書簡を原文のまま紹介しよう。

廿三日出候御郵書、昨日相届申候、余事姑□老拙者、已ニ四・五日間ニて、八十歳ニ相成眼力・精力共悪鋪ニ付、詩稿点

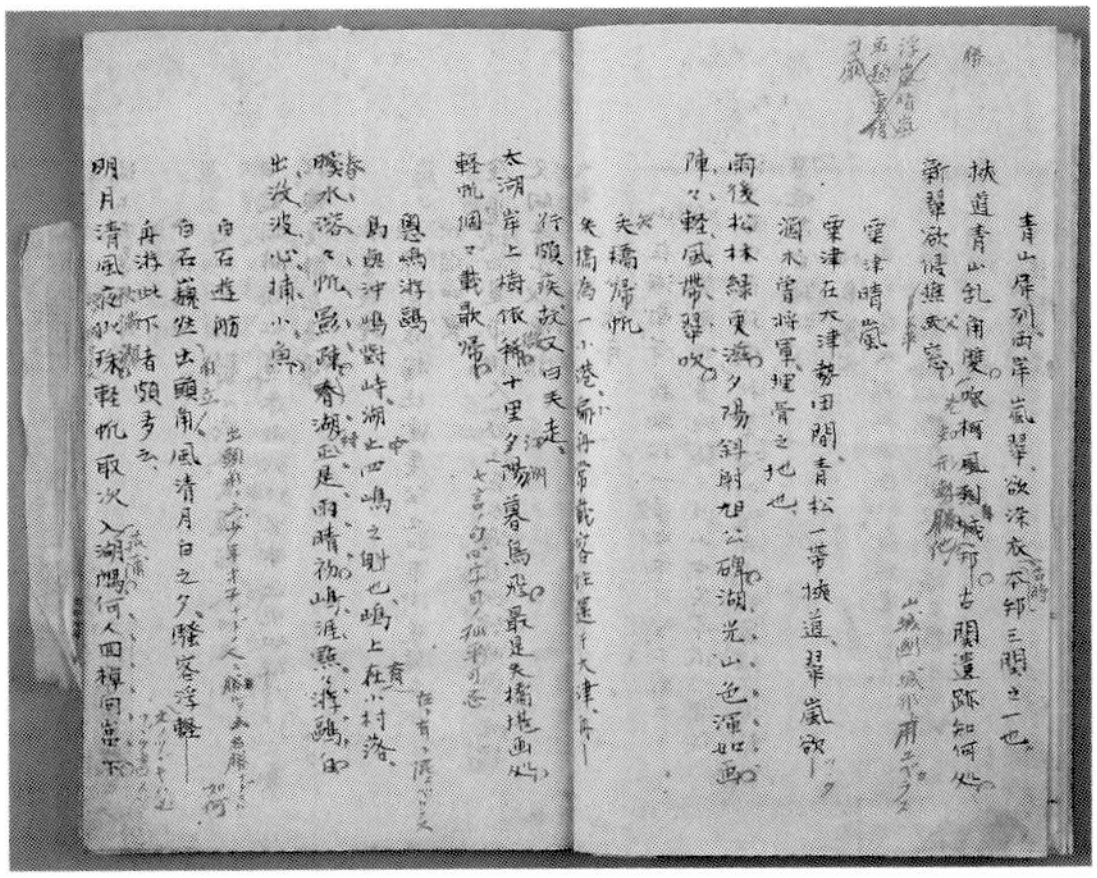

長21　小野湖山等校閲詩稿

削ハ皆々相断仕候事、無余儀近ちカ承二一・三首宛ハ、時々閲し候も有之候へ共、十首以上巻き成したる者ハ、概して相断仕候、貴稿三十首殊ニ小序等有之、直ニ返上御断と存候へ共、御懇書も有之、極緩々いつにてもよろしきと申事ニ候ハ、、御預り申上、少しハ愚説も可申入歟、若御急きの御事なれハ、御封し物共早々返上可致候、一回は端書ニても御遣し可申候、匆々、

ここで、湖山は老齢を理由に、泉三の詩文添削依頼に対して猶予を申し出ているが、三十首という多数の依頼に、少々困惑ぎみである。しかし、泉三の熱意に湖山は動かされたのであろう、両者の関係は徐々に良好となっていった。それは、明治三十七年（一九〇四）七月十日に出版された泉三の詩文集『太湖三十勝』（長22・栗1・米2）に、湖山が序文を書いていることで明白となる。

小野湖山らの詩文添削

『太湖三十勝』は、『賤岳懐古集』に続く泉三の漢詩集であるが、その校正の段階で小野湖山と、同じく著名な漢詩人であった土屋鳳洲《ほうしゅう》とが、添削を行っていることが、「小野湖山等校閲詩稿」（長21）によって分かる。同書は、小野湖山と土屋鳳洲の校閲原稿がそのまま綴じられており、泉三の原稿に朱筆で両者の訂正が記されている。刊行された『太湖三十勝』には、概ねこの校閲が生かされている。また、同書には湖山や鳳洲の評が付されているが、それもこの「詩稿」に朱筆で書き添えられている。

なお、「詩稿」には、大阪の儒学者・藤沢南岳による『賤岳懐古集』に対する添削や、菊池三渓・嵩《かさみ》古香《ここう》による泉三の詩文への添削も綴られている。同書は『近江坂田郡志』の原稿と同じ装丁で和綴されており、大正初年に恩師から指導を受けた添削原稿を、後世の記念として保存するためにまとめたものである。

このように、泉三は当時一流の漢詩人に臆することなく指導を仰ぐことで、詩文の実力を上げていく。さらに、当時著名な漢詩人と文通できたことは、泉三の詩作への励みともなっていった。その後、泉三は昭和五年（一九三〇）に『章斎詩鈔』、昭和十年（一九三五）に『伊吹山人詩草』という詩文集を出しており、漢詩文は地方史研究とともに、泉三のライフワークとなった。

谷村伊平・中川俊三

青谷　美羽

谷村伊平
伊平が自身について生前家族に語ったところによると、泉三の書記を長く務めたのは、元来歴史に関心があり、また書記の仕事は農業と両立できたためだという。伊平は泉三の没後も、彦根図書館長の北野源治から要請されて「彦根市史」編纂の作業にあたっている（谷村家資料）。

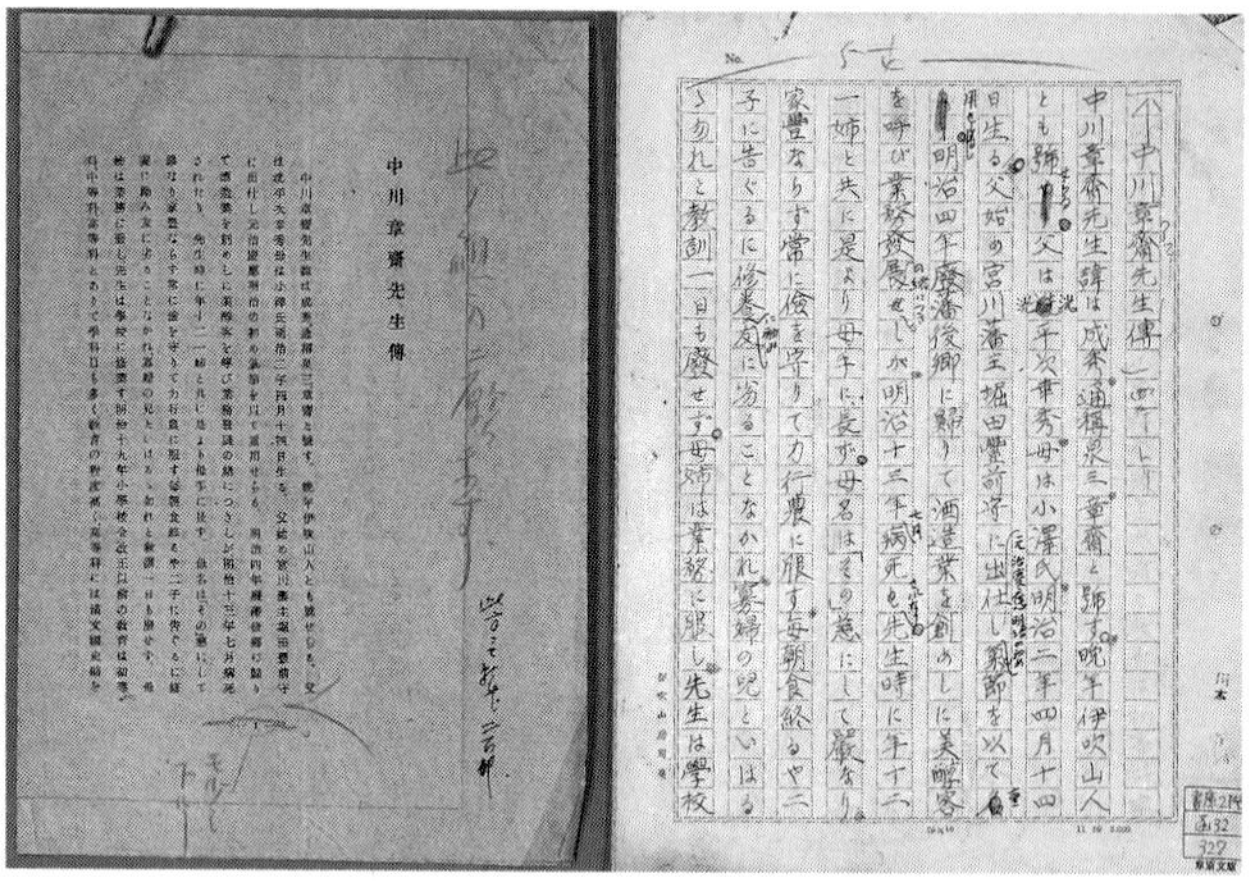

米21　中川章斎先生小伝原稿・版組見本
『小伝』には伊平の目を通して見た泉三の姿が描かれている。

『中川章斎先生小伝』の著者

谷村伊平（一八八〇〜一九六七）は滋賀県柏原村須川《すがわ》（現在の米原市須川）の出身で、長年にわたって泉三の書記を務め、泉三をもっとも身近で支えた人物の一人である。また伊平は『中川章斎先生小伝』（以下『小伝』）をまとめた人物としても知られている。『小伝』は昭和十四年（一九三九）、中川泉三翁古稀祝賀会の記念品として印刷された。泉三の同時代資料として現在まで参照され続けており、泉三について語るとき欠かすことができない文献のひとつである。

書記に支えられた泉三の著述

書記による仕事の一例として、泉三が『近江栗太郡志』と『近江愛智郡志』を並行して編纂《へんさん》していた大正十二年（一九二三）の記録を見てみると、この年に谷村伊平一人が清書した原稿の枚数は実に三一五七枚に上る。単純に日割りにしても、毎日九枚は書写していた計算になる。

『小伝』の著者であることもあって、泉三の書記というとまず名前が挙がる谷村伊平だが、実は泉三の書記を務めたのは伊平一人ではない。断片的に残された書記の出勤記録から、高橋憲治・桑原勘三郎・小沢五

『石亭石譜』原稿
昭和十二年（一九三七）二月写。俊三によって清書された資料の一部には、「筆者　中川俊三」という署名がある。

郎作などの名を拾うことができる。生涯で一万頁を超える泉三の膨大な著作と、その元になる謄写《とうしゃ》史料の作成は、彼ら書記の手で支えられていた。

泉三の書記による仕事を考えるとき、泉三の嗣子《しし》、中川俊三（一八九六～一九七〇）が泉三のもとで書記の任にあたっていたことも見逃せない。俊三は泉三の実子ではなく、親類の高橋家から迎えられた養子であった。泉三と俊三は、俊三が幼少のころから見知っていた間柄とはいえ、同じ家で暮らし始めたのは養子として迎えられた大正三年（一九一四）以降である。

しかしそれ以来、俊三は泉三の傍らで史料や原稿の清書を行い、時には泉三出張中の留守を預かり、常に中川家と泉三を支え続けた。この日々があったからこそ、俊三は泉三の死後に章斎文庫を受け継ぎ、守り伝えていくことができたのである。

中川泉三をとりまく滋賀県の人びと

青谷　美羽

一谷夫妻と泉三　大峰山（米原市大野木）にて撮影。右から一谷軍治、泉三、一谷たけの。

泉三と滋賀県

泉三は終生郷里の滋賀を離れなかったために、仕事の上で協力関係にある知人が県内各所に存在していた。その人脈は官員・教員・ジャーナリストなど、さまざまな業種に及ぶ。彼らの力によって、泉三の仕事や趣味はより一層充実したものになっている。

歴史編纂の関係者

泉三が携わった郡志編纂《へんさん》事業において、郡の職員と教員は特に重要な役割を果たした。郡視学は事業の立ち上げから遂行まで実務に当たり、また郡内各所の小学校長は現地の資料調査に当たっている。郡志編纂は郡内の教育関係者が一丸となって行う大事業だった。各郡で郡志編纂に関わった職員や教員の中には、その後も泉三と親交を保った者が多い。

『近江坂田郡志』編纂の際に郡役所の課長を務めていた多羅尾《たらお》徹は、のちに朝鮮で職を得て出国、大正八年（一九一九）の帰国後は本願寺派の僧となり、昭徹と号した。坂田郡役所を退職して以来、泉三とともに仕事をすることはなかったが、昭和二年（一九二七）に亡くなるまで泉三と交友を

多羅尾徹

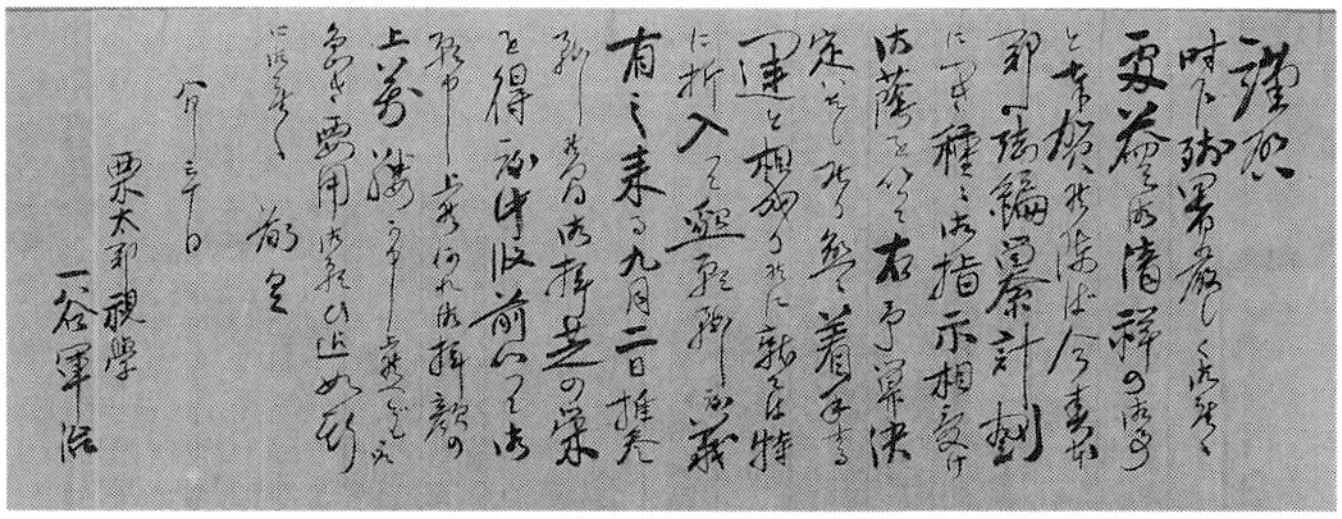

一谷軍治書簡　中川泉三宛

大正10年（1921）8月30日付で、栗太郡視学の一谷が、無事に『近江栗太郡志』編纂計画の予算措置が確定したことを知らせ、今後の相談のために面会を申し入れている。文面から、具体的な編纂計画は一谷が泉三の指導を受けながら作成したことが分かる。

続けている。

蒲生郡視学として泉三を『近江蒲生郡志』編纂の主任に抜擢した角田《すみだ》亀次郎は、郡志編纂中の大正四年（一九一五）、滋賀県に転任する。大正七年（一九一八）には実業に転向して近江帆布《はんぷ》株式会社に入社、ふたたび公職に戻って昭和四年（一九二九）米原町長の任に就くなど、変化の多い人生を送っているが、泉三との文通は絶えることなく続いた。

古市良吉は栗太郡の物部《ものべ》小学校長から愛知郡視学に転任し、泉三を『近江愛智郡志』編纂主任に据えるべく奔走した。努力実って泉三を主任に迎えた後は、資料調査の手配や講演会の企画などによって泉三を支えている。その後県視学・日野小学校長を経て蒲生郡教育会長に就任した古市は、章斎文庫の建設に際しても寄付を行った。

一谷軍治《いちたにぐんじ》は栗太郡視学として、泉三の『近江栗太郡志』編纂を支えた。郡志刊行前の大正十三年（一九二四）坂田郡視学に転任、その後も蒲生郡必佐小学校長、八幡小学校長、長浜小学校長と勤務先を変えているが、八幡小学校長時代にも、泉三のもとで八幡町誌資料収集委員を務めている。多くの仕事を共にした二人は、深い信頼関係で結ばれていた。のち一谷は泉三の古稀金婚祝賀会発起人の総代を務めている。また泉三の死後も『改訂近江国坂田郡志』完成に尽力した。一谷は章斎文庫建設の立役者であり、泉三の盟友とも言える存在である。

松原五百蔵は蒲生郡金田村長から蒲生郡役所へ転勤し、そこで泉三と出会った。蒲生郡時代、郡志編纂の実務に携わって泉三とともに調査を行ったほか、市橋長義の贈位や安土保勝会の発足にも関わっている。五百蔵は大正七年（一九一八）五月、在職一年半で滋賀県庁へ転出し、在東京の内務省地方局嘱託などを経て、伊香郡長・甲賀郡長を歴任した。伊香郡長在任中にも泉三に『近江伊香郡志』編纂事業への協力を依頼しており、泉三に篤い信頼を寄せていたことがわかる。

蒲生郡日野町長で町志編纂に力を注いだ野田東三郎も特筆すべき人物であるが、第一章・第三章に詳しいためここでは名前を挙げるにとどめる。

松原広吉は八幡小学校長、彦根図書館長などを務めた人物で、図書館長として泉三とともに「彦根町史」の編纂にあたった。昭和十二年（一九三七）成稿を見ず退職したが、彦根千松館の資料調査や昭和十年（一九三五）の佐和山城踏査、昭和十一年（一九三六）の井伊谷宮調査など、数々の調査で泉三に同行している。

趣味を同じくした人びと

　多羅尾徹は、泉三とともに郡志編纂に関わっただけでなく、泉三の趣味である文筆の世界で親しかった友人でもある。物外の雅号を持ち、篆刻《てんこく》を好んだ多羅尾は、泉三と親交が深く、自作の雅印を贈る仲であった。また郡志序文のために久米邦武の雅印が必要になったときには、久米が希望した印文を多羅尾が印に仕立てている。

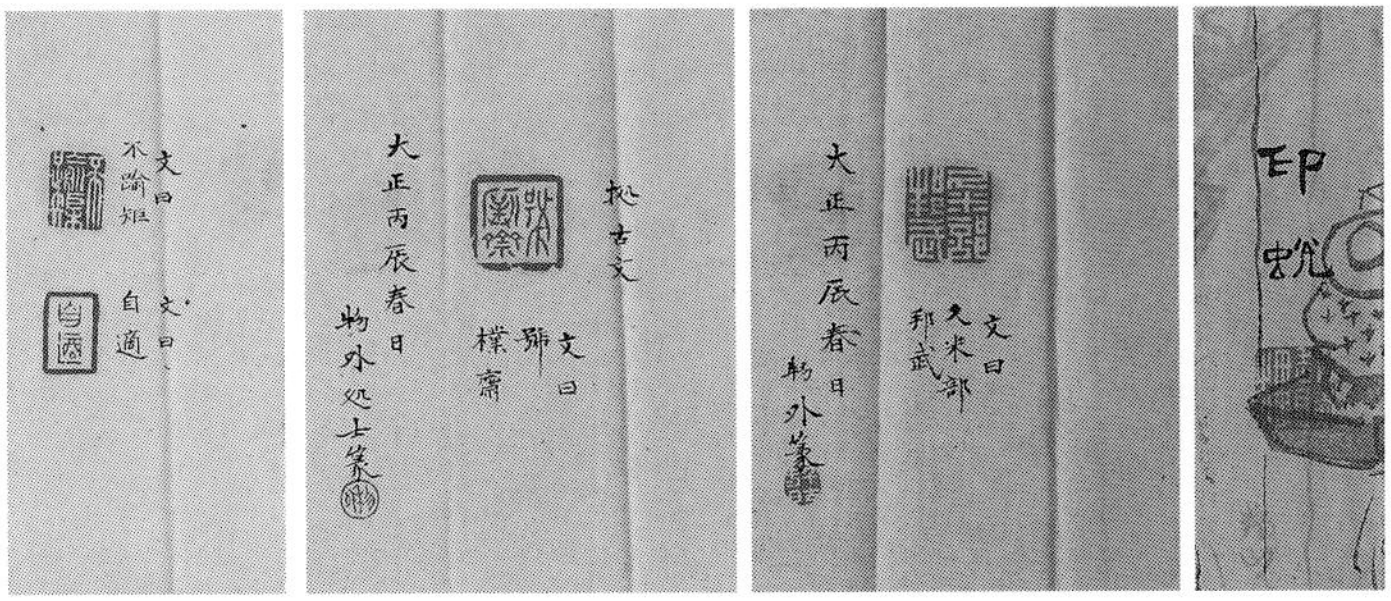

久米邦武の雅印

雅印とは、書画に捺すために雅号や詩句を刻んだ印のこと。多羅尾は人のために雅印を作成するとき、印だけでなく、合わせて鮮明な印影に印文を書き添えて送っている。これは大正５年（1916）３月、朝鮮から久米邦武の雅印を送ったときのもの。

　尾形慶治郎は漢詩文にすぐれた人物で、雅号を楓峡といい、名古屋に暮らした。晩年の泉三は漢文・漢詩すべての校閲を尾形に任せており、校閲を受けた原稿は冊子にまとめられている。尾形は日野町の野田現浄に招かれて日野で漢詩を楽しむなど、泉三を介して滋賀の文人と交流していた。

　しかし尾形の生没年、履歴などを知る手がかりはこれまで発見できていない。尾形の詩集『楓峡詩鈔』の内容からわずかに読み取れるのは、おそらく山梨県の出身で、官員として滋賀に赴任した経験があるということだけである。

同郷の人びと

　三家《みつや》重三郎（一八六三～一九四〇）は泉三と同じ柏原村大野木の出身で、苦学の末に検事正となった。職業柄、全国へ転勤を繰り返したが、泉三とは同じ村の出身であることから、家族ぐるみで親しく交流を続けている。また三家は個人的に久米邦武とも親しく、時に泉三へ久米の消息を伝えている。また妻が乃木希典《のぎまれすけ》の姪であったため、泉三が三家を通じて揮毫の依頼をしたこともあるが、叶わなかった。

　武田貞之助は滋賀県出身の弁護士で、大阪を拠点に活躍した。泉三の大阪での活動は、武田の支えによるところが大きい。泉三に在阪近江人会の席上講演を依頼しているほか、昭和十二年（一九三七）、大阪中央放送局で泉三が行ったラジオ講演を仲介したのも武田である。

　西川太治郎（一八六四～一九四二）は浅井郡南浜村（現在の長浜市南浜町）出身の実業家・政治家である。東京専門学校（現在の早稲田大学）を卒業した西川は、新聞記者として働きながら、実業界や政界に接近していく。湖北の名士である下郷傳平の秘書や近江新報社の社長、のちには大津市長も務め、衆議院議員にも選出されている。西川は郷土の歴史に関心を寄せており、出版にも熱心だった。その関係で泉三にしばしば問合せの書簡を送っている。

　泉三が彼らと公私にわたる友人関係を築いたことは、単に泉三の人生を豊かにしただけでは終わらなかった。彼らはそれぞれの領域で泉三に仕事を依頼し、引き立てている。歴史研究で地域社会を豊かにするという泉三の理想は、彼らの協力によって一歩ずつ実現されていったのである。

「平方史蹟顕揚之碑」除幕式記念撮影

大正14年（1925）8月、坂田郡六荘《ろくしょう》村（現在の長浜市平方町）の天満宮境内に「平方史蹟顕揚之碑」が建立され、除幕式が行われた。この碑は平方にかつて荘園があり、市場としても栄えたという歴史を後世に伝えるため、地元の有志によって企画された。六荘村の中川与惣松・横田源四郎らに依頼された泉三は、篆額・碑文など依頼する交渉をすべて行っている。篆額は侍従長入江為守、碑文は文学博士久米邦武の撰で、日吉神社宮司の笠井喬が筆をとった。泉三が久米に石碑の拓本を贈った返礼の書簡によると、当初は碑文を泉三が染筆するという案もあったらしい。写真は除幕式の記念として、同年8月17日付の書簡とともに横田源四郎から贈られたもの。

佐和山城趾踏査記念写真

昭和10年（1935）５月５日に、「彦根町史」の調査のため佐和山城を訪れた時の記念撮影。手前に写っているのは彦根町立図書館の館長松原広吉と北角書記である。佐和山城は彦根市所在。

「織田信長と安土城」ラジオ放送記念

昭和6年(1931)に名古屋中央放送局主催で開催された、織田信長公350年記念講演放送(ラジオ)に、泉三が講師として招かれた際に撮影した記念写真。演題は「織田信長公と安土城」で、章斎文庫には講演原稿や、その後泉三自身でこれを活字化した際の校正原稿なども残されている。

米20　熊手・箒

昭和14年(1939)に中川泉三の古稀と夫妻の金婚式の祝賀会があり、謡曲「高砂」にちなんで箒(泉三)と熊手(とゑ)を持って撮影した記念写真が文庫の書斎に残されている。その時に使用したもの。

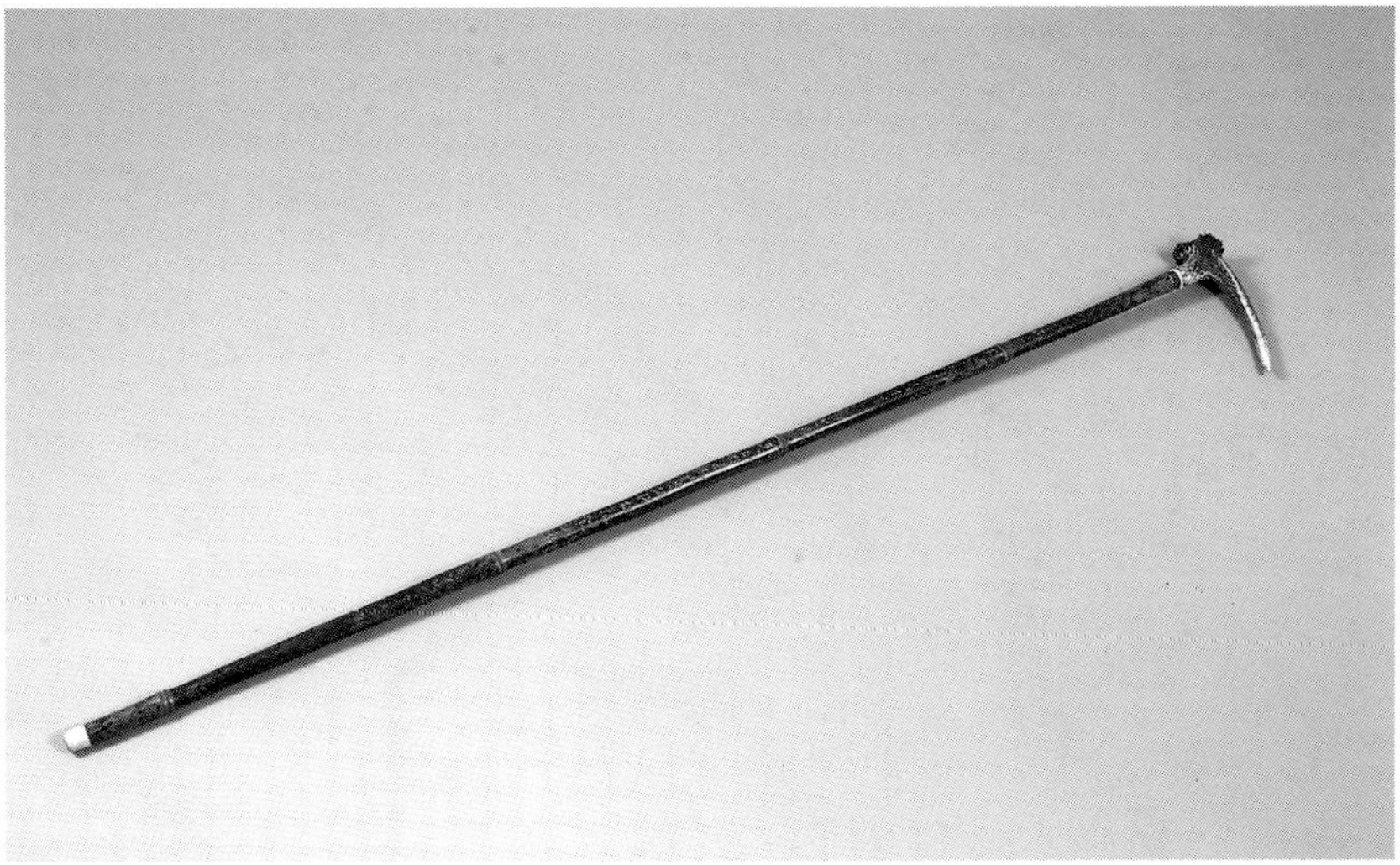

安8・米19　鹿角杖

中川泉三の還暦を祝い、友人の野田東三郎が贈った杖。竹に鹿角製の柄をあしらっている。野田の書簡によれば、長身の泉三に合わせて長めにあつらえたのだという。泉三は自作の漢詩を刻み、この杖を愛用した。その姿は何枚もの写真で確認することができる(本文57頁参照)。

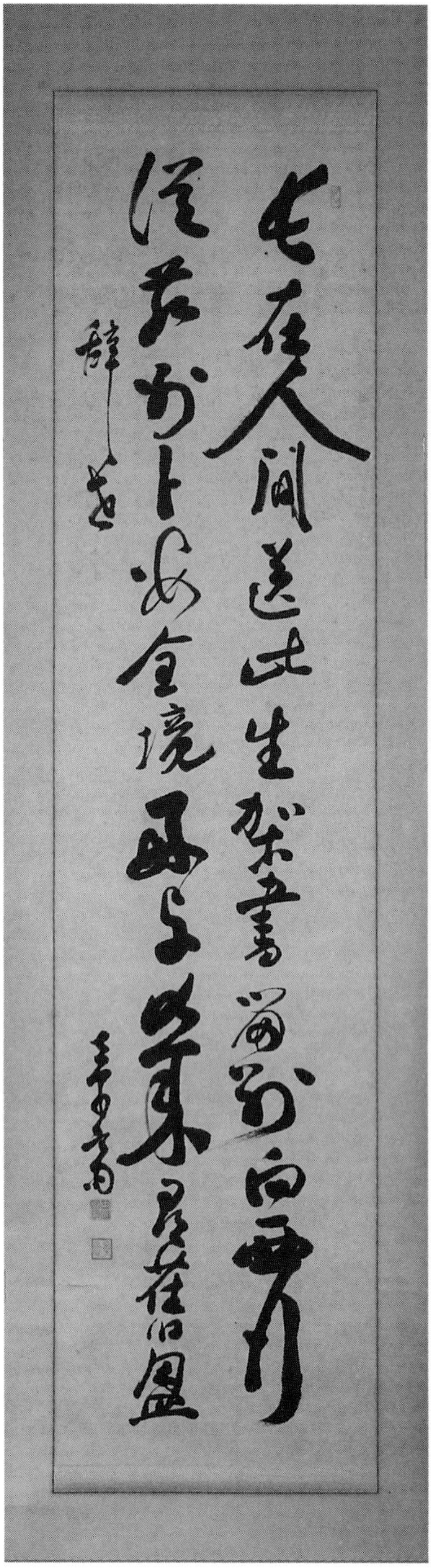

米18　中川泉三辞世

章斎文庫に残る辞世ではあるが、あらかじめ用意されていたものであろう。書物と分かれて浄土へ行くが、再び如来と共に旧盈《えい》（古ものが満ちている場所）を訪ねたいとある。死しても史料・史跡の調査を続ける意志を示したもので、泉三の歴史研究に対する情熱を示して余りある。

長在人間送此生　架書留別向西行
従節別ト安全境　両与如来尋旧盈
章斎 印 印

《読下文》
長く人間に在りて此生を送る　書を架し留別して西に向いて行く
節に従い別かれてトす安全境　両び如来と旧盈を尋ねん

辞世（落款部分）

第三章 中川泉三と地方史編纂

醒ヶ井列石

『近江坂田郡志』で使用されている図版(郡志では「醒井石塁遺跡」というキャプションがつけられている)。醒ヶ井の列石は兜黛《とうたい》山(兜山・向山・西山とも)の山上に築造された石塁である。『近江坂田郡志』編纂時の明治43年(1911)に発見され、泉三をはじめ藤井甚太郎により紹介された。城郭や霊域などの諸説があるが、現在もその築造された目的は不明である。撮影されたのは明治44年(1911)1月で、他にも別カットが存在する。写っている人物は左から藤井甚太郎・中川泉三・角田亀次郎である。米原市多和田所在。

『近江坂田郡志』の編纂

太田　浩司

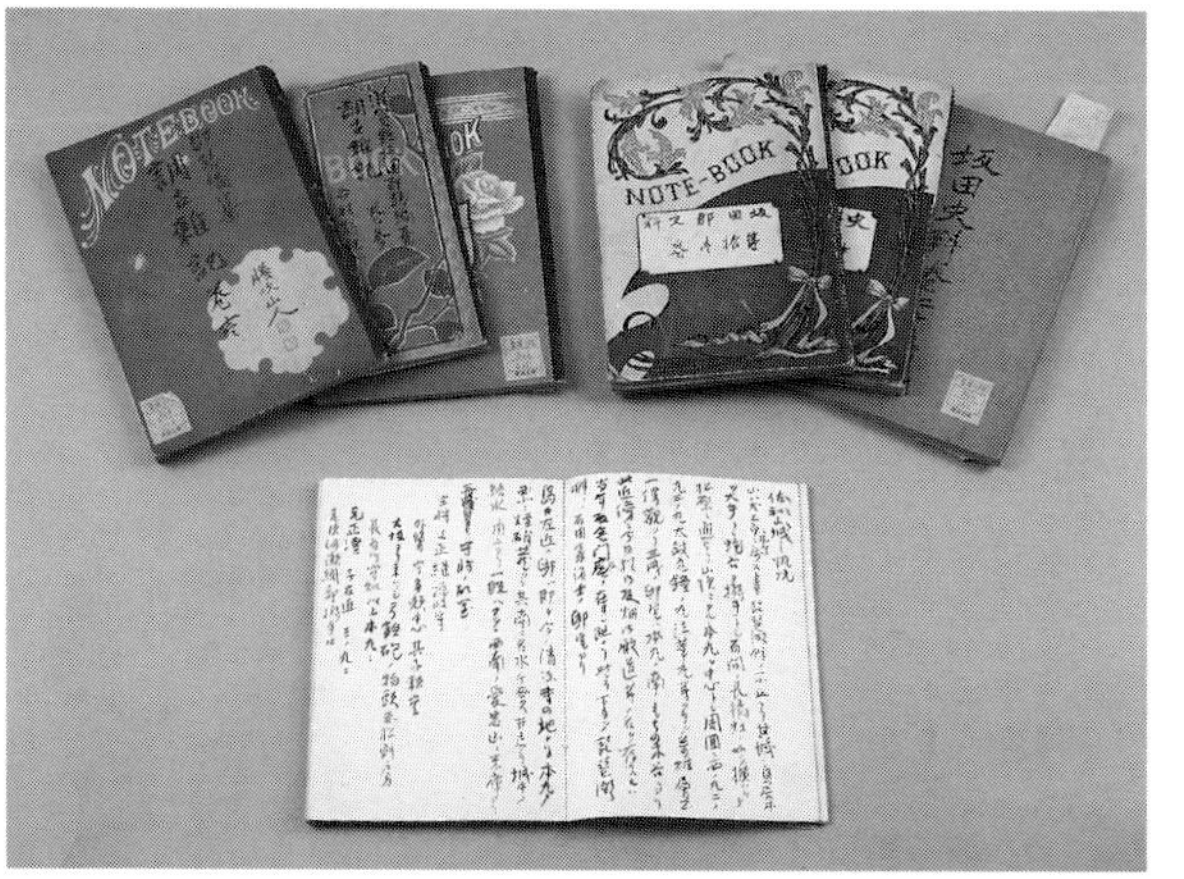

長1　坂田郡誌編纂　調古雑記・坂田郡史料
坂田郡志のため史料筆記帳で全二十六冊からなる。

郡志編纂の端緒

泉三にとって、初めての本格的な地方史編纂《へんさん》の仕事となった『近江坂田郡志』は、泉三自身の緒言《ちょげん》によれば、明治三十五・六年(一九〇二・〇三)に遡るという。この頃、郡内では小学校長が町村志をまとめる動きがあった。明治三十四年(一九〇一)一月に、坂田郡の北隣の東浅井郡で、同郡教育会により『滋賀県東浅井郡誌』がまとめられたのも、この坂田郡の動きと軌を一にしているのかもしれない。坂田郡では、この町村ごとにまとめられた資料を集めて、編纂委員を委嘱し、教育会の事業として郡志を編纂しようとした矢先、日露戦争が勃発し一時事業は中断した。

明治四十年(一九〇七)二月に至って、友田效三《こうぞう》郡長が郡志編纂を、郡の事業に移すことを郡会に提案、これが承認された。そこで、郡では町村ごとに編纂委員を委嘱し原稿を執筆して、十二月までに常務委員まで提出する運びとなった。泉三は伊吹村・柏原村・春照《すいじょう》村の編纂委員でもあったが、常務委員の大役を郡長から仰せつかったのである。

各地域からの原稿は順調に集まったようだが、翌四十一年(一九〇八)に友田郡長が滋賀郡長に転出、愛知郡長であった沢信次郎が新郡長となると方針が転換され、郡内の史料のみでなく、広く日本全国の史料を集め、「確実有益」なる郡志とすることが郡会で議決された。この方針転換が、新郡長の発想であるかは確かめようがないが、泉三の意見も大いに反映されていたのかもしれない。さらにその背景には、『名古屋市史』編纂を行い、京極家の調査で泉三とも親交があった堀田璋左右《たまぞう》のアドバイスがあったとも推測される。以後、明治四十一年(一九〇八)に奈良の東大寺図書館・奈良県立師範学校などに調査に出向いたのを皮切りに、同四十四年(一九一一)の京都醍醐三宝院や粟田口青蓮院の調査を行うまで、泉三は日本各地に出かけ坂田郡に関する資料調査を行った。

収集史料の筆記帳

章斎文庫には『近江坂田郡志』編纂の過程を示す「坂田郡誌編纂　調古雑記」・「坂田郡史料」などと題された、収集した史料の筆記帳二十六冊が存在する(長1)。い

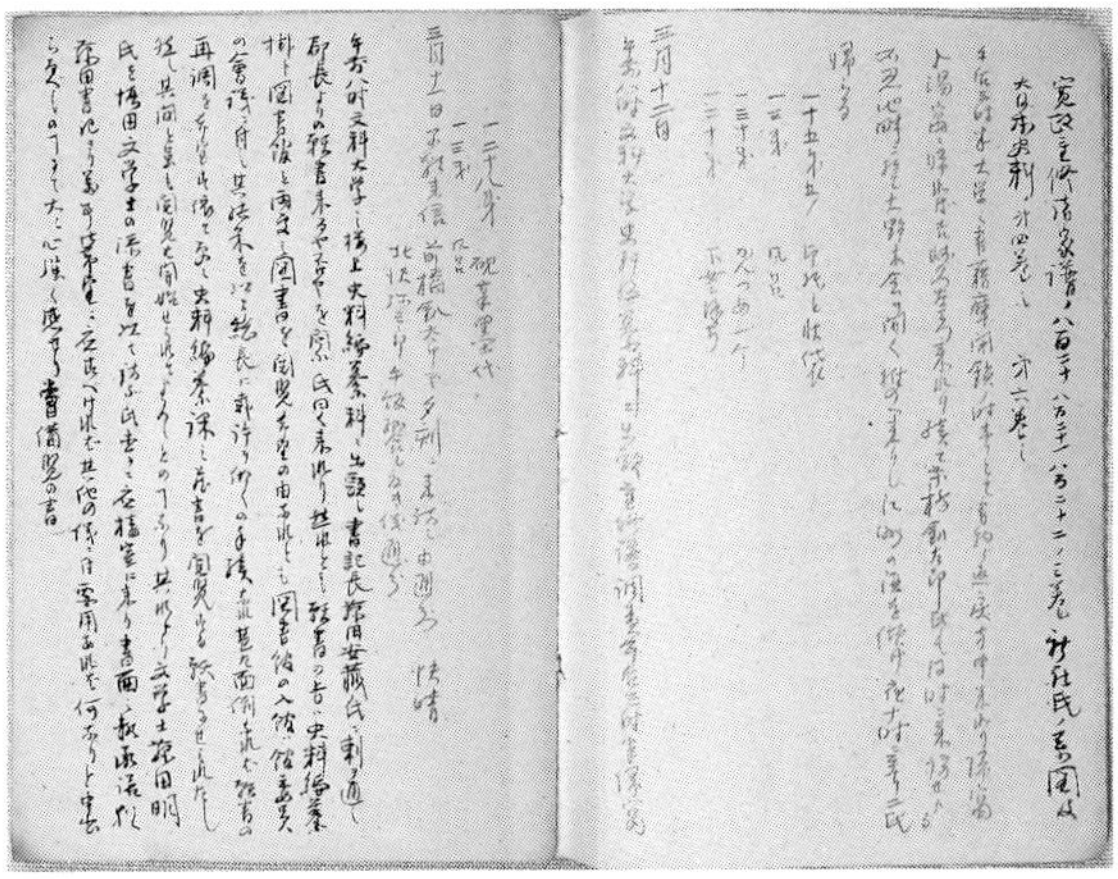

長2　東上の記
坂田郡志の資料調査のため、明治四十二年(一九〇九)三月に東京へ出張した際の日記である。

ずれも、市販のノートブックに鉛筆書や墨書で記されている。「巻壱」は明治三十九年(一九〇六)一月からの記述があるので、明治四十年(一九〇七)に編纂委員や常務委員に任命される以前から、郡志編纂のための調査を、独自に行っていたことが知られる。最終冊の「巻二十六」は、明治四十四年(一九一一)十月十七・八日から書き始められたものであり、京都市青蓮院で荘園関係の史料である『華頂要略《かちょうようりゃく》』を筆写している。この明治三十九年(一九〇六)一月から、同四十四年(一九一一)十月までが、泉三にとっての郡志史料調査期間であったと考えよいだろう。これに、大正二年(一九一三)四月から刊行が始まった事実を考慮すれば、明治四十五年(大正元年、一九一二)のほぼ一年が執筆に当てられた期間と考えられる。

史料筆記帳の内容を、もう少し詳しく見てみよう。「調古雑記」と表題がつけられた「巻壱」の冒頭には、「日本ノ原人」と見出しがあり「原人ハ大陸ヨリ来レリ　科学上ヨリ稚(推)スモ伊弉諾尊《いざなぎのみこと》・伊弉冉尊《いざなみのみこと》二尊ノ山川草木ヲ生ムハ無キ事ナルヲ知ル　人類ノ素ハ猿ノ進化ナリト云ヒ」とある。郡志編纂の当初から、伝説神話を排して、科学的知見に基づいた歴史書を作成するという姿勢を持っていたことが読み取れる。また、『類字名寄』という本を引用した部分では、「類字名寄ノ事芳賀博士ニ尋ヌル事」という朱墨が記されている。「芳賀博士」は東京帝国大学教授の芳賀矢一(国文学者)とみられる。中央の研究者から情報提供を受けながら、地方史を編纂するスタイルは、以後の執筆活動でも受け継がれ、当時の歴史学会に多くの知人を得ることになった。

史料編纂掛での調査

これらの筆記帳は、各種の古文書・編纂物から坂田郡に関する記述を筆写した内容が大半であるが、若干泉三の調査経過や結果を記述した部分がある。明治四十二年(一九〇九)三月六日から、泉三は東京帝国大学文科大学(現在の東京大学文学部)史料編纂掛へ、史料閲覧・筆写に赴くため東上の途についた。その経過は、史料筆記帳とともに保存された「東上の記」(長2)に詳しく記されている。その冒頭には、次のように記す。

明治四十二年三月東上ノ記
坂田郡会ノ決議ニヨリ、郡誌材料調査ノ為メ、澤坂田郡長ハ予ニ東上ヲ命ス、是レ

東京帝国大学文科大学大日本史料編纂課ニ蒐集《しゅうしゅう》シアル材料ヲ借覧スルカ為ナリ、

以下、日記風に史料調査の経過を記す。三月六日に柏原駅を発ち、名古屋で一泊。名古屋市史編纂に当たっていた堀田璋左右に会い、東京帝国大学の史料編纂官であった藤田明文学士への紹介状を受け取っている。先にも記したが堀田は丸亀藩京極氏旧臣の家系で、泉三とは京極氏の家系調査をめぐって以前から親交があった。八日に東京に着き、巣鴨の知人宅に一宿した後、九日には不忍池《しのばずのいけ》の端に当たる下谷区池ノ端七軒町の田中春宅を下宿と定めている。これは、調査に赴く東京帝国大学と、上野の帝国図書館の中間地点を取ったようである。

翌日、この下宿に荷物を運び込み、三月十一日午前八時に東京帝国大学の史料編纂掛に出向いた。書記官の藤田安蔵の指示に従いながら、初日から史料の筆写に当たっている。堀田の紹介状を渡された藤田明史料編纂官は、泉三がいる応接室にやってきて、調査の趣旨を承知した旨を告げた後、「万事御希望ニ応すべければ、其他の儀ニ付、要用あれば何なりと申出らるべし」と述べた。この言葉を聞いて、泉三は「大ニ心強く感せり」と記している。郡長の史料編纂掛への願書や、堀田の紹介状はあったものの、一地方史家が東京帝国大学に赴いての調査には、不安がつきまとっていたと推察される。この藤田の言葉は、その不安をいっぺんに吹き飛ばしたようで、この文章からは泉三の喜びが伝わってくる。その日は、『寛政重修《ちょうしゅう》諸家譜』の新庄氏の項目を筆写した。

この「東上の記」は、三月三十一日で記述を終えており、東京での調査がいつまで行われたかはよく分からない。史料筆記帳の方は「巻六」から「巻拾」まで、史料編纂掛での筆写文献が掲載されている。「巻拾」には史料編纂掛において厚情を受けた人物として、史料編纂掛長三上参次の名が上げられており、編纂官として渡辺世祐・藤田明・辻善之助が見える。この内、渡辺や辻は以後、泉三の地方史編纂に関わることになるが、その交流は実にこの時に始まっていたのである。ただし、藤田明は日本歴史地理研究会の組織に功績をあげつつも、大正四年（一九一五）に三十九歳で早世している。

なお、章斎文庫の函2（資料調査による収納函名）には、緑色の花菱文が入った表紙を持つ、和綴冊子六冊が収納される。これは、坂田郡志編纂過程で収集された史料を合綴したものである。それらは、後述する郡志原稿の表紙と同一装丁であること、各冊の筆写年代が明治四十年代であることから明らかである。たとえば、「柏原宿万留帳写書」は、表紙に「明治四十五年二月十二日」・「郡志編纂用」の墨書が見える。また、「山内侯爵家寄贈史料」（長5）には、明治四十四年（一九一一）十二月二十三日付、

竹生島での渡辺世祐との記念写真　大正二年（一九一三）
左より峯教貫、田中晋三、渡辺世祐、下郷市次郎、中川泉三。

侯爵山内家々令の横山眞一による泉三宛手紙が合綴されている。「江州佐々木南北諸士帳」(長3)は、明治四十三年(一九一〇)八月に福井湧泉房なる人物によって筆写されたものであった。

函2に収納されていないが、国友鉄砲鍛冶の歴史を纏めた「国友鉄炮志」(長4)は、明治四十三年(一九一〇)一月十四日に泉三が著したことを示す奥書を持ち、同年四月付の堀田璋左右の序文を付属している。

同じく函2に収納されていない「佐々木系図」・「京極系図」が合綴となった一冊の内、後者については表紙に「坂田郡志上巻原稿」と墨書がある。この二冊も郡志原稿と同一装丁で、郡志の編纂過程で収集された資料であることは間違いない。このように、泉三が郡志編纂のための資料を冊子としている事実は、それらを整理保存し、後世にまで伝えようとしていた意志の表れであろう。すなわち、歴史資料の図書館としての章斎文庫の構想は、最初の郡志編纂当時から、泉三の思いにあったとみられる。

長5　山内侯爵家寄贈資料
長4　国友鉄炮志
長3　江州佐々木南北諸士帳
泉三が坂田郡志編纂のために収集した資料を、後に表紙を加え製本したもの。

郡志の構成

『近江坂田郡志』の上巻は、大正二年(一九一三)四月二十日に、中巻は同七月六日に、下巻は同年八月二十三日に発刊された。大正二年(一九一三)六月十日に、坂田郡志の編纂委員の慰労会が、長浜豊公園内の勧業館で行われ、記念写真(長6)が撮影されている。これは、完成した『近江坂田郡志』下巻の末尾に、「編纂委員」の集合写真として使用された。

完成した『近江坂田郡志』は、以下の構成であった。

上巻
題字　京極高徳(大名京極家子孫)・新庄直陳(大名新庄家子孫)・川島純幹(滋賀県知事)・三上参次(歴史学者)
序　久米邦武(歴史学者)・友田效三(元坂田郡長)・中川泉三(常務委員)
古文書之部
第壱篇　奈良朝時代/第二篇　平安朝時代/第三篇　鎌倉時代/第四篇　南北朝時代/第五篇　室町時代/第六篇　織田豊臣時代/第七篇　徳川時代(古文書の釈文六四〇点を、上記の分類で並べる。分類内は所蔵者別となり編年ではない。)/第八篇　古鐘銘と鰐口銘(七点)/第九篇　校訂京極系図/第拾篇　坂田郡各村土地小字名
中巻
坂田郡時代史
第一篇　上古史/第弐篇　大化の改新/第参篇　奈良朝時代/第四篇　平安朝時代/第五篇　鎌倉時代/第六篇　南北朝時代/第七篇　室町時代/第八篇　浅井時代/第九篇　織田豊臣

長浜勧業館で行われた坂田郡志編纂委員慰労会記念撮影　大正二年（一九一三）
前列右より江龍清城、北村寿四郎、中川泉三、平川喜志太郎。後列右より清水精一郎、瀧澤半之平、伊夫伎治郎。

時代／第十篇　徳川時代
下巻
第一篇　明治維新志／第二篇　行幸啓志／第三篇　土地志／第四篇　港志／第五篇　教育志／第六篇　官衙公署志／第七篇　殖産志／第八篇　神社志／第九篇　寺院志／第十篇　城砦及屋敷趾志／第十一篇　墳塚墓志／第十二篇　古跡名勝志／第十三篇　人物志／第十四篇　文筆志

上巻は古文書・金石文銘等を並べた史料編に当て、中巻以下は上巻を基にした叙述編としている。「章斎文庫」には、この『近江坂田郡志』の原稿が、明朝綴じの和綴本十七冊として残っている（長7）。第一冊目から第四冊目が上巻の原稿、第五冊目から第十冊目が下巻の原稿、第十一冊目から第十七冊目が下巻の原稿となっている。いずれも花菱文がついた緑色の表紙をもち、「坂田郡志」と印刷した題箋《だいせん》が貼られている。本文は「滋賀県阪田郡誌編纂用紙」と柱題に書かれた原稿用紙を使用し、墨書で本文を記し朱墨で修正を行う。写真の挿入箇所は、付箋《ふせん》を貼り付け指示しているが、写真原版は添えられていない。和本に調えられているのは、原稿をも後世に伝えようとする泉三の意思の表れであろう。

なお、昭和八年（一九三三）から計画された郡志改訂の作業にも、泉三は参画していたが完成を見ずに昭和十四年（一九三九）に没した。この改訂郡志の立案も、泉三によると言われている。彼は大正二年（一九一三）の郡志発刊以後も、「坂田郡史料」や、「坂田郡追加史料」という冊子をまとめており、大正六年（一九一七）三月には坂田郡の土豪史料である「妙意物語」（長9）を筆写している。改訂の思いは出版直後からあり、早い段階から史料収集につとめていたようである。また、七冊残る「大原観音寺護国寺文書」・「大原観音護国寺記録」の筆写本（長35）は、同文書記録の表装完成を記念して、昭和十二年（一九三七）に作成されたものだが、進行する改訂郡志にも利用する意図があったのだろう。その『改訂近江国坂田郡志』は、一谷軍治・中村林一らの手によって、昭和十六年（一九四一）二月二十日から、昭和二十年（一九四五）二月十一日にかけて、七巻八冊（三巻が上下二冊からなる）の体裁で発刊されている。

郡志の評価

大正二年（一九一三）に刊行された『近

坂田郡志の編纂風景
明治四十四年（一九一一）春に撮影された。左が泉三、右が書記の谷村伊平。

江国坂田郡志』は、常務委員として編纂の中心にあった中川泉三の名を世に知らしめたと言える。泉三の書記を務めた谷村伊平は、大正初期の地方史編纂状況について、『中川章斎先生小伝』の中で、次のように記す。

当時各府県に於て郷土歴史の調査編修の声、頻々《ひんぴん》として起り、やがて其編修方法を東京帝国大学史料編纂掛に問ふ者あれば、示すに近江坂田郡志を以てす。之《これ》に於て遠近諸国より坂田郡役所を訪ふて経費以下編纂事業に就きての方法を問ふ者漸《ようや》く頻《しきり》なり。之れ現存史料を基礎として編纂したる考証学的なれば、従来の地方伝説を主としたる物と異り大いに異彩を放ちたればなり。

谷村は、『近江坂田郡志』の評価が高かった理由として、史料を基礎として編纂しているので、従来の地方伝説を主とした地方史と異なり、異彩を放っていたからだと述懐しているのである。この言葉が示す通り、泉三の地方史編纂の特徴は、古文書や金石文などの史料尊重主義で、伝説・逸話を根拠にした物語的な従来の地方史とは、一線を画するものだった。

先に記した通り、『近江坂田郡志』は上・中・下の三巻からなるが、その上巻を史料編に当てている。このように史料編を別編として扱うことは、幸田成友《しげとも》の『大阪市史』や三浦周行《ひろゆき》の『堺市史』に見られ、明治末年から大正期に行われた革新的試みと評価されている。

『近江坂田郡志』の序を認めた、当時の歴史学会の重鎮・久米邦武と泉三との交友は、明治四十年（一九〇七）に遡る。柏原村にあった「玉倉部《たまくらべ》王塚」（米原市柏原の王塚古墳）について、泉三が久米に質問した同年一月の手紙（長27）に始まり、翌年上京した泉三は、久米と神奈川県の大崎で初めて面会している。他方、柏原村徳源院に墓所がある京極氏の旧臣の出で、東京帝国大学史学科を卒業した堀田《ほった》璋左右《たまぞう》は、『名古屋市史』の編纂を行いつつ、たびたび泉三を訪ねて指導を行っていたという。

東京の史料編纂掛への出張で出会った学者を含めて、このような東京帝国大学を中心とする中央史家との交流が、短期間に泉三の歴史的素養を高めていった。きわめて科学的で進歩的な『近江坂田郡志』誕生の背景には、こういった泉三の人間関係が存在していたのである。

長浜町志の編纂

太田　浩司

下郷共済会による依頼

『近江坂田郡志』に続いて泉三が取り組んだ地方史は、北近江の中心都市・長浜の町志であった。実は長浜町の町志は、明治三十六年（一九〇三）五月に一回編纂《へんさん》されていた。それは『長浜町誌』（長10）と題せられ、明治三十六年（一九〇三）九月七日に長浜尋常高等小学校から、坂田郡役所へ納められている。おそらく、長浜尋常高等小学校において編纂されたものだろう。その後、坂田郡役所から長浜町役場へ対して、記述内容の照会を行なっている。章斎文庫には、その原本が収納されているが、記述内容を見ると歴史叙述は少なく、寺社・旧跡の紹介を中心とするものであった。この町志を参考にしつつも、より科学的で充実した町志を編纂したいという熱意が泉三にはあったと見られる。

　当時の滋賀県内の郡志は、各郡教育会によって発刊されたが、長浜町の町志は同町に本拠をもつ財団法人下郷共済会の依頼によって編纂が進められたことに特徴がある。同会は長浜の豪商・下郷傳平久成が理事長をつとめる財団であった。下郷家と財団については、第二章の「下郷傳平久成」の項に譲るが、図書館や博物館など文化施設を建築し、出版活動にも積極的で、大正六年（一九一七）には長浜町のガイドブックである『長浜案内』を刊行している。泉三に編纂を依頼した町志も、その出版活動の一つであった。

町志編纂日誌を読む

　章斎文庫には幸いにして、「長浜町志編纂日誌」（長12）が残っている。市販のノートブックに、墨書・万年筆・鉛筆書で、大正元年（一九一二）十月十九日の町志初会合から、大正四年（一九一五）三月十九日の敦賀気比《けひ》神社の調査まで、町志史料調査の経過が記録されている。以下、この日誌から特徴的な記事を拾い上げてみよう。

　町志の初会合は、下郷傳平の別荘・長浜向陽館で行われ、坂田郡長猪飼元吉や長浜町長中村喜平など三〇余人が出席したようである。以後、日誌にある主な出張調査を取り上げると、長浜周辺では知善院文書・長浜八幡宮文書、長浜町年寄の川崎家文書・吉川家文書、一向一揆関係の富田家文書、浅井郡難波《なんば》村の浜縮緬《はまちりめん》関係文書などを閲覧調査している。大正二年（一九一三）九月二日から七月五日まで、下郷共済会の横田立次郎をともなって栗太郡へ三泊四日の調査旅行を行っている。この時は、芦浦観音寺・草津常善寺・里内文庫を訪問している。

　日誌にある調査の内、興味深いのは東浅井郡速水村青名（現在の東浅井郡湖北町青名）の南部晋《すすむ》宅への調査である。南部晋（一八五二〜一九一四）は神官を務めながら、地方史研究を行っていた人物で、旧浅井郡内の古文書を多く収集していたことで知られていた。長浜町志の編纂に当たって最初の南部宅調査は、大正二年（一九一三）三月一日のことである。この日は調査の後、青名から長浜に帰ると、史料について横田と相談を行い長浜船町の湊屋旅館で一泊している。この横田との相談は、南部が集めた古文書を、下郷共済会が買い取る話であったと考えられる。しばらくして、同月二十七日に長浜から南部宅へ向かった泉三は、横田から一〇〇円を預かり、南部に

長浜町誌編纂日誌　概要

大正元年10月19日	長浜向陽館にて初会合
大正２年３月１日	浅井郡速水村南部晋宅へ出張
３月27日	浅井郡速水村南部晋宅へ出張、古文書代70円（下郷共済会横田より預分の内）南部晋へ渡す
８月17～19日	彦根北村寿四郎宅などへ出張、史料採集
９月２～５日	栗太郎へ出張、芦浦観音寺・里内文庫など訪問、帰路水口に立ち寄る、往復汽車賃などすべて下郷共済会横田が支払う
９月27～28日	長浜へ出張、川崎・尾板家文書調査
10月２日	長浜へ出張、史料展覧会について協議
10月５日	長浜へ出張、町有力者招待会に出席
10月27日	長浜へ出張、史料展覧会について協議
10月28日	長浜八幡宮・知善院文書調査
11月14日	大原観音寺へ小使を遣わす、長浜へ出張、史料展覧会準備
11月15日	渡辺世祐講師を米原駅で出迎え
11月16日	知善院・長浜八幡宮などを見学、午後２時から渡辺講師の講演
11月17日	竹生島へ出張、渡辺講師を案内
大正３年２月10日	長浜へ出張、中島市兵衛蔵文書調査
２月11日	長浜八幡宮文書調査
３月１～２日	長浜へ出張、長浜八幡宮文書返却、富田文書借用
３月18日	彦根北村寿四郎宅へ古文書返却、書留小包
３月19日	渡辺世祐へ武家古案（秀吉時代）返却、書留小包
３月21日	長浜へ出張、富田文書返却、吉川家文書など借用
３月22日	人力車で浅井郡速水村へ出張、南部晋（20日没）葬式に参列
３月27日	浅井郡役所へ出張
４月11日	長浜へ出張、吉川文書調査
４月26日	長浜へ出張、長浜八幡宮文書写真など預かり
６月６日	長浜へ出張
６月24日	蒲生郡桜川より長浜八幡宮へ電報をうつ
７月５日	長浜へ出張
７月28日	長浜へ出張、南部氏一件協議
８月６～９日	竹生島文書調査、笹原写真師により古文書撮影
９月３日	速水村南部晋宅へ出張、古文書調査、難波村ちりめん文書借用
10月２日	長浜へ出張、知善院文書・吉川文書調査
12月２日	速水村南部晋宅へ出張
大正４年１月23日	長浜へ出張、長浜八幡宮文書調査の協議
３月１日	長浜へ出張、知善院蔵吉川文書を数冊持ち帰る
３月16日	長浜へ出張、吉川文書入れ替え
３月19日	敦賀気比神社へ出張、八幡本宮記調査

七〇円を渡し古文書を買い取っている。残り三〇円は、泉三にしばらく預けるとの横田の指示であった。この時、泉三は手土産として、二〇銭で買った夏みかん五つを持参したと日誌に記されている。この南部家にあった文書は、現在も下郷共済会に収蔵され、その古文書コレクションの中核をなしている。

史料展覧会

長浜町志の編纂に当たっては、事業を多くの人に周知し、史料を広く集めるため史料展覧会が行われている。その第一回に当たる「長浜町誌史料展覧会」は、大正二年（一九一三）十一月十六・十七日、長浜町議事堂で行われた。章斎文庫に残る目録（長浜13）によれば、約五〇〇点の史料が展観されている。編纂日誌にはこの展覧会に関わる動きも記している。

展覧会の前日に当たる十月十五日、泉三は前日から長浜岡島屋に宿泊していたが、午後から長岡に一時帰り、再び米原に向かって、午後四時に東京帝国大学講師の渡辺世祐《よすけ》を出迎えた。この渡辺は明治四十二年（一九〇九）に『近江坂田郡志』の調査のため、泉三が東京帝国大学史料編纂掛を訪れて以来、旧知の仲となっていたが、翌日の史料展覧会々場での講演を依頼していたのである。その日は、渡辺を伴って長浜向陽館へ至り、晩は長浜駅前の井筒屋に渡辺とともに宿泊している。

翌日は午前中、渡辺を案内して知善院、長浜八幡宮の汲月亭《きゅうげってい》庭園、それに大通寺をめぐり、正午には向陽館で昼食、午後二時に展覧会の会場となった議事堂に着いて渡辺の講演があった。その夜も泉三と渡辺は井筒屋に宿泊し、下郷傳平をはじめとして、展覧会委員五人と夕食を共にしている。その委員の中には、長浜の文人として著名

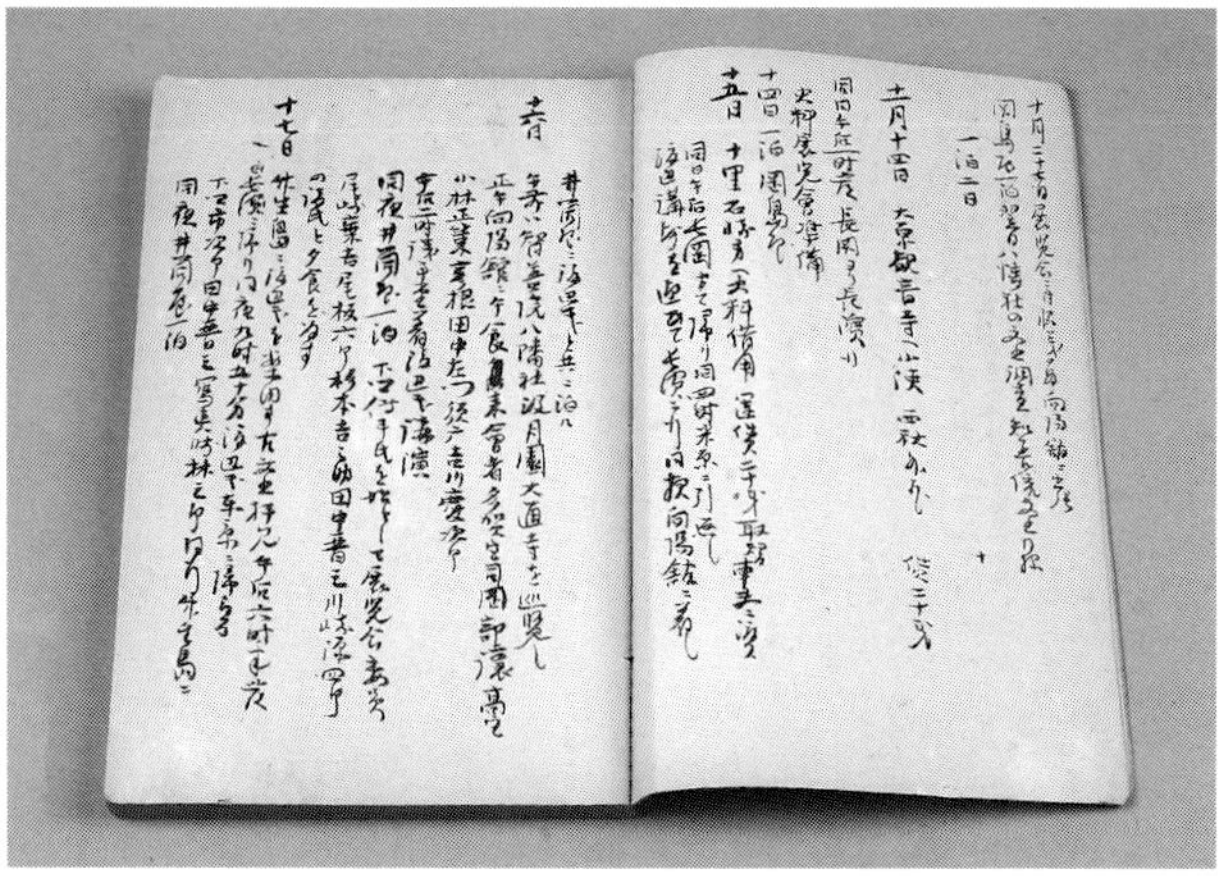

長12　長浜町誌編纂日誌
町誌編纂の経過が大正元年（一九一二）から大正四年（一九一五）まで記されている。

な杉本吉之助こと、杉本鳩荘《きゅうそう》の名前も見えている。翌十七日は竹生島へ渡辺を案内し、同島の古文書を閲覧、午後六時半に島を発ち、渡辺は長浜を午後九時五十分に発つ列車で東京へ帰った。おそらく夜行であろう。泉三は、この夜も長浜井筒屋に宿泊し、翌十八日には展覧会で展示した吉川家文書の返却を行っている。

泉三による展覧会口演

　第一回の史料展覧会での渡辺講演の前に、泉三が行った「席上口演」のメモが残っている（長14）。柱題に「長浜町誌編纂用紙」・「下郷共済会」と印刷された原稿用紙に記され、泉三が講師紹介を兼ねた挨拶の中で述べたことが、箇条書で要点のみ記されていると見られる。挨拶のメモとして作られたものであろう。短文なので、全文引用してみよう。

長浜史料展覧会席上口演
長浜町志ノ編纂ニ付テ
委員ノ来歴　地志性質の古今之差　古文書記録ノ貴重　旧物破懐（壊）思想の事　長浜ニ豊富の史料ある事　八幡神社の永享奉加帳　十ヶ寺騒動の文書　独力の奮勉も功なし　諸君の御助力を仰き史料の残らぬ様御提供の事　而して後稍見るべき町志を為し得べし　猶或時期ニ於て第二回の展覧会ヲ為す　渡辺学士の吹聴《ふいちょう》

　ここでは、東京帝国大学の渡辺世祐の臨席を得ながら、長浜町の史料が豊富なことを特に「長浜八幡宮文書」や一向一揆（十ヶ寺騒動）の文書を例に上げ説明している。そして、これらを調査するのは、泉三独力では限界があるので、参会した諸氏による史料の発掘や提供を依頼している。また、時期を見て第二回の展覧会を開催することを表明している。地方史編纂のために展覧会を開催し、地域での関心を高め、情報提供を呼びかける手法は、『近江蒲生郡志』など以後の地方史編纂でも行っていく。『近江坂田郡志』編纂時にはなかった、新しい泉三の試みとして注目してよいだろう。

　日誌には記されていないが、第二回の史料展覧会が泉三の予告通り行われている。大正五年（一九一六）十一月十一日・十二日、会場は下郷共済会文庫で、第一回とほぼ同数の史料が展示されている（長13）。この第二回目の史料展覧会については、展示風景を撮影した三枚の写真（長15）が章斎文庫に残っており、背の高いパネルを立て、

長15　第弐回長浜町志史料展覧会写真
大正五年（一九一六）十一月十一日・十二日に下郷共済会文庫で行われた展覧会。三六頁も参照。

そこに掛軸や額を掛け、一紙文書を所狭しとはる展示方法を知ることができる。

なお、長浜町志とほぼ同時に、神奈川県横須賀在住の黒田惟信《これのぶ》を編纂主任として進めていた『東浅井郡志』の史料展覧会が、大正三年（一九一四）四月五日（第一回）と大正四年（一九一五）十月十七日（第二回）に、いずれも虎姫尋常高等小学校で行われている。章斎文庫にはその展示目録も存在する。黒田惟信を編纂主任として東浅井郡教育会に推挙したのは泉三とみられ、泉三も顧問として協力する形で『東浅井郡志』編纂も行なわれた。

草稿と校正刷

「章斎文庫」には、「長浜町誌編纂用紙」・「下郷共済会」と印刷された、鉛筆書の町志原稿が十七冊（長16）残っている。たとえば、「清写済」と朱墨された「第二篇　長浜城下町時代」の一冊を見ると、完成した『近江長浜町志』と文章と一致しない部分が多く、この原稿が後述する校正刷りの基となったとは考えがたい。この鉛筆原稿を基にさらに整えた第二段階の原稿は、下郷共済会に収蔵されている和綴十七冊の墨書原稿と考えられる。この下郷共済会原稿が、現在も「章斎文庫」に現存する校正刷十九冊（長18）の基となった可能性が高い。ただし、校正刷は「産業志」第三が欠落している。すなわち、鉛筆草稿（章斎文庫　長16）→墨書原稿（下郷共済会蔵）→校正刷（章斎文庫　長18）の順で成立したことになる。

『近江長浜町志』は泉三没後五〇年近くして、昭和六十三年（一九八八）十一月十日、京都の臨川書店と、坂田郡山東町長岡（現在の米原市長岡）の泰山堂から、四巻本として出版された。この出版に当たっては、下郷共済会の墨書原稿と、章斎文庫の校正刷が底本として使用されている。校訂は滋賀県立伊吹高等学校の校長であった中澤成晃、及び同校教諭であった北川貢造・北村哲雄が当たった。三巻までが泉三が編纂した『近江長浜町志』の本文編に当たるので、目次を掲載しておこう。

上巻
政治志一（第一期　長浜町成立以前）／政治志二・三（第二期　城下町時代）／政治志四〜六（第三期　商人時代）
中巻
政治志七・八（第三期　商人時代）／社寺志一〜三
下巻
産業志／学芸志／風俗志／地理志／人物志

なお、下郷共済会の墨書原稿には、二箱に収納された墨書による「長浜町誌史料」七十八冊の和綴本が附属していた。『近江長浜町志』編纂の基礎史料となった古文書・記録が、内容別や所蔵者別に墨書筆写されている。この史料集の存在は、同町志が膨大な史料収集の上、執筆されたことを物語るもので、泉三の科学的な編纂姿勢をよく表すものである。ちなみに、昭和六十三年（一九八八）に出版された『近江長浜町志』第四巻の「資料編」は、章斎文庫にあった長浜町関係資料を、校訂者が選んで「資料編」としたもので、泉三が編んだ下郷共済会蔵の「長浜町誌史料」七十八冊とは無関係である。

町志の執筆は遅れたか

『近江長浜町誌』が校正刷まで準備されながら、泉三の生前に発刊されなかった理由について、昭和六十三年（一九八八）発刊『近江長浜町志』の校訂者である中澤成晃は、次のように記している。

> 泉三翁の郷土史関係の著作のうち発刊されなかったものが、『近江長濱町誌』と『彦根市史』である。刊行されなかった事情は詳らかではないが、前者については、下郷共済会の財務事情が絡んでいるという推測も一部行われている。いずれにせよ、その稿本の存在を知る多くの人々から、「幻の長濱町志」として長い間出版が待望されていたのである。【中略】昨夏、坂田郡山東町大野木にある、泉三翁の孫に当る中川千之方書庫（章斎文庫のこと－筆者註）を調査し、『近江長濱町志』の校正刷りの綴十八冊を発見した。これには著者の初稿の筆も入れられており、草稿が一度印刷され（印刷者

長浜町誌史料目録（其ノ一）　計 36冊

1. 浅井三代軍記	4冊
2. 彦根三港と大津百艘船一件留書	10冊
3. 船方諸事留	6冊
4. 慶応二年出藩日記　町年寄吉川	1冊
5. 萬延三年在藩日記　町年寄吉川	1冊
6. 安政七年役用日記	1冊
7. 天保十年ヨリ弘化元年至ル　町年寄御用留	1冊
8. 文化三年御用留町　町年寄下村	1冊
9. 安永二年町年寄御用留　吉川	1冊
10. 元禄十四年　宝暦四年　船御用留	1冊
11. 町端木戸一件留書	1冊
12. 難波船留書	1冊
13. 文化十二年大丸子船石高銀附帳	1冊
14. 享保十一年船渠修繕記録	1冊
15. 明和九年勘定帳・元禄三年坪割帳	1冊
16. 長浜記	1冊
17. 長浜重要年代記	1冊
18. 浜蚊帳文書	1冊
19. 町名宿称ニ変更ニ係ル記録	1冊

長浜町誌史料目録（其ノ二）　計 42冊

20. 三井文書・安藤文書・豊国神社史料其他	1冊
21. 八幡宮神領帳・宗門改帳	1冊
22. 豊公御神忌奉加帳	1冊
23. 八幡神社文書	2冊
24. 知善院旧記	4冊
25. 知善院文書	1冊
26. 大通寺文書	1冊
27. 長浜記・大通寺記録	1冊
28. 総持寺文書	2冊
29. 徳勝寺文書	1冊
30. 長浜ニ係ル諒咏、神宮寺文書	1冊
31. 芦浦観音寺文書、本光国師日記	1冊
32. 寺社留	2冊
33. 吉川文書	3冊
34. 中島文書	2冊
35. 尾板文書	2冊
36. 川崎文書	1冊
37. 杉本文書	1冊
38. 四居文書	1冊
39. 渕元文書	1冊
40. 富田文書	1冊
41. 道慶文書	1冊
42. 西嶋記録	1冊
43. 井伊氏御用船材買入ニ係ル記録	1冊
44. 明治（明和カ）四年井伊氏長浜祭上覧記録	1冊
45. 弘化四年東本願寺門跡通行記録	1冊
46. 天保四年両御門跡御下向ニ付役宿割記	1冊
47. 松平飛彈守通行記録	1冊
48. 文政十一年四ケ宿人足平均帳	1冊
49. 累年日記	1冊
50. 湖路銘誌	1冊
51. 南部晋所蔵書目録	1冊

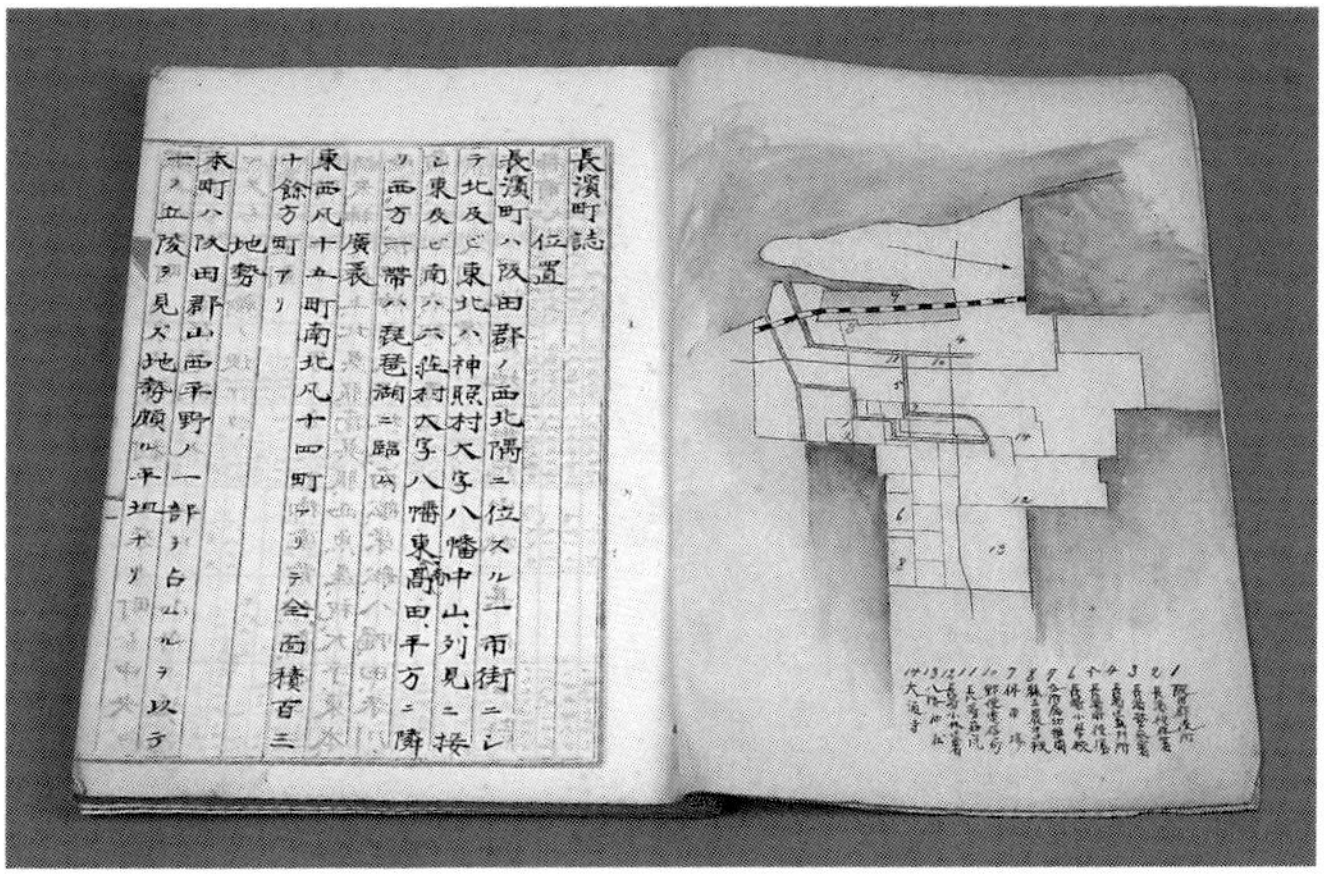

長10　明治三十六年（一九〇三）に製作された『長浜町誌』

不明）、出版直前まで進んでいたことが判明したのである。この間の事情について、下郷伝平氏の親戚筋に当り、下郷共済会の書記、理事であった、長浜市元浜町の長義堂氏（真宗大谷派願養寺前住職）に確認したが、明確にすることはできなかった。

町志の印刷は、大正四・五年（一九一五・一六）には準備に入っていたようである。それは、下郷共済会から泉三に宛てた、大正四年（一九一五）九月二十一日付の書簡から分かる。ここで、長浜町役場から提供を受けた史料はすべて筆写したとの報告の他に、町志の題字・序文の件を下郷理事長に依頼した旨の連絡が記されている。さらに、翌年二月二十一日には、下郷共済会から原稿用紙一〇〇〇枚を小包郵便で送付したこと、三月になったら下郷共済会の古文書を整理して欲しいとの連絡を受けている。町志は第二回史料展覧会が行われた大正五年（一九一六）の秋には、出版が間近であると考えられていた。

ところが、大正十一年（一九二二）七月八日に出された、下郷共済会から泉三への手紙によれば、京都の下郷理事長から、このほど完成した町志に『長浜町誌』という同名類似の本が引用されているが、これは如何なることかの質問があり、泉三は至急回答するように迫られている。引用された『長浜町誌』は、冒頭で触れた長浜尋常高等小学校が作成した『長浜町誌』と見られるが、下郷理事長はその存在を知らなかったので疑義を抱いたのであろう。この書簡で、町志の原稿が「此程完成」と記されている。大正五年（一九一六）には印刷準備に入っていたものの、泉三は『近江蒲生郡志』の調査・執筆に忙しく、『近江長浜町志』の原稿完成は大正十一年（一九二二）まで延びていたのかもしれない。さらに、この段階で依頼主の下郷理事長の校閲も入り、この後も出版には時間を要したのであろう。なお、『中川章斎先生小伝』では、長浜町志の脱稿を大正十年（一九二一）とし「追加の要あり」としている。

編纂方針について疑義があったか

昭和五年（一九三〇）五月十四日、下郷共済会から泉三に宛てた書簡では、五月十九日に行われる同会主催の掲灯神社慰霊祭（戦没者慰霊祭）への出席予定を謝した上、理事長が十七日に長浜に帰るので、十八日に泉三が下郷共済会に出向くよう依頼している。その晩の宿泊は同会で準備すると述

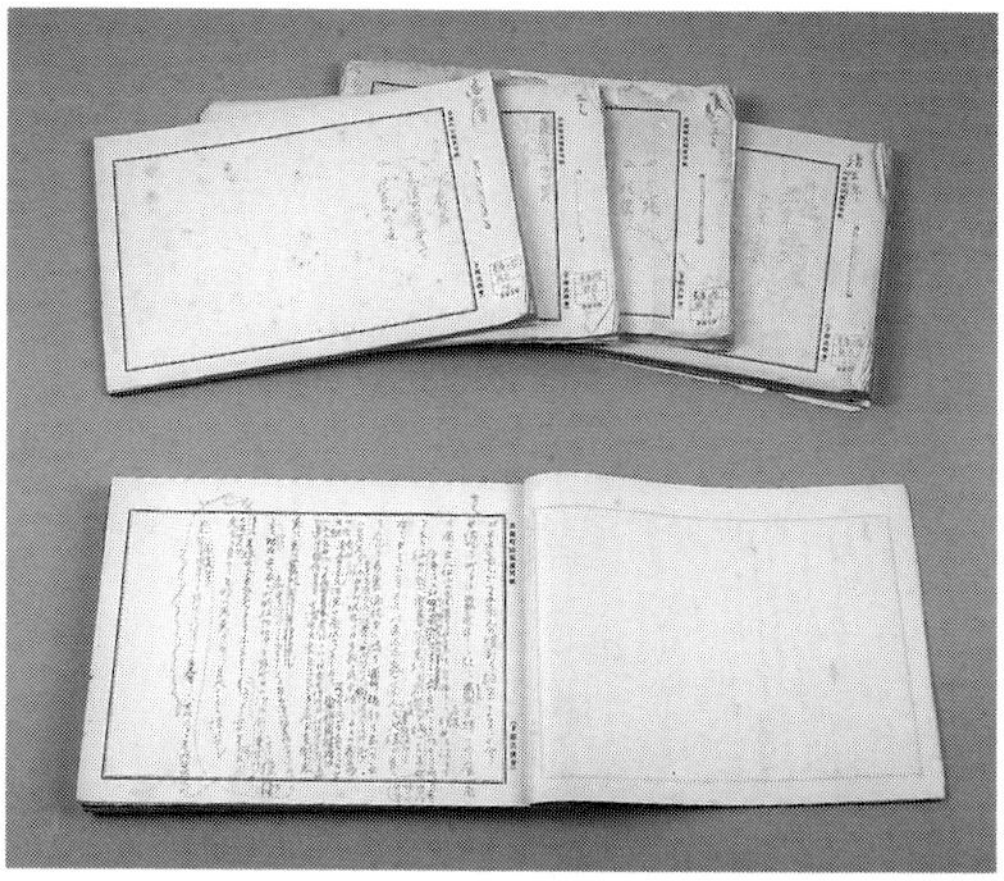

長16　長浜町志鉛筆原稿

長18　長浜町志校正刷

べられているが、用向きは理事長が「町誌原稿持《もち》帰り之《これ》有り候《そうらえ》ば、種々御協議申し上げた」いということであった。大正十一年（一九二二）の原稿完成から、八年余も経過した昭和五年（一九三〇）に至っても、下郷理事長は出版の許可を出していなかった事情を読み取ることができる。

少し遡るが、大正十三年（一九二四）七月四日、栗太郡金勝《こんぜ》小学校長の久保久一郎が、泉三に出した書簡（長19・栗46）には、次のようなことが記されている。このたび、『江州《ごうしゅう》日々新聞』や『毎日新聞』附録に掲載された「長浜町誌の件」については、一方ならぬ心痛があるだろうと見舞う。さらに、これが「栗太郡誌」に影響することを危惧しており、万が一「心得違いの郡民」がいたならば、当方として弁解につとめる旨記されている。新聞記事については内容を知り得ないが、完成していた『近江長浜町志』の編纂方針などについて、長浜町の町民から疑義が唱えられていたようである。これらを受けて、下郷共済会では原稿を再点検するなど、慎重な出版を余儀なくされ、昭和五年（一九三〇）に至るまでも理事長の決裁が出ない状況にあったと考えられる。

出版された『近江長浜町志』の校訂者である中澤は、同書が出版できなかった理由として、先に記したように下郷共済会の財務事情との説を紹介している。しかし、町志原稿が完成していた昭和十一年（一九三六）、下郷共済会は泉三がまとめた『石之長者木内石亭全集』全六巻（長26・栗42・米16）を出版している。この点を見ると、同会の財務事情が出版に影響を与えたという説は信じがたいものがある。やはり、長浜町志については執筆・編纂方針について、何らかの問題が生じ、出版が延期されていくうちに、結局は稿本のままで長く眠ってしまったと考えるべきだろう。

『近江長浜町志』は、泉三の初期地方史として、実に高い学問的レベルを示している。特に史料編七十八冊を基にした本文編の執筆は、出典を明らかにした通史叙述という点で、現在の科学的な地方史の「魁《さきがけ》」となるものである。『近江坂田郡志』とともに、全国に誇れる先進的な地方史と言えよう。先述したように『近江長浜町志』本文編は、昭和六十三年（一九八八）に刊行されたが、史料編の「長浜町誌史料」は未だ稿本のままである。泉三の顕彰を行う意味でも、史料編の一日も早い刊行が望まれる。

『近江蒲生郡志』の編纂

高木　叙子

安11　蒲生郡志編纂関係者集合写真
大正十年（一九二一）八月二十二日に、蒲生郡志編纂終了を記念して、委員会構成員が郡庁前で撮影した写真。前列中央が郡長の服部慶太郎、その左が泉三。

泉三による次なる郡志編纂

蒲生郡は、滋賀県のほぼ中央に位置する郡である。特に大きい郡というわけではないが、古代では額田王《ぬかたのおおきみ》が大海皇子《おおあまのみこ》との相聞歌《そうもんか》を詠った蒲生野（竜王町）、鎌倉時代以後四〇〇年間近江守護を務めた佐々木氏の本拠地である小脇郷《おわき》（東近江市）や観音寺城（東近江市・安土町）、織田信長が天下布武の拠点とした安土城（安土町・東近江市）などが郡内に散在し、日本史の表舞台にたびたび登場する。『中川章斎先生小伝』の言葉を借りれば、「一郡にして一国を代表する如き」史実豊富の地として知られた郡なのであった。

このような蒲生郡の郡誌編纂《へんさん》が最初に計画されたのは、明治三十五年（一九〇二）のことである。当時の郡長であった遠藤宗義が郡教育会の事業として編纂事業を企図し、郡下各町村の小学校長にそれぞれの町村志を作らせて提出させたり、史料調査を進めたりしていたようであるが、編纂主任が本務多忙を理由に退いたことなどもあり、その後の事業は停滞していた。

元号が大正に変わってまもなく、当時の郡長である鹿山虎蔵は大正天皇即位記念事業としての郡誌編纂を再度提案し、新たな方針の下で事業が始まることとなった。そして、その編纂の中心人物として白羽の矢を立てられたのが、ようやく『近江坂田郡志』を書き終えた泉三だったのである。

泉三に編纂主任就任の相談を持ちかけたのは、一年ほど前に蒲生郡視学に転任してきた角田《すみだ》亀次郎という人物である。角田は前任の坂田郡視学時代に坂田郡志編纂に関わっており、そのため泉三とは旧知の仲であった。大正二年（一九一三）六月三十日付の角田による誘いの手紙（安12）を受け取った泉三は、最初は農業多忙として辞退したようであるが、翌年四月には正式に編纂主任に就任することとなった。文庫には、そのおりの辞令や以後の給与・賞与通知などがまとまって残されている（安13ほか）。また、それ以前の編纂事業で調査に携わっていた郡内町村の学校長らも、泉三の調査に援助・協力を惜しまなかったということである。

編纂体制と資料の調査

章斎文庫に伝わる「蒲生郡誌編纂日誌」（安16）の記述によれば、編纂関係者が初

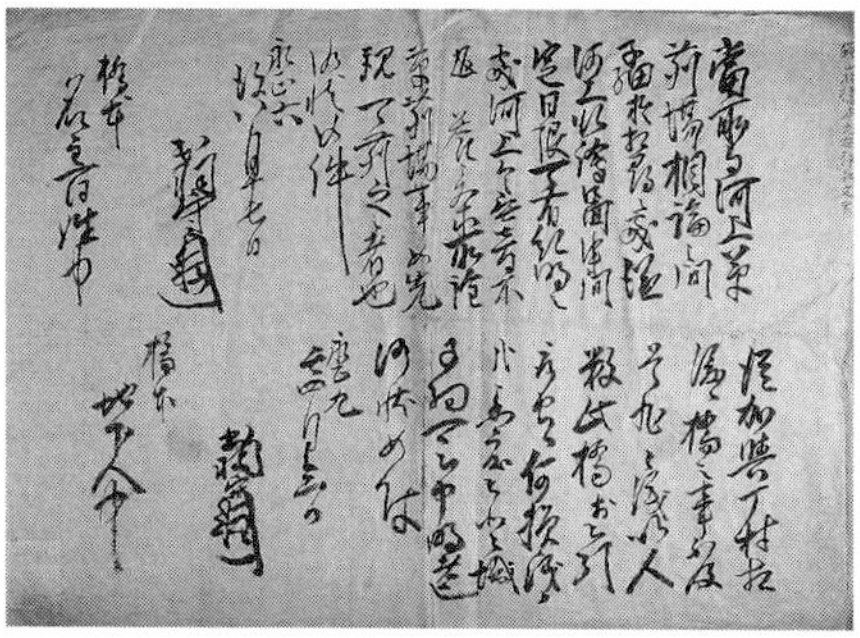
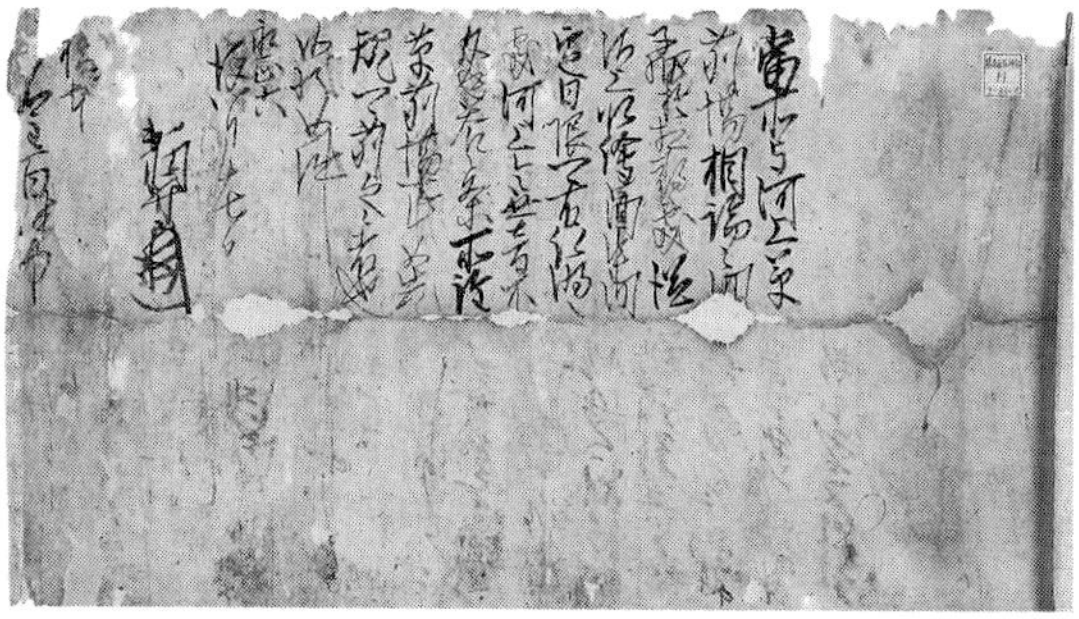

安15　左右神社文書影写本　**安14　伊庭貞隆書下**　竜王町　左右神社蔵

右は左右神社に残る原本で、左の上半分がそれを影写したもの。薄い紙に筆跡や行間まで同じように写している。

めて会合を持ったのは大正三年（一九一四）四月四日、蒲生郡役所においてであった。出席者は、役所からは鹿山郡長と小堀徳太郎第一課長・東彌一第二課長および角田視学。編纂委員としては、八幡小学校長の松原廣吉、日野小学校長の橋本岩記、郡会議長の西川仁右衛門、郡会議員の安井伊太郎、鏡山村長の前田雪太郎、西桜谷村長の森本仙右衛門の六人の名が上がっている。郡志完成後の大正十一年（一九二二）に刊行された『今上御大典記念近江蒲生郡志編纂関係者記念写真帖』（章斎文庫）では、橋本が羽田穣に、森本が中野村長小島傳兵衛に交代しているが、他の四人は最後まで委員を務めた。実務的には、その他に後述する城跡実測担当の製図嘱託中島又次と、泉三の書記谷村伊平も加わって、事業が展開されていくのである。

泉三は初会合の夜は日野に宿泊し、同日より日野町内で史料採訪を開始。同町西大路村の興敬寺《こうきょうじ》を手始めに、村長同道の上で同村各大字や鎌掛《かいがけ》村などで、一週間かけて調査を行っている。

以後、泉三は郡内各地の村々で、精力的に史料採訪を繰り返しているが、その方法は『近江坂田郡志』編纂の時と同様に、資料の現地保存主義を重視したものであった。泉三は、地元に伝わる資料の実物を手元に集めることは極力避け、現地で古文書などの史料を書き写すことで、郡志の資料収集を行っていったのである。

章斎文庫には他の郡志と同様に、蒲生郡志を編纂した際の史料の「謄写《とうしゃ》」原稿や文書群を構成する一通一通の文書の目録が多く残されているが、七〇年以上を経過した現在も、往々にして同様の所蔵者（もしくはその子孫）の同様の文書群の中にそれを見いだすことができるのは、泉三の資料保存に対する配慮の賜物であろう。筆写史料は、多くは原稿用紙や郡志用箋に墨もしくは鉛筆で写されているが、史料によっては「影写《えいしゃ》」といって薄い紙に文書の筆跡をそのままなぞる形で写したもの（安15ほか）や、実際に撮影した写真も含まれている。影写は、郡志に多く掲載されている佐々木氏や家臣たちをはじめとした人物の署名や花押《かおう》の印影データとしても、必要だったのであろう。

またこれも、『近江坂田郡志』編纂以来の手法であるが、古文書や古記録以外の資料収集にも、泉三は同様に取り組んでいる。瓦や金工品などは拓本を取り（安17ほか）、絵画資料は彩色も含めて筆写（安18ほか）。それも出来ないものは写真で収集している。

余談であるが、泉三は考古遺物の調査に

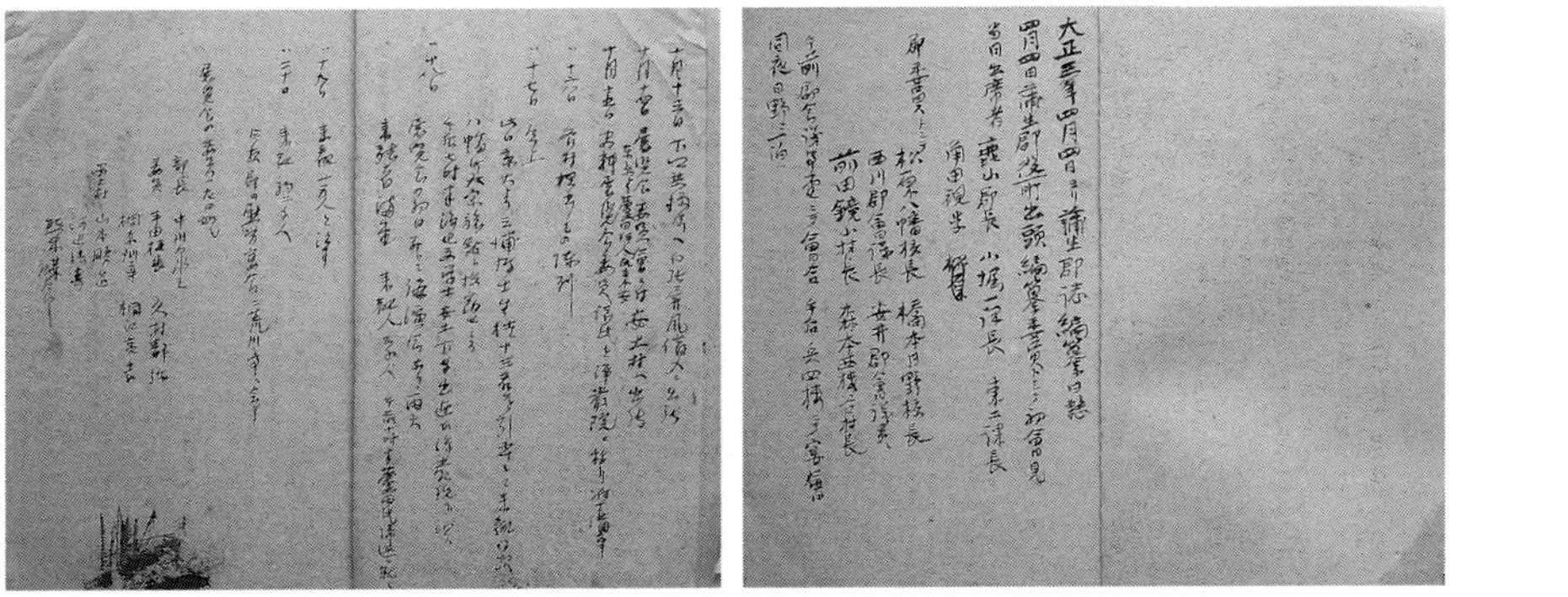
大正三年四月四日より蒲生郡志編纂日誌

安16　蒲生郡誌編纂日誌
泉三が記した、蒲生郡志の編纂日誌。会議や調査のスケジュール、関係事項などが日付を追って記されている。大正３年（1914）４月４日の編纂開始より翌年５月31日までの記録が載る。

も関わっている。郡志刊行後になるが、昭和八年（一九三三）に馬淵村（近江八幡市）の千僧供《せんぞく》古墳で「貴物」が出たとの報告を受けた泉三はただちに調査に向かい、甲冑（古代鎧）や刀剣の写真撮影を行い、調査概要文（章斎文庫）をまとめている。また、出土を喜んだ里人らが「遺蹟」を永久に伝えるため祭礼日を設けると、泉三は発見の経緯も記した祭文《さいもん》（安19）の制作に協力している。

史料の発見と史料展覧会

蒲生郡においても、泉三の史料採訪により発見されたり価値を見いだされた史料は多いが、その代表的なものが、現在は国の重要文化財となっている「今堀日吉《いまほりひよし》神社文書」であろう。中世の近江商人や近江の惣村を研究する上で欠かすことのできないこの九〇〇通余に及ぶ文書群は、泉三が中野村（東近江市）の同社に棟札《むなふだ》を調査しに行った際に、偶然に天井裏で発見した。大正三年（一九一四）七月一日から二日にかけてのことである。

編纂日誌（安16）によれば、泉三は七月二十九日に文書の入った函《はこ》ごと手元に取り寄せ、内容を確認しながら目録を作成し綿密な調査を行った上で、早くも翌月二十四日には神社にこれを返還している。現地保存の理念がここでも貫かれているのであり、泉三はその成果を元に、郡志第五巻の商業志をまとめ上げることになる。

郡内での史料調査が進んでくると、泉三は長浜町志の時と同様に、史料展覧会の開催を企図する。蒲生郡の第一回目の展覧会は、「郡教展覧会」と銘打って、同三年秋に安土の浄厳院《じょうごんいん》（安土町）を会場に開催された。章斎文庫には、十月初旬から中旬にかけて、史料展覧会への出品の回答をしたためた八幡町や甲賀郡・野洲郡などからの書簡や公文書（安20ほか）が残されている。

展覧会は同月十八日から二十日までの三日で、延べ一万五〇〇〇人の来観者を数えたと言うことである。その前日には、京都帝国大学の三浦周行《ひろゆき》が学生十三名を引き連れて参加。この時彼らが安土山頂で撮影した記念写真もまた、章斎文庫のアルバムに残る。初日に開催された講演会は東京帝国大学史料編纂官の渡辺世祐《よすけ》が招かれ、雨天にもかかわらず会場は満席（安16）という盛況ぶりであった。なお、事後になるが十二月九日付で、この展覧会の目録（章斎文庫）が刊行されている。

第二回目の展覧会は、翌年秋に日野で行われ、講演会講師として京都帝国大学の喜

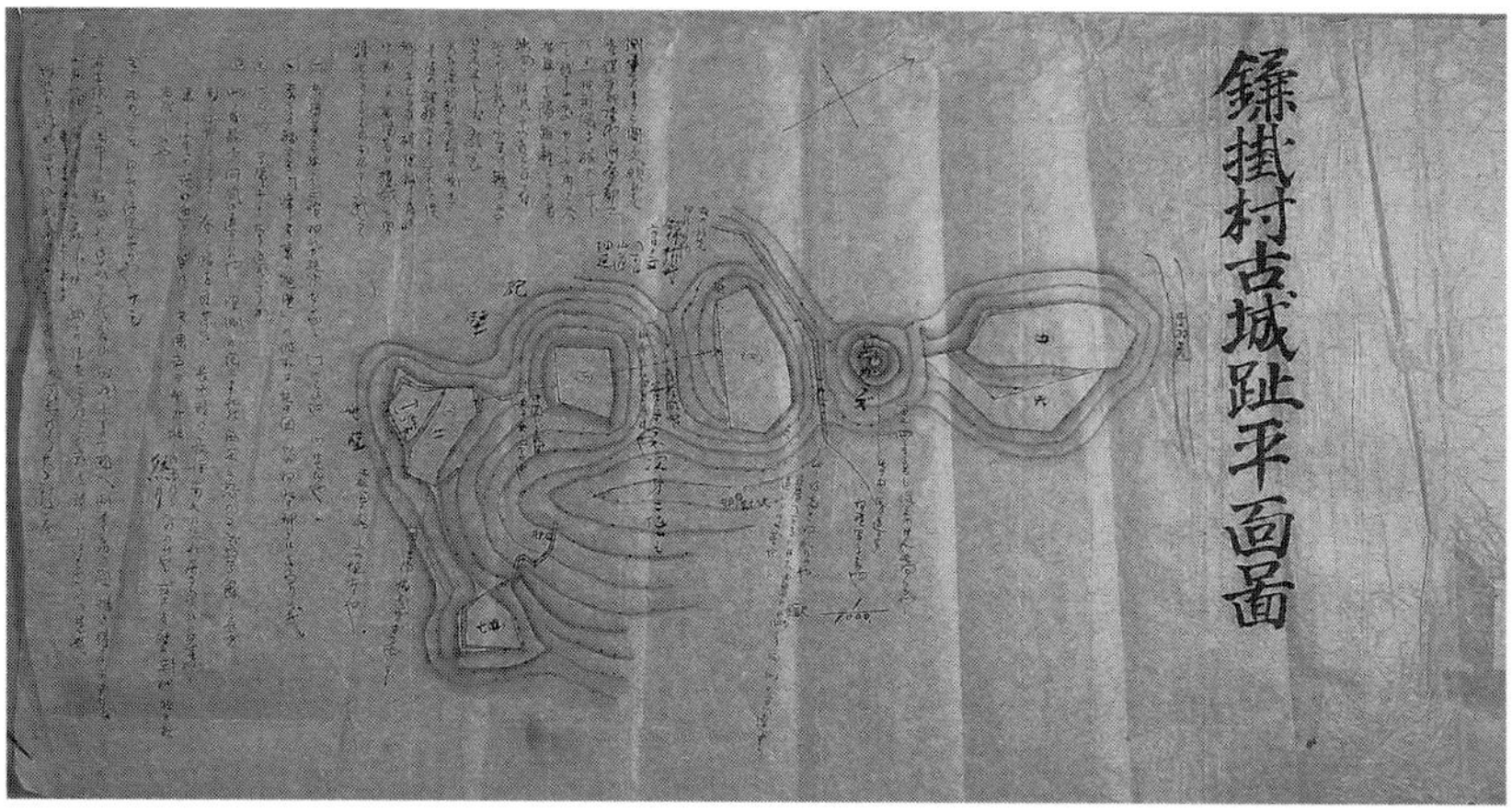

安21　鎌掛村古城址平面図
日野町鎌掛に所在する蒲生氏の支城・鎌掛城の縄張りを描いた図面。参謀本部陸地測量部作成の二万分の一図を一千分の一に拡大したものを元に、中島又次が実際の測量値や検討事項を書き入れている。「ナシ」「然り」などの書き込みは、泉三によるものであろうか。郡志掲載の城跡図の制作過程がわかる資料。

田貞吉と東京帝国大学の鷲尾順敬《わしおじゅんきょう》が招かれていることはわかっているが、刊行された目録の他は、展覧会の関係資料は少なく、第一回にくらべると不明な点が多い。

城跡実測調査

蒲生郡の特徴の一つは、歴史に登場する城郭の多さであろう。観音寺城・安土城・八幡山城などはもちろん、郡内には名の知れた中世城郭が散見する。郡志の編纂メンバーの中に、特に城跡実測担当の製図嘱託が置かれたのは、そのためであろう。当該職についた中島又次の他に、実測や製図を担当した人物として久村静彌と橋本忠太郎の名が見え、彼らから実測及び製図の作業について泉三に報告や質問をする書簡類（安22ほか）が、章斎文庫には複数確認されている。

泉三は城跡の調査においても伝承や伝説は排除し、彼ら製図担当者からの報告や図面を元に考察を加え、図面を作り上げていくのである。

このような作業の成果を披露する機会は、意外に早く訪れた。大正六年（一九一七）秋、湖東地域を中心に陸軍の特別大演習が行われることになったのである。大元帥である大正天皇が滋賀県に行幸しての、四箇師団と二箇旅団の約四万人を統率する軍事演習であり、期間は十一月十三日から十七日。大本営は彦根中学校に置かれ、鏡山（野洲市）・茂賀山《もかやま》（彦根市賀田山《かたやま》町）・亀甲山（彦根市大堀町）の御野立所《おのたちしょ》において演習の統監が行われた。

蒲生郡はこのおりの献上品として、郡志編纂のため測量・製図を進めていた「古城址図」を利用した。大正五年（一九一六）末までに測量を終えていた城跡は安土城・観音寺城および岡山城・長光寺城（後二者は近江八幡市）のみであったが、布施城（東近江市）・八幡山城（近江八幡市）・星崎城（竜王町）・音羽城・鎌掛城・中野城（以上、日野町）を急ぎ調査してこれに加え、十枚の「古城址図」を印刷して十枚セットで帙《ちつ》に納めたもの（安23）を製作したのである。

なお、絵図のうち安土城図は十一月十五日に鏡山で行われた井狩帰一中尉の御前講演会で、観音寺城図は翌十六日に亀甲山で行われた中村盈太郎大尉の御前講演会で、それぞれ用いられたと言うことである。

もちろんこれらの城跡図は、刊行なった蒲生郡志各巻に、折り込み絵図として用いられている。なお取り上げられた城跡の中には、信憑性のある絵図が伝わっていないものも多いため、大正時代に現地実測を

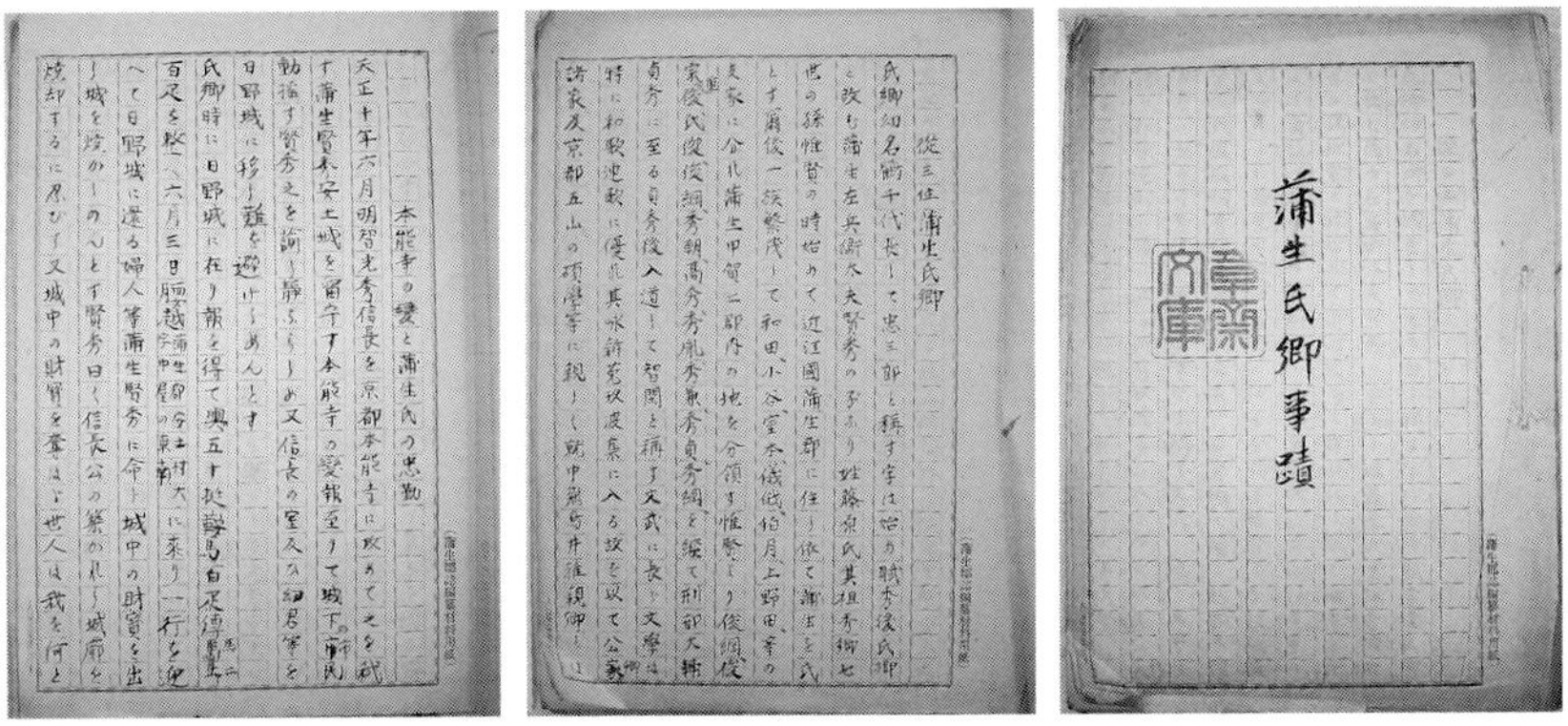

安24　蒲生氏郷事蹟
蒲生郡日野町出身の戦国武将・蒲生氏郷の事蹟を泉三がまとめたもの。

行ったうえで歴史的考察を加えて成立したこれらの図面の存在が、現在では資料的にも大きな意味を持つようになってきている。

神社の贈位

明治時代末から大正・昭和にかけて、地域において神社の格を上げる神社昇格運動が盛んに行われたことは、第一章「中川泉三の生涯」で紹介したとおりである。昇格の申請には、それぞれの神社の由緒や歴史を記した、いわゆる「由緒書」が必要となる。すでに坂田郡志で高い評価を受けていた泉三が、蒲生郡域を同郡志編纂のため調査に回っている関係もあり、昇格を目指す神社側や自治体などから、神社の由緒調査を依頼されることは、自然の成り行きであった。しかしそれ以上に、地域振興や地域の人々を結びつける核となる仕事を、泉三も望んでいたことはもちろんである。

蒲生郡志編纂中に、泉三が昇格に協力した神社は、延喜式神名帳《えんぎしきじんみょうちょう》にもその名が見え佐々木一族の氏神でもあった沙沙貴《ささき》神社（安土町）の他、日牟礼《ひむれ》（比牟礼）八幡宮（近江八幡市）、奥石《おいそ》神社（安土町老蘇）、苗村《なむら》神社（竜王町綾戸）、比都佐《ひつさ》神社（日野町北比都佐）、加茂神社（近江八幡市加茂町）、などがあり、最初の五社は県社《けんしゃ》昇格、加茂神社は郷社《ごうしゃ》昇格をそれぞれ果たしている。他に、昇格ではないが、史料に残る神社の所在地を比定した桐原村の菅田《すがた》神社や武佐《むさ》村の大宮神社（ともに近江八幡市）などの例もある。

またこの時代、国家は神社を昇格するのと同様に、歴史上の人物で国家や皇室に尽くした者に対して位階を授ける「贈位」も行っている。これらの政策は国家神道の強化とともにナショナリズムを高揚させるために採られたものであるが、それを受ける地域においては、地域の歴史を掘り起こし、出身もしくは関係の人物を顕彰することにより地域の誇りを高めようとする思いも存在していた。

これら贈位の申請にも、やはりその人物の業績を詳しく述べることが必要であり、ここでも泉三が大いに活躍することになる。蒲生郡において泉三が贈位に関わった人物は、佐々木一族支流で承久の乱の際に後鳥羽上皇の側について戦死したという鏡久《かがみひさ》綱《つな》、江戸時代後期の歌人伴蒿蹊《ばんこうけい》、日野仁《に》正寺《しょうじ》（西大路）藩最後の藩主市橋長義、日野出身の戦国武将蒲生氏郷《うじさと》、そして、他県出身者ではあるが安土城を築いた関係で織田信長もそれに加わる。これらの人物のうち、後述する氏郷以外は贈位が実現した。

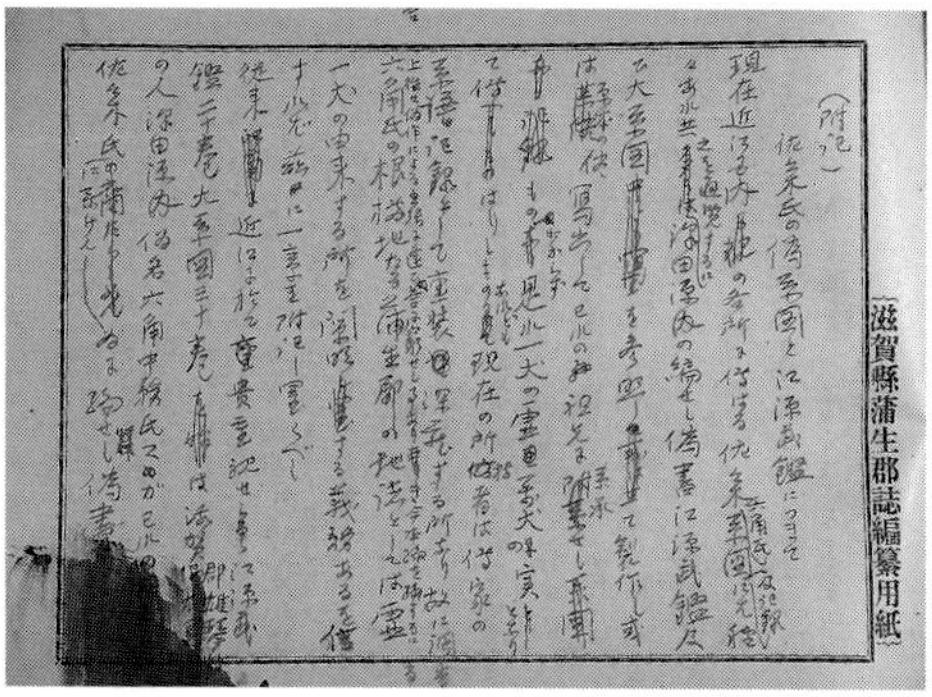

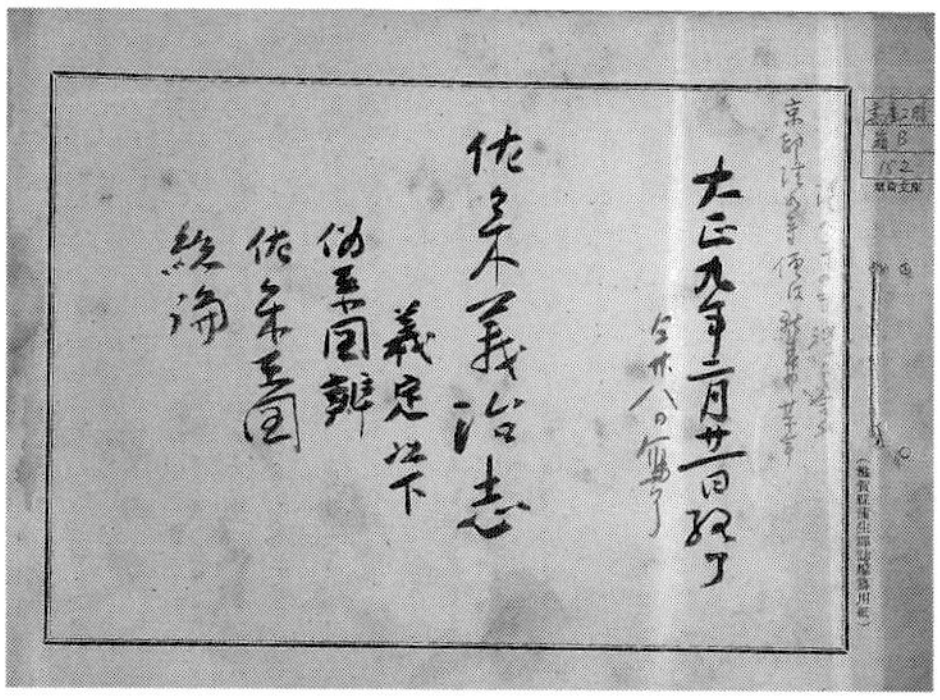

安26　佐々木義治志草稿

『近江蒲生郡志』第２巻佐々木氏世代志のうち、最後の当主となる義治部分の草稿。
義治の子孫や偽系図問題を、ここでまとめて取り扱っている。

なお、大正六年（一九一七）の陸軍特別大演習のおりに、参加師管内に所縁の勤王・民政その他国家に勲功のあった人物二十四人が、特旨を以て位階追陞もしくは贈位に預かっている。織田信長もその時に従一位を得た（安25ほか）。

歴史研究の姿勢―偽系図問題―

泉三は蒲生郡志の章立てにおいて、古代および荘園の次、信長と秀吉の天下統一の時代の前に、中世志ではなくあえて佐々木氏世代志および蒲生氏世代志を採用している。上郡の蒲生氏と下郡の佐々木氏という、郡内を代表する氏族の歴史を述べれば、郡の歴史になるという考えなのである。特に佐々木氏は、古代の佐々貴山氏《ささきやまうじ》および佐々貴氏の時代と、これを取り込むようにして登場し、四〇〇年間近江守護を務めた近江源氏佐々木氏の存在により、蒲生郡どころか、滋賀県の歴史を語る上で避けて通る事ができない一族である。

宇多天皇（八六七～九三一）の皇子敦実《あつみ》親王《しんのう》の子雅信が源姓を賜り、その孫が近江に下り、さらにその孫が蒲生郡の佐々木庄の下司《げし》となって佐々木姓を名乗ったと言われる。源平の争乱で一時故郷の地を逐われた佐々木氏であったが、源頼朝に忠誠を誓って活躍した恩賞として本領の地頭職を安堵《あんど》され、佐々木定綱が近江国惣追捕使《そうついぶし》、後に近江国守護となっていく。その本拠地が同郡小脇《おわき》（東近江市）であり、南北朝の頃からは観音寺城が史料に現れるようになる。戦乱により一時的にその地位を他者や同族の京極氏などに奪われることもあったが、基本的には佐々木氏惣領家《そうりょうけ》である六角氏が、代々近江守護を務めてきた。

近江における六角氏の時代が終焉を迎えるのは、永禄十一年（一五六八）九月、尾張を統一し美濃を手に入れて天下統一を目指す織田信長が、上洛のため近江を通過する際、それを拒んだ六角氏を観音寺城から逐った時となる。

このように長期間、近江に君臨した佐々木氏であったが、実はその歴史を叙述していく上で、以前より大きな問題を抱えていた。佐々木氏惣領家である六角氏の系譜が、偽系図であるというものである。

信長により観音寺城を逐われた際の六角氏当主は義治で、隠居したとはいえ父の承禎《じょうてい》（実名は義賢《よしかた》）も健在であった。義賢の父は室町幕府で重きをなし管領代《かんれいだい》も務めた定頼で、残された古文書や同時代の記録類に登場するのも、この三人である。歴史の表舞台に六角氏の当主として登場するのは、

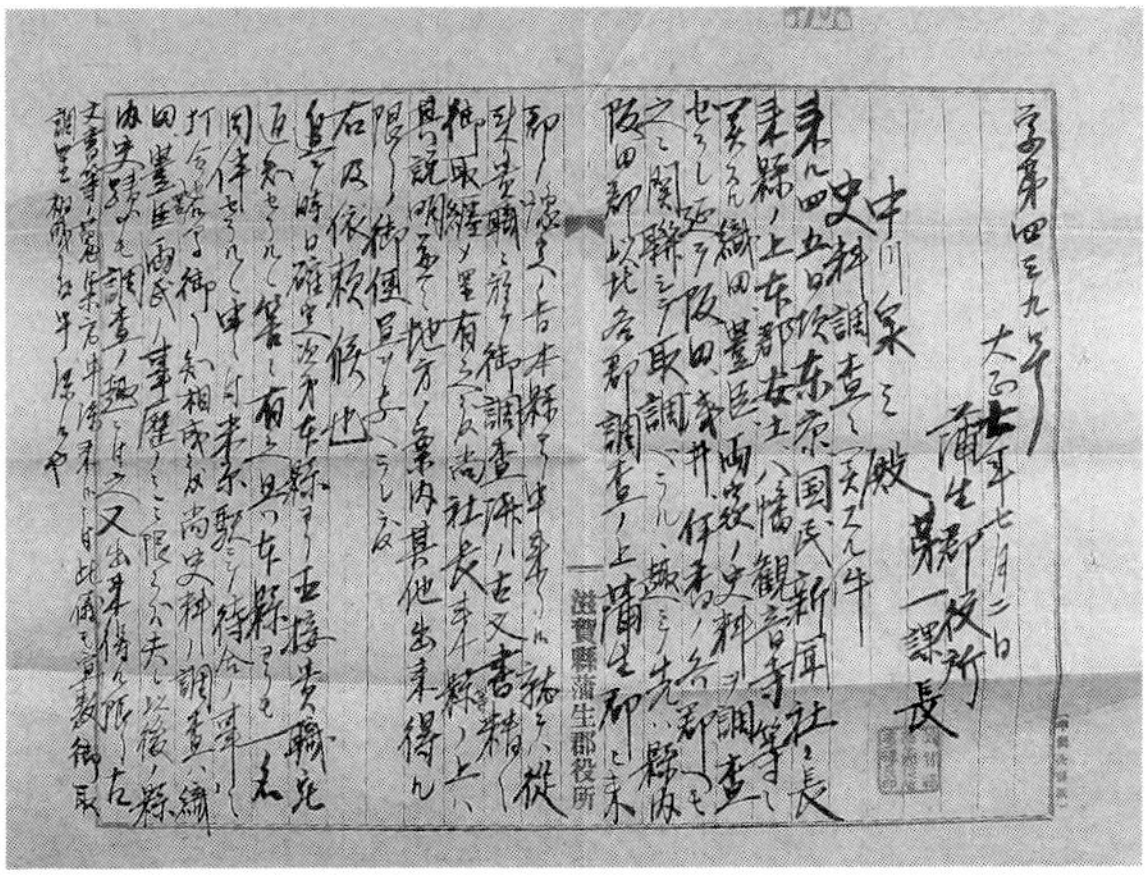

安29　蒲生郡役所通知　中川泉三宛
蒲生郡役所第一課長の東彌一が、泉三に蘇峰の案内を依頼した通知文。湖北・湖東の史跡の案内だけではなく、泉三がこれまでに調査した資料や古文書も提示するよう求めている。安土城跡に建てられた詩碑の碑文には、この際に滋賀県知事森正隆からも依頼があったことが記されている。

この定頼―義賢―義治の系統に他ならない。

しかしながら、六角氏の正系は実は定頼の兄氏綱で、その子義実から義秀―義郷―氏郷と引き継がれていき、定頼の子孫たちは正系の後見役だったという説が、江戸時代はじめ頃より囁《ささや》かれていた。その根拠となったのが、佐々木氏郷すなわち正系の最後の名を持つ人物が記した『江源武《こうげんぶ》鑑《かん》』（安27）と『新板大系図《しんはんおおけいず》』である。十八世紀初め頃には、この説を否定する書物も公表されているが、逆に氏郷の説を引用した書物や、この系統に連なった系図なども現れ、混乱が生じていた。

泉三は蒲生郡志の編纂主任として、この問題に判断を下す必要があった。それはまた、「正確な史料による歴史叙述」を目指す泉三にとって、避けて通ることのできない問題であったのも確かである。調査や考察を重ねた末、泉三はその結論を「佐々木氏の偽系図と江源武鑑につきて」（安26）という一文にまとめ、最終的に蒲生郡志第二巻の「佐々木氏世代志」の最後に掲載して、偽系図の存在を完全に否定した。泉三は、建部賢明《たてべかたあきら》（一六六一～一七一六）の著した『大系図評判遮中抄《おおけいずひょうばんしゃちゅうしょう》』の説を引用して、「佐々木氏郷」を騙《かた》って『江源武鑑』等の書物を著したのは滋賀郡雄琴村（大津市）の沢田源内という人物であること、偽系図作成の目的は、自らを名族佐々木氏の正系の末裔であると偽って水戸藩に仕官するためだったことを主張したのであった。

泉三のこの説は、中央および地方の歴史学者の間にも反響を呼んだようで、章斎文庫の書簡の中には、泉三に対して支持や意見、疑問などが寄せられていることが確認できる（安28ほか）。泉三の歴史に対する姿勢が確認できる出来事の一つである。

安土城跡と松岡範宗

泉三はその生涯の中で、驚くほど豊かな交友関係を築き上げているが、その中でも特に異色とも言うべきものが、日本を代表する文筆家・評論家・歴史家として名高い徳富蘇峰《とくとみそほう》と、安土城跡に所在する摠見寺《そうけんじ》の住職松岡範宗《はんそう》（道軌《どうき》）とのつながりである。三人を結びつけたキーワードは、織田信長そして安土城跡であった。

最初に出会ったのは、泉三と松岡である。妙心寺長興院（京都市）の住職であった松岡が、摠見寺住職を兼ねることになったのが大正三年（一九一四）四月。泉三の郡志編纂事業が開始したのとほぼ同時である。翌年六月には、松岡は摠見寺専任の住職となった。二人の出会いを示す史料は残念な

信長公詩碑（表）
蘇峰自作の信長を讃える漢詩が刻まれる。

信長公詩碑（裏）
泉三の記した詩碑建立経緯が刻まれる。

「安土城址」標石
城跡入口三箇所に設けられた、蘇峰の筆による標石。

がら確認できないが、郡志の史料調査や城跡実測で接点を持つのは当然のなりゆきであったろう。松岡は明治三年（一八七〇）一月の生まれで、泉三の一歳年下となる。

松岡は、近代における摠見寺の中興と呼ぶに相応しい、行動力と積極性を持った人物で、後述する数々の事業を発案・実行している。最初の取り組みは、安土城跡の整備と摠見寺関係施設の修理・改築（最終目的は幕末に焼失した本堂の再建）を進めるため、安土保勝会を設立することであった。

同会は大正七年（一九一八）四月二十一日に正式発足し、役員なども趣意書（安30）を読めば同日結成されたように見えるが、章斎文庫には、泉三が前年の六月一日に、保勝会会長澤信次郎（蒲生郡長）から同会理事に任命された委嘱状（安31）が残っている。「摠見寺文書」には、設立協議会を五月に開催することを示す文書があり、その準備は前年から始まっていたことがわかる。また、贈位のところで述べたように、陸軍大演習の際に信長は従一位を受けているが、この申請の際の奉告文（章斎文庫）は泉三が作成している。

安土城と蘇峰

さて、ジャーナリストとして中央で言論活動を展開させていた徳富蘇峰は、同七年（一九一八）七月より「国民新聞」紙面で「近世日本国民史」の連載を開始するのであるが、時を同じくして、巻頭で扱う織田信長ゆかりの安土城跡を訪れている。著名人蘇峰の来訪とあって、滋賀県はその対応を検討した末、泉三に案内役を依頼したのである。七月五日にまず蒲生郡役所第一課長東彌一より蘇峰の案内を頼む通知（安29）が届き、二日後には郡長澤信次郎より蘇峰の旅程が伝えられている。泉三はそれを受けて蘇峰を案内し、摠見寺の松岡に引き合わせた。蘇峰は泉三より六歳年上であるが、三人は気が合ったのか、その友情はこの時からそれぞれが死去するまで続くことになる。

泉三はその後も松岡に協力して、安土城跡の整備に力を貸している。その甲斐もあり、大正十五年（一九二六）には安土城跡が、史蹟名勝天然紀念物保存法に則り、史跡指定を受けることとなった。翌年から松岡は、安土保勝会名で国庫補助金を申請し、史跡内の整備事業を次々と進めていく。まず最初に、城跡の大手道口と百々橋《どどばし》口、東裏門口に標石と掲示制札が立てられた。この標石は現在も健在であるが、「安土城址」とあるおおらかでユーモラスなその文字が、蘇峰の手跡によるものだと知る人は、ほと

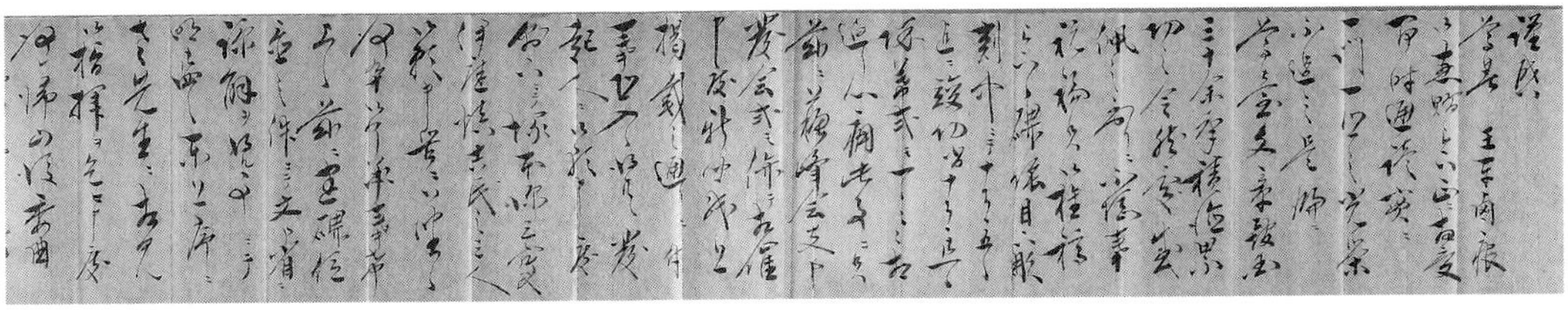

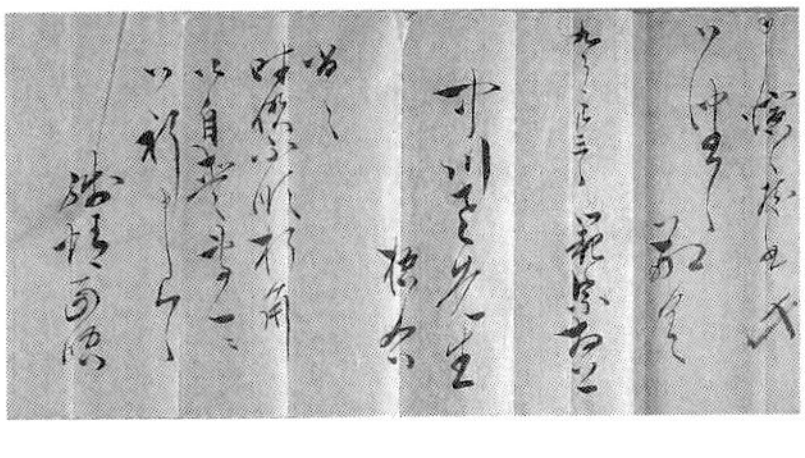

安33　松岡範宗書簡　中川泉三宛

昭和12年（1937）9月23日に、摠見寺住職松岡範宗が泉三に出した書簡。泉三が執筆・刊行した『王車歯痕』を贈られたことに礼を述べるとともに、安30の詩碑の彫刻も進んでおり10月5日には完成すること、21日に除幕式が開催され、それと同時に蘇峰会支部発会式も行われる予定と伝える。その上で松岡は、泉三に発起人の一人になって欲しいと頼んでいる。また、最後に詩碑の場所について文部省と問題が生じたことも述べられているが、結局はこのことが原因して、式は翌年に延期となる。

んどいないのではないだろうか。

その他に、史跡の境界標柱や山内案内標柱も作られ、昭和四年（一九二九）からは石段の修復も行われた。これらは全て、昭和八年（一九三三）に大々的に行われた信長三五〇回遠忌《えんき》の大法要のためのものであった。遠忌法要には泉三も招かれており（安32）、同日行われた記念講演の講師は、蘇峰と藤井甚太郎（文部省維新史料編纂会事務局）という顔ぶれとなっている。

「蘇峰会」と安土城

さて、時は少し遡るが、蘇峰は昭和四年（一九二九）に国民新聞社を退社。大阪毎日新聞社および東京日々新聞社の社賓となり、毎日新聞社で「近世日本国民史」の連載を続けていた。このような蘇峰の文筆活動を支援するため、その後まもなく「蘇峰会」が設立される。会の本部は東京銀座の民友会内に置かれ、支部は少しずつ増えて全国で約四十ヵ所、会員はおよそ一万人に及んだという。

この支部が滋賀にも設けられることになったのであるが、場所が安土山摠見寺内となった経緯の根底には、蘇峰と松岡と泉三のつながりを考えずにはいられない。その証拠に、昭和十二年（一九三七）九月二十三日付の松岡から泉三に送られた書簡（安33）で、松岡は泉三に、蘇峰会滋賀支部発起人の一人になってくれるよう頼んでいる。泉三がどう回答したかは不明であるが、滋賀支部発足を伝える『蘇峰会誌』昭和十三年（一九三八）第二輯（章斎文庫）の記事には、会員として中川泉三の名も上がっているので、おそらくは松岡の手紙にある前安土村長の伊庭《いば》慎吉や塚本源三郎とともに、発起人となったのであろう。発会式は当初の予定から半年ほど延期となり、最終的に同十三年（一九三八）五月十七日に摠見寺で開催されることとなった（安34）。

実は式の同日、安土城跡の伝織田信忠邸跡に新たに建立された「信長公詩碑」の建碑式も執り行われた。その詩碑は、現在も同じ場所にひっそりとたたずんでいるが、碑面に記された漢詩は蘇峰の作であり、その裏面には詩碑建立の経緯を、その出会いから記した泉三の文章が刻まれている。その文章の元の原稿も、章斎文庫所蔵の『伊吹山人草稿』（安35）の中に認めることができる。松岡が住職を務める摠見寺のある安土城跡に、表に蘇峰の漢詩、裏に泉三の由緒記を持つ石碑が建つという事実は、この三人の不思議なつながりを最も良く表し

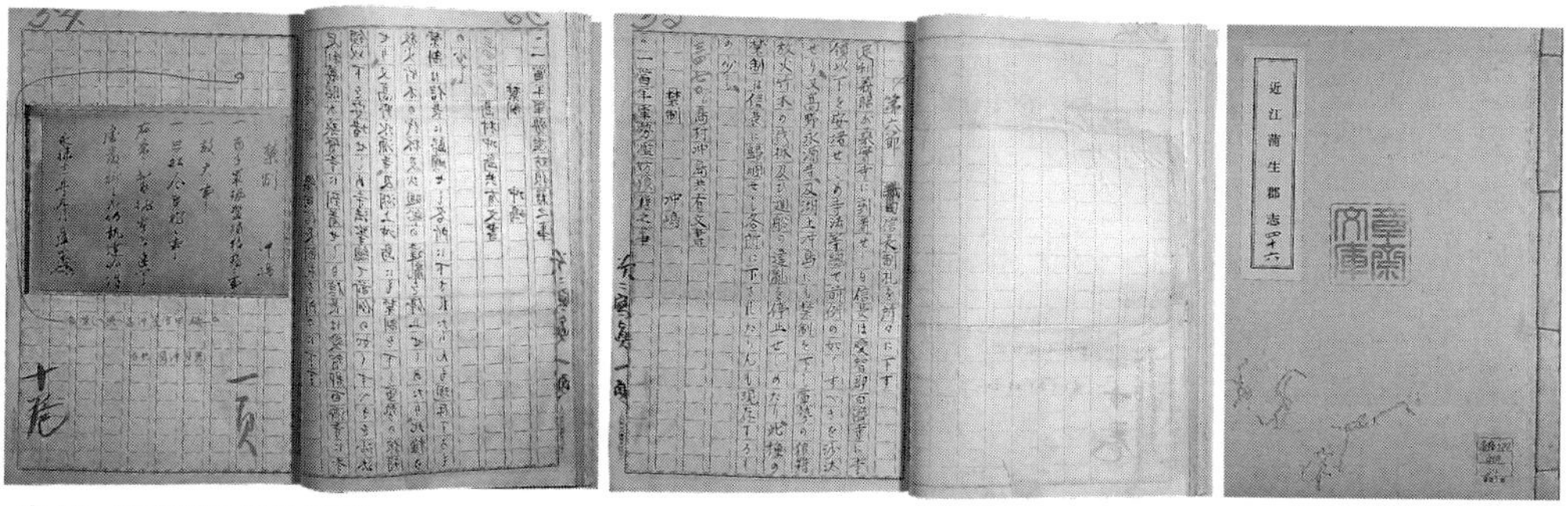

安40　近江蒲生郡志原稿

『近江蒲生郡志』の最終的な清書原稿で、全部で50冊から成る。写真はその46冊目で、巻十軍事志にあたる。「蒲生郡誌用箋」に墨で清書したのち、校正などが朱書されていたり、資料写真の挿入場所には紙焼写真を貼り込むなど、編集の最終段階であることが伺える。

ているのではないだろうか。

泉三の古稀の記念に有志が文庫を造って贈った際にも、蘇峰は発起人に名を連ねると共に、文庫の棟木に揮毫している。また別に蘇峰から、古稀の祝いとして自作の五言絶句を記した掛軸（安36）が泉三に贈られている。文庫の完成に際して、松岡から泉三に送られた祝電も伝わっている。

三人の中で最も長生きをしたのは、最年長の蘇峰であった。昭和十四年（一九三九）十二月に泉三が世を去ると、蘇峰は泉三の養子である俊三に弔問の手紙（安37）と香《こう》奠《でん》一〇円を送っている。また、松岡が世を去るのは昭和二十八年（一九五三）であるが、この時も蘇峰は、摠見寺法遠信総代に書簡（摠見寺文書）を送りその死を悼んでいる。

大部の郡志の完成

八年もの長い編纂《へんさん》期間を経て、大正十一年（一九二二）、『近江蒲生郡志』は上梓された。十巻七〇〇〇頁におよぶ大著であり、泉三が取り組んだ他の郡志・町志と比較しても、その量の多さは突出している。

内容を見ると、巻一は古代志および荘園志、巻二は沙々貴山氏志・佐々木氏世代志・同支流志家臣志、巻三は蒲生氏世代志・支流志・家臣志・織田豊臣時代志、巻四は江戸時代志・明治大正志、巻五は農業志・工業志・商業志、巻六は神社志、巻七は寺院志、巻八は地理志・文筆志・雑志・人物志、巻九および十は軍事志。各分野を網羅してはいるが、蒲生郡が歴史の表舞台となった中世すなわち佐々木氏や信長・秀吉の時代の比重が大きくなっていることが読み取れよう。

本事業が大正天皇即位記念事業であったことから、巻頭序文は当時の総理大臣の大隈重信、同題字は宮内大臣波多野敬直にそれぞれ願い、また泉三との交友により史料採訪や編纂の指導を受けた久米邦武・三上参次・三浦周行からも序文が寄せられた（章斎文庫に各原稿が残る）。

完成した郡志に対して、泉三の元にも編纂に関係した人々や研究者らより、多くの祝詞や賞賛の書簡が寄せられている。最初に泉三を蒲生郡志編纂主任にと請うた角田亀次郎は、「貴下ヲ蒲生郡ニ紹介シタルコトヲ無上ノ光栄ト致居候」と語り、徳富蘇峰からは「実ニ郡誌アリテ以来未曾有ノ好著と存候」、黒田惟信からは「予想以上之高著と三歎無之」などの賛辞も寄せられている。坂田郡志に次ぐ蒲生郡志編纂により、泉三の地方史研究者としての評価と地位は、確固たるものとなったのである。

蒲生郡内の町志編纂と中川泉三

高木　叙子

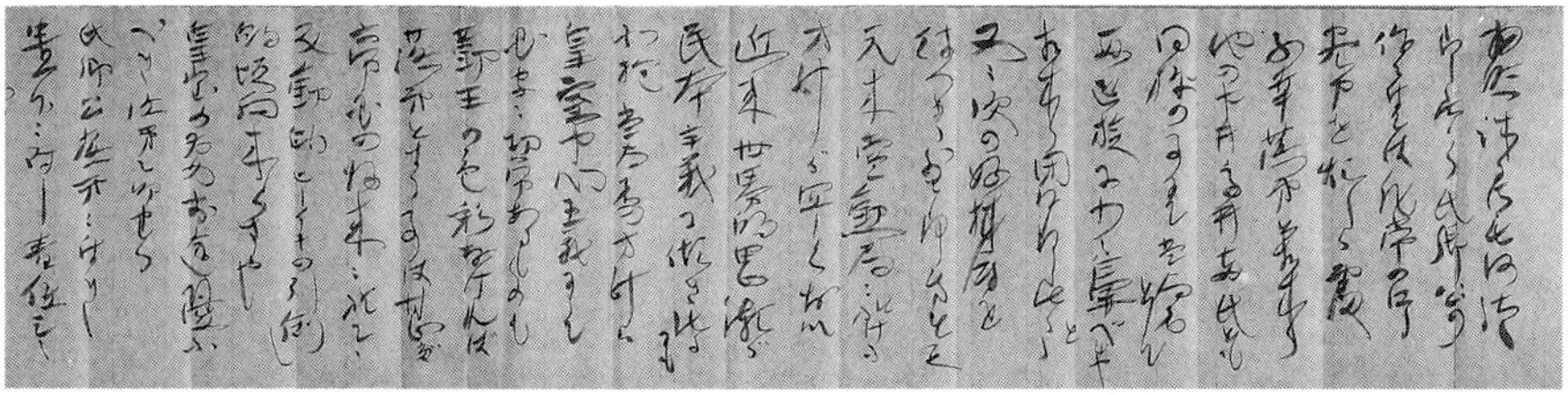

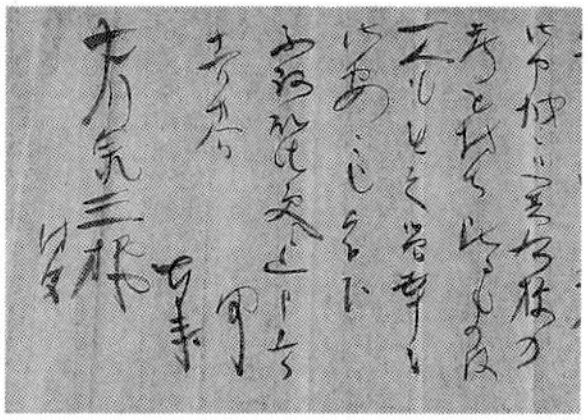

安41　野田東三郎書簡　中川泉三宛
大正６年（1917）11月28日日に、野田東三郎が泉三に出した書簡。野田が泉三の協力を得て推進した蒲生氏郷の贈位が認められなかったことについて、その憤懣を泉三にぶちまけた内容となっている。その反面で、落第は泉三の責任ではなく、日野町には賞勲局のような考えを持つ人は一人もいないと述べ、泉三への気遣いも忘れていない。

泉三と蒲生郡のつながりは、郡志の編纂《へんさん》にとどまるものではなかった。史料採訪で郡内を調査して回っていれば、地域や史料所蔵者との交流も繁くなる。神社昇格や贈位申請の由緒書を依頼されることも、その一端である。郡内の町村などが独自の地域史編纂を思い立った際、泉三の指導を受けようと考えるのも、無理からぬことであったろう。蒲生郡の中で、泉三が編纂に関わった町が、日野町と八幡町（近江八幡市）であった。

日野町志編纂の経緯

日野は、泉三が佐々木氏と並んで注目した蒲生氏の本拠地であり、日野商人発祥の地でもある。泉三が郡内の史料採訪をまず日野から始めたことも、いかに日野を重視していたかの現われと考えられる。

町志の編纂を最初に思い立ったのは、町長の野田東三郎である。昭和五年（一九三〇）に刊行された『近江日野町志』巻頭に載せられた野田による序文では、大正四年（一九一五）十一月十日に京都御所紫宸殿《ししんでん》で行われた大正天皇の即位式に感銘を受けた野田が即位記念事業として町志の編纂を思い立ち、翌年四月から着手したことが記されている。その体制は、泉三を顧問とし、史料の収集と編纂を池田毅が担当。別に、社貞丸・平岡學眞・長島淳心・正野玄三・山中安太郎・島崎善平・羽田穣・水谷捨太郎・野田現浄・高井商三・西村市良右衛門・石岡清蔵が委員として池田を助けるというものであった。

野田は最初、泉三に編纂を任せたいと考え、泉三の旧知で日野の女学校校長であった水谷捨太郎を介して泉三に執筆を依頼してきたようであるが、泉三は「大郡の郡志に没頭して日も是れ足らぬ状態」であるとして、誰か適当な人物を主任とし、自分はその人物を指導して町志と郡志の連絡をとることを提案。そこで、南比都佐《ひつさ》小学校長を退いて閑居していた池田毅を主任に据えることとなったのである。

ところで、大正初期、天皇の即位を記念して編纂事業に取り組んだ自治体は多いが、やはり郡単位での事業が目立ち、単独の町が立ち上げた例は、珍しいと思われる。野田は非常に行動力のある町長だったため、それが可能だったのであろう。しかし、このような大事業は町長の気概だけで達成するのは困難である。当初野田が編纂事業を企図し有志に図った際、後に委員となる山中・正野・島崎と、野田六郎左衛門がこれを支持し、資金協力をしたという。これに力を得、町長は議会に諮《はか》って編纂事業を町の事業としていった。十二名という委員の数も、蒲生郡志の倍以上である。このような、日野を盛り上げようとする地域の人々の協力と自負が、即位記念行事としての町志編纂事業を支えたといえよう。

安44　蒲生氏郷銅像絵葉書
銅像建設記念に作成された蒲生氏郷像の絵葉書

蒲生氏郷の贈位申請と銅像建立

町志編纂と並んで、野田町長が力を注いだのが、蒲生氏郷の贈位申請である。

蒲生氏は古代豪族蒲生稲寸《いなぎ》の系譜を引くともいわれ、古くから蒲生上郡に勢力を張る一族である。佐々木六角氏の時代には、その重臣でありながら独立性を保ち、大きな発言力を有していた。織田信長が近江に侵攻するとそれに従い、当主賢秀《かたひで》の嫡男《ちゃくなん》氏郷は、信長の娘婿となる。その後、信長・秀吉政権下で実力を認められ、伊勢松坂十二万石を経て、最終的には会津九十二万石を領する大大名にのし上がる。

泉三は町の依頼により氏郷の事績をまとめ（安24）、大正六年（一九一七）の陸軍大演習の際に、氏郷の贈位を申請することとなる。この際には、二十四人もの滋賀県関係の歴史上の人物が贈位を受けたのであるが、残念ながら氏郷はその恩恵にあずかることができなかった。九月十日、申請を処理する県知事官房からの書簡（安42）によれば、いくら氏郷の武功を並べても勤王とはいえないので、むしろ民政に尽くした部分を強調して申請をすべきとの指導を受けている。天皇に尽くした顕著な功績を示せなかったことが、落第の大きな要因だったようである。

野田の落胆と怒りは相当のものだったようで、泉三に送られた同年十一月二十八日付けの書簡（安41）では、「賞勲局に於ける方針が宜しくない」「当局者の方針ハ皇室中心主義にて国家ニ功労ありしものも勤王の色彩なければ落第とする事は甚だ帝国の将来ニ於て反動的ヒーイキの引倒し的頃《(傾)》向来らすや」などと感情を吐露している。

しかし、これでへこたれる野田ではなかった。実は日野町では、贈位申請と平行して氏郷の銅像建設の計画が進められていたのである。このことが初めて見えるのが、大正六年（一九一七）六月二十三日付の池田毅の書簡（安43）である。ここで池田は、四、五日前に日野で有志会が開かれ、そこで氏郷の銅像を建設する相談がまとまり、さらにこれを町教育会事業とする予定であることを泉三に伝えている。二週間後の池田の書簡（章斎文庫）では、すでに銅像建

安45　野田東三郎葉書　中川泉三宛
野田が昭和十二年（一九三七）の年賀状の代わりに泉三に送った、自らの写真を用いたポストカード。

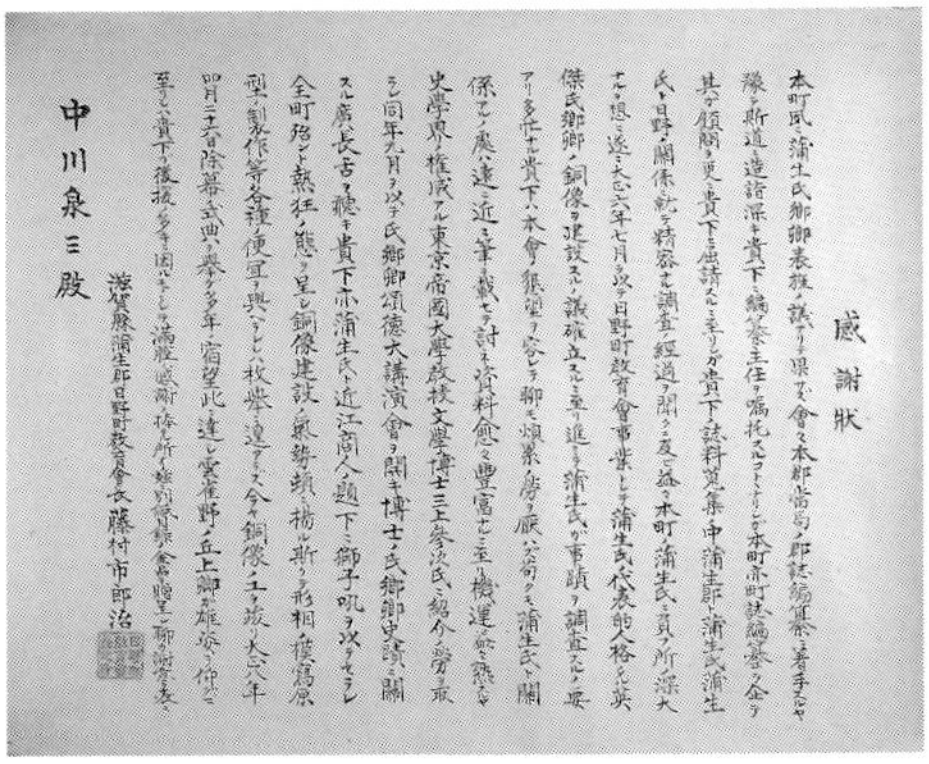

感謝状

中川泉三殿

安47　蒲生氏郷顕彰感謝状　中川泉三宛
泉三が町志編纂顧問として日野町出身の蒲生氏郷の事績を明らかにし、町教育会事業としての銅像建設および除幕式に尽力、大正六年（一九一七）九月には氏郷卿頌徳大講演会を行ったことなどについて、総合的に謝意を表した感謝状で、日野町教育会長の藤村市郎治が発行した。

設資金としての寄付金募集の相談がなされており、東京を越え会津まで呼びかけに人が派遣されることになっていた。

　次いで実際に像容の検討に入るが、ここでも泉三が助言や協力をしている。泉三の紹介で、東京帝国大学教授の三上参次より、各地の氏郷画像の情報を得ることが可能となった。三上は、同年九月九日に日野で開かれた蒲生氏郷卿頌徳大講演会で氏郷の事績を紹介し、そのときには泉三も、「蒲生氏と近江商人」という題で講演を行っている。

　その他、銅像着用の武具については風俗史の関保之助に指導を受け、鯰尾兜《なまずおのかぶと》は鳥羽藩主稲垣子爵家に伝わるものを参考にするなど検証を重ね、最終的に彫刻家石本暁海が制作した原型を用いて東京美術学校の坂口肫監督のもと亀文堂がこれを鋳造。場所は馬《うま》見《み》岡《おか》綿向《わたむき》神社の御旅所《おたびしょ》の雲雀野《ひばりの》と決定し、そこに設けられた築山《つきやま》の上に、筆を手に日野を述懐した和歌をしたためんとする姿の氏郷像が完成することとなった。除幕式は大正八年（一九一九）四月二十六日。建立を志して二年後のことである（現在雲雀野に立つ氏郷銅像は戦後の再建）。

　除幕式に際しても、泉三は町教育会から式の一切の指揮を任され（安46）、また郡長の祝詞の起草まで依頼されるなど、大忙しであった。おそらくはその後であろう、氏郷顕彰や銅像建立の労を讃えるため、教育会長藤村市郎治より泉三に感謝状（安47）が出されている。

近江日野町志の完成

　町志編纂事業は、池田が委員の協力を得、泉三の指導を受けつつ進められていった。章斎文庫に残る、池田から泉三への相談や連絡などの書簡は一七〇通を越える。大正八年（一九一九）三月から四月頃、新町長の下で事業打ち切りかという混乱も一時おきたが、同年九月には、池田は収集史料の整理をほぼ終えるに至った。

　しかし、不幸なことに池田はその翌月、誤って眼球を負傷して治療に八ヶ月を要することとなる（安48）。快復後、池田は再び筆耕に取りかかり、同九年（一九二〇）十二月に町志を脱稿するものの、その間に新出史料も増えたため、池田は増補改訂の必要を訴えた。また、顧問である泉三自身、同十年（一九二一）に蒲生郡志を書きあげると、次は栗太郡志、その後愛智郡志と次々と大部の郡志を任され、日野町志に取り組む余裕がなくなってしまった。

　野田東三郎の追悼文（安5）において泉

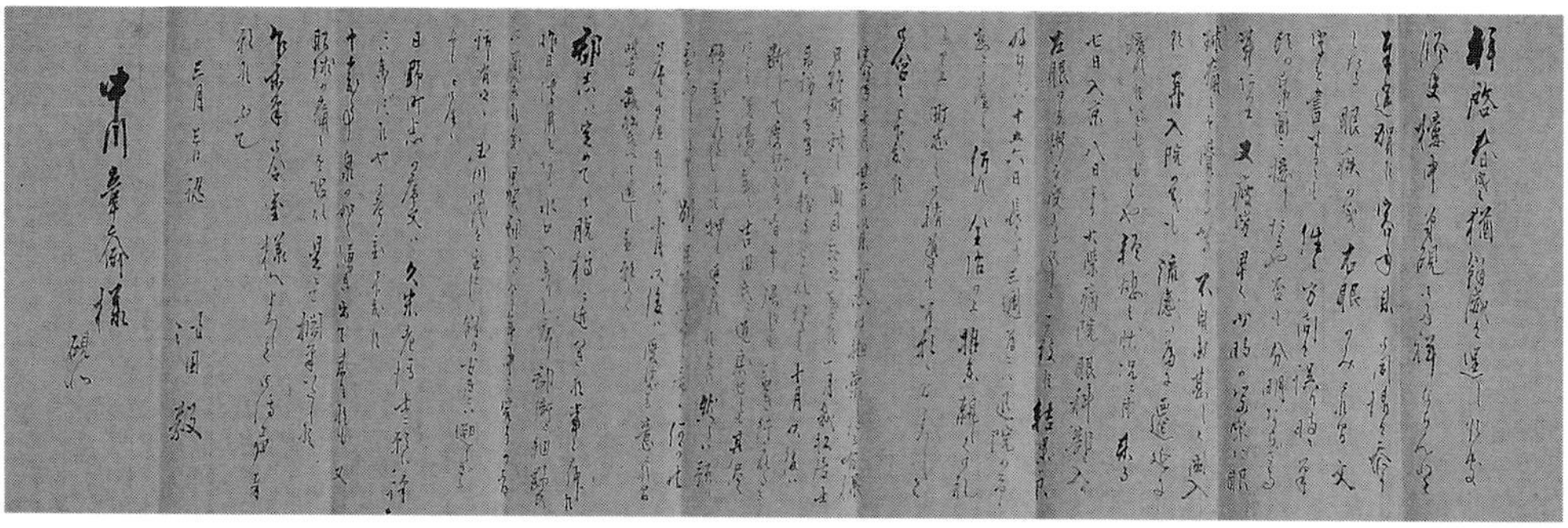

安48　池田毅書簡　中川泉三宛

大正８年（1919）秋の右目の疾患に引き続き、左目眼球に痛みを覚えたため、５日後の３月８日より、京都の大学病院で手術を受けることとなった旨を泉三に伝えた書簡。

三は、昭和四年（一九二九）十月、野田より「（愛智郡志が終わったのだから）今度こそは是非町志の原稿を整理して貰はねばならぬ」と責め付けられて、野田やすでにこの世の人でなくなった池田に対して「遺憾に堪へぬ」と述べている。約束通り泉三は翌五年（一九三〇）、池田の原稿を追補校正し『近江日野町志』上中下巻を刊行させるが、残念なことにその年の一月、刊行を待ちこがれた野田もまた、完成を見ぬまま世を去っていた。

八幡町史の編纂と刊行

八幡町は、日野町と同様、近江商人を輩出した歴史ある町である。その町志編纂のあゆみは、通観すれば日野町以上に長かったようである。梅村甚兵衛前町長が記した「町史編纂始末」によれば、その端緒は明治三十五年（一九〇二）の蒲生郡教育会による町村志編纂事業にあるということで、当時の八幡校長大島一雄と宇津呂校長黒田定太郎らが史料収集を行っていたが完成には至らず、成果は郡志に継承された。

大正七年（一九一八）には再度町志編纂が試みられ、町の教育界の故老である柴山勇が史料収集に取り組んだが、二年後の柴山の死去により中断。その後同十四年には、町長山本小太郎らが八幡町自治協会の事業として八幡町史蹟顕彰計画を立て、それと並んで町民事績調査のための史蹟編纂委員を置いた。しかし、事業は顕彰にとどまって、その後また中絶してしまう。

昭和六年（一九三一）に至り、町会協議会で八幡開町三五〇周年紀念事業としての町史編纂が三たび浮上。翌年から予算も計上しての編纂事業がようやく整った。即ち、泉三を顧問に据え、近松文三郎が編纂主任、町長山本小太郎が委員長で、一谷軍治八幡尋常高等小学校長以下七名を資料蒐集委員、書記北村繁治郎を事務担当とする体制である。ここで初めて編纂事業に泉三の名が現れるのであるが、実際には郡志編纂の関係もあり、それ以前から町志の関係者より、問い合わせや相談の書簡は泉三の元に多く寄せられていた。しかし、三年の活動の後、泉三は彦根町志に専念するため退き、近松も家事多忙で余裕がなくなったため、最終的に編纂は京都帝国大学副手の福尾猛市郎《たけいちろう》が担当することとなる。

日野町志以上に多くの曲折を経た『滋賀県八幡町史』は、昭和十五年（一九四〇）、上下二巻が完成するが、泉三はその前年に帰らぬ人となっていた。

『近江栗太郡志』の編纂と中川泉三

大西　稔子

栗太郡志の編纂過程

編纂事業に着手

　明治四十年（一九〇七）から大正二年（一九一三）にかけて編纂《へんさん》刊行された『近江坂田郡志』は周囲に大きなインパクトを与えた。明治四十五年（一九一二）、当時の栗太郡長沢信次郎は「本郡モ貴郡同様ノモノヲ編纂致候ト相考候」と、泉三に意見をもとめて書簡を送っている（栗18）。

　後に、栗太郡志の編纂は栗太郡会において大正十年（一九二一）に決定され、この年の十月から泉三を編纂主任として、事業が開始された（栗19）。

　編纂主任となった泉三は大正十年（一九二一）十一月、まず栗太郡内の村長や小学校長ら五人（後に一人追加される）の有識者を編纂委員として任命する（栗20）。次いで同年三月四日～五日、「史料展覧会」を開く（栗23）。これは郡内各地の寺社、個人が所蔵する資料を栗太郡役所で一堂に展観する、というイベントである。同年五月に発行された（栗20）出品目録には、後に滋賀県指定文化財となる金勝寺の制札（栗30）や、栗太郡を代表する名物、和中散の看板など一六〇〇件以上の資料があがっている（栗23）。実際にはこのうちの四〇〇点ほどが両日に展示されたとみられるが、それでもかなりの点数が出品された（栗20）。

　泉三が史料展覧会を開催するのは、このときが初めてではない。大正十一年（一九二二）に刊行された『近江蒲生郡志』や同十年（一九二一）頃に脱稿した「長浜町志」においても同様の史料展覧会を催している。

　史料展覧会には、さまざまな内容、さまざまな時代、さまざまな形態の資料が出品されている。郡内の多くの人に郡志編纂に必要な資料を理解してもらうには効果的である。史料展覧会は単なる展覧会ではなく、郡志編纂開始の告知と、資料提供を求める広報活動の側面を持つイベントであった。

　この展覧会の後、史料収集活動が本格的に動き出す。七月二十日、実際に地域で資料収集にあたる史料蒐集《しゅうしゅう》委員一六〇名を任命する（栗20）。郡内にはおおよそ一一〇の大字があるが、平均すると一大字に一～二名程度の配置である。採集する資料が地域で偏らないようにとの配慮であろう。

編纂の手順

　栗太郡志編纂では、資料収集の方法を「史料採集要目」（栗20）（以下、要目）「郡誌編纂各町村史料調査要項」（栗20）（以下、要項）にまとめている。要項や要目が作製された時期は定かではないが、大正十一年（一九二二）七月にはこの要項に沿う形で、資料が提出されているため、前述の史料展覧会前後には作製されていたのであろう。要目によると、調査項目は①古文書・古記録、②検地帳、③金石史料、④棟札・制札等、⑤土地・小字名など調査対象をおおまかに五つの項目で書き出している。要項では資料の収集方法、取りまとめ方などが示されている。たとえば「神社史料」の項では、神社の由緒書のほか、神社の名称、こ

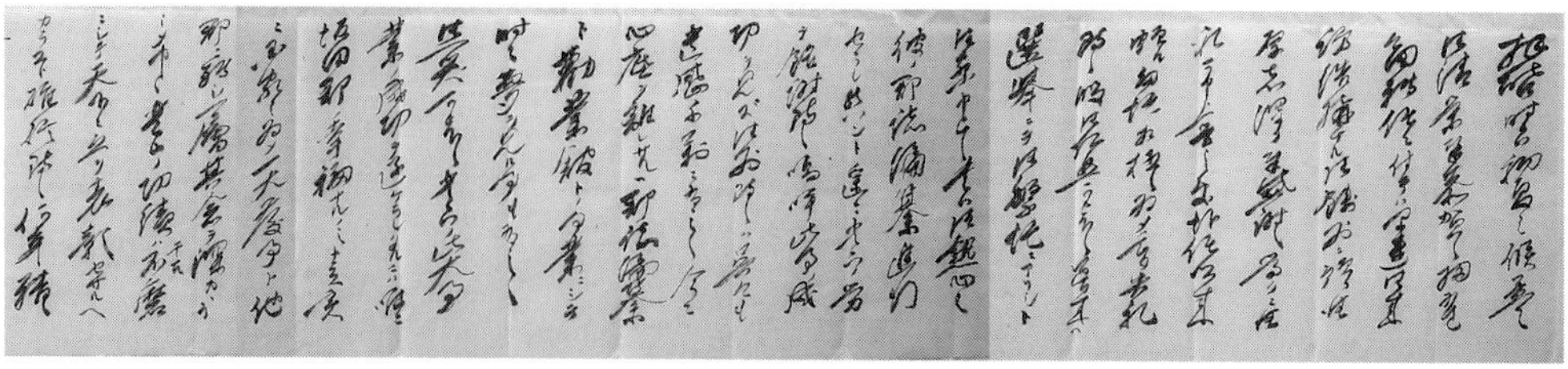

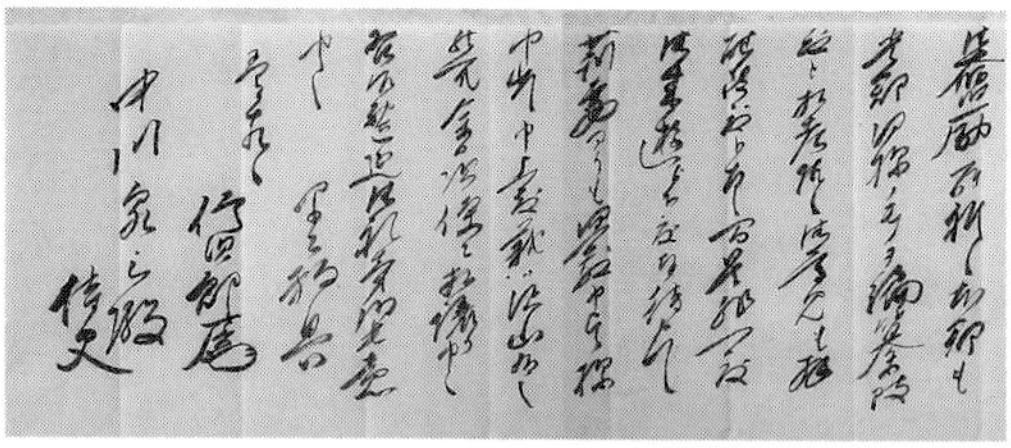

栗18　沢信次郎書簡　中川泉三宛

坂田郡長を務めた沢信次郎と泉三は旧知の間であった。また沢は大正元年（1912）３月～同７年（1918）３月まで栗太郡長を務めていた。これはその任期中に泉三に送った書簡。編纂が進む坂田郡志を羨ましいと述べ、栗太郡にも郡志を、と記す。

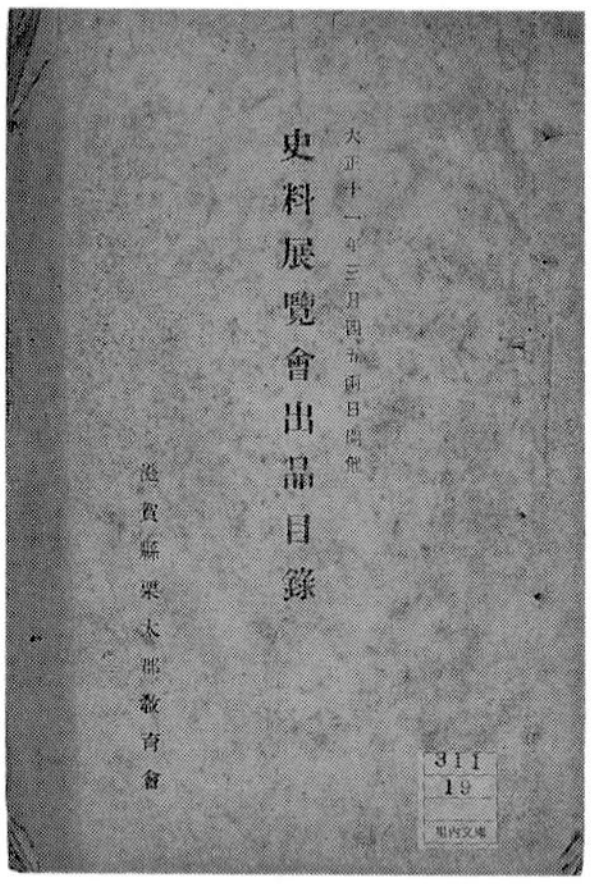

栗23　史料展覧会出品目録

栗東歴史民俗博物館蔵
（里内文庫コレクション）
大正11年（1922）、栗太郡教育会が開催した史料展覧会の出品目録。寺院の什物、家文書等多岐にわたる資料が出品された。郡志編纂に資料が必要なことやどんな資料が必要であるのか、展覧会に来場した人にわかりやすく訴えた。

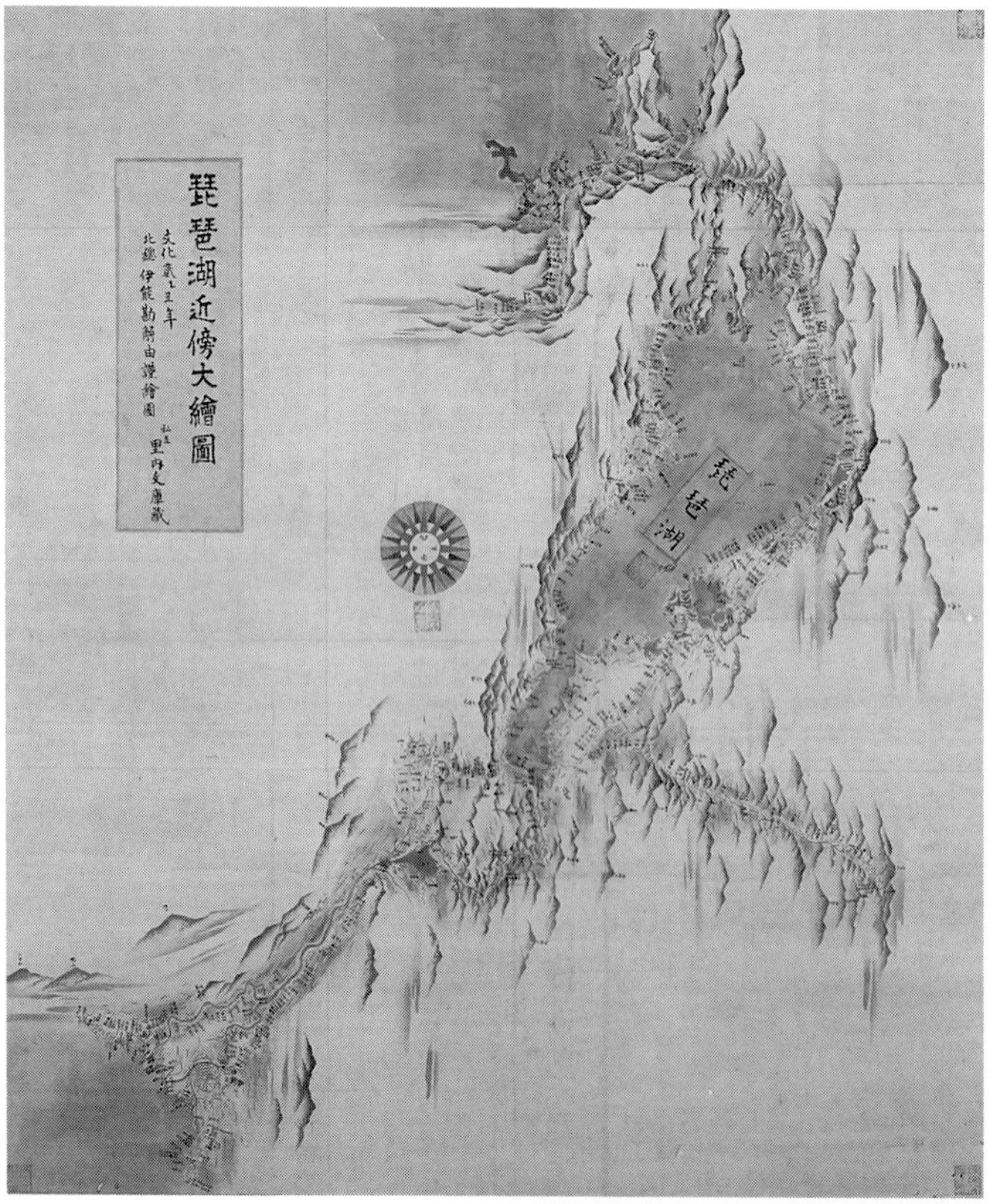

栗21　琵琶湖近傍大絵図

栗東歴史民俗博物館蔵
（里内文庫コレクション）
新聞記事でも大きく取り上げられた、史料展覧会での広告塔ともいえる資料。伊能忠敬が測量して作図した「琵琶湖図」の複製である。里内文庫が「琵琶湖図」を所蔵する伊能家の末孫に懇願して作製した。

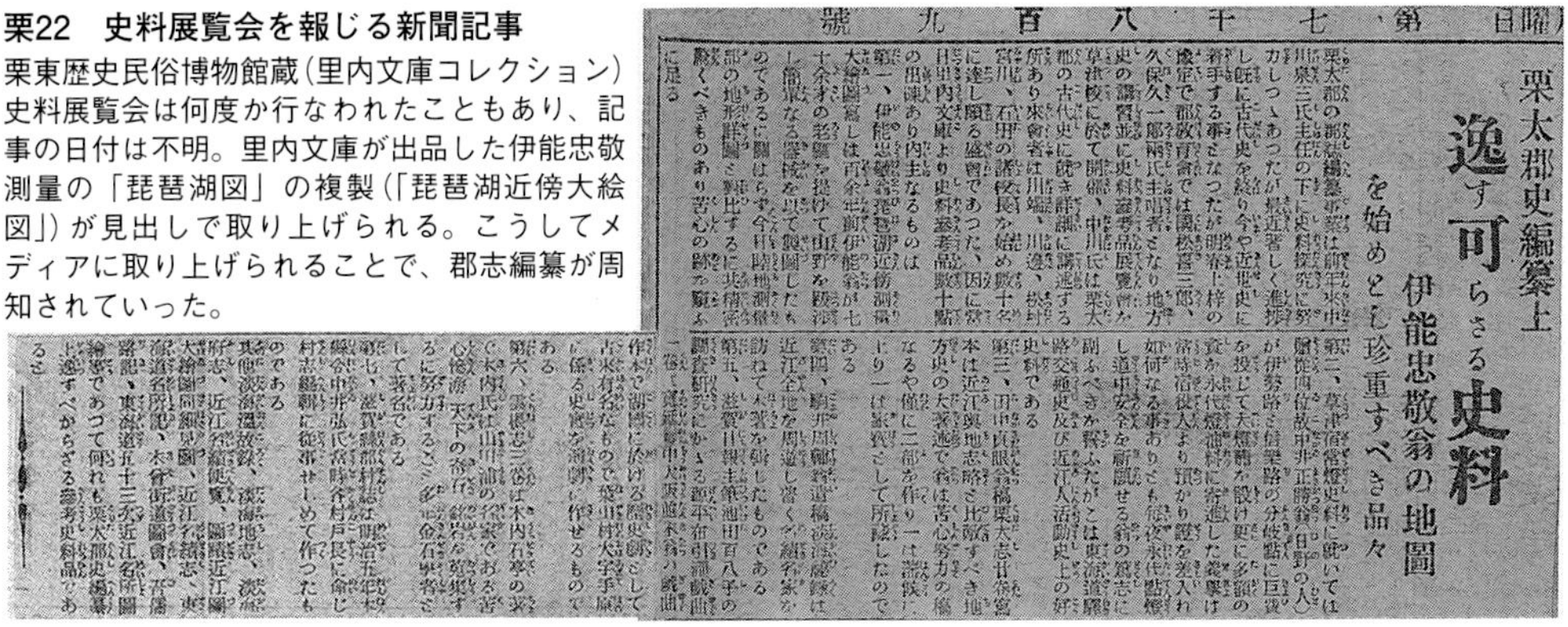
曜日　第七千八百九號

栗太郡史編纂上
逸す可らさる史料
伊能忠敬翁の地圖
を始めとし珍重すべき品々

栗22　史料展覧会を報じる新聞記事
栗東歴史民俗博物館蔵（里内文庫コレクション）史料展覧会は何度か行なわれたこともあり、記事の日付は不明。里内文庫が出品した伊能忠敬測量の「琵琶湖図」の複製（「琵琶湖近傍大絵図」）が見出しで取り上げられる。こうしてメディアに取り上げられることで、郡志編纂が周知されていった。

れは明治以前と以後で名称が変わっているようならいずれの名称も採録するように、など具体的な指示がある。また、資料の謄《とう》写《しゃ》にあたっては、原資料のまま、「我意をもって訂正を加えぬこと」「誤字脱字なき様厳密に校訂すること」と注意されており、こうしたところにも原資料の情報を重視し、原資料のまま郡志に収録することで多くの人がその資料を検討すべきと考えた泉三の姿勢がみてとれる。

資料調査は小学校区単位で行われたようだ。おそらく各大字では史料蒐集委員が要項にそって調査し、小学校長がそれらを取りまとめて栗太郡教育会へ報告した（栗26・27）。これらの報告は郡教育会を経て、泉三のもとへ届けられたと考えられる。

この最初の資料調査はいわば基礎調査で、この後史料蒐集委員が各字の寺社の什物《じゅうもつ》に記された銘文や墨書を謄写《とうしゃ》するなど、より詳細に資料収集を行った（栗26）。また新たに調査が必要な項目があると、その都度小学校区単位で取りまとめて栗太郡教育会へ報告している（栗27）。

泉三による史料調査

郡志編纂では資料収集の作業は地元郡内とその周辺の地域を対象にして行なうものと、東京帝国大学史料編纂所や京都帝国大学国史研究室など中世以前の文書資料を収蔵している機関を対象にしたものがある。

泉三は編纂事業の早い段階で東京・京都などに出向いて資料収集を行なったようだ。また、栗太郡やその周辺での資料調査も精力的に行っている。泉三の資料調査は精力的だ。栗太郡葉山村（現在の栗東市の一部）の史料蒐集委員を務めた里内勝治郎が残した「史料採集日誌」（栗24）にはその様子が克明に記録されている。例えば、ある日は午前八時半に勝治郎宅に到着し、勝治郎宅で系図や絵図などを模写、正午に東海道梅木立場の名物として知られた「和中散」の店舗の調査、その後近くの銅鏡出土地に向う。個人宅で昼食をとり、続いて高野神社、隣接する松源院を訪れ大般若経や神像、境内の石灯籠の銘文を調査し、午後五時からは出庭《でば》神社に移動して境内を調査、午後六時に調査を終了する、といった具合だ。「史料採集日誌」は主に勝治郎が担当した葉山村での資料調査が記録されているが、それだけにしても、泉三は何度となく、栗太郡に足を運んで調査を行なっている。こうして調査され、謄写された資料のデータは、大字ごとにＡ４判ほどの大きさに綴られ、泉三の手元に置かれた。

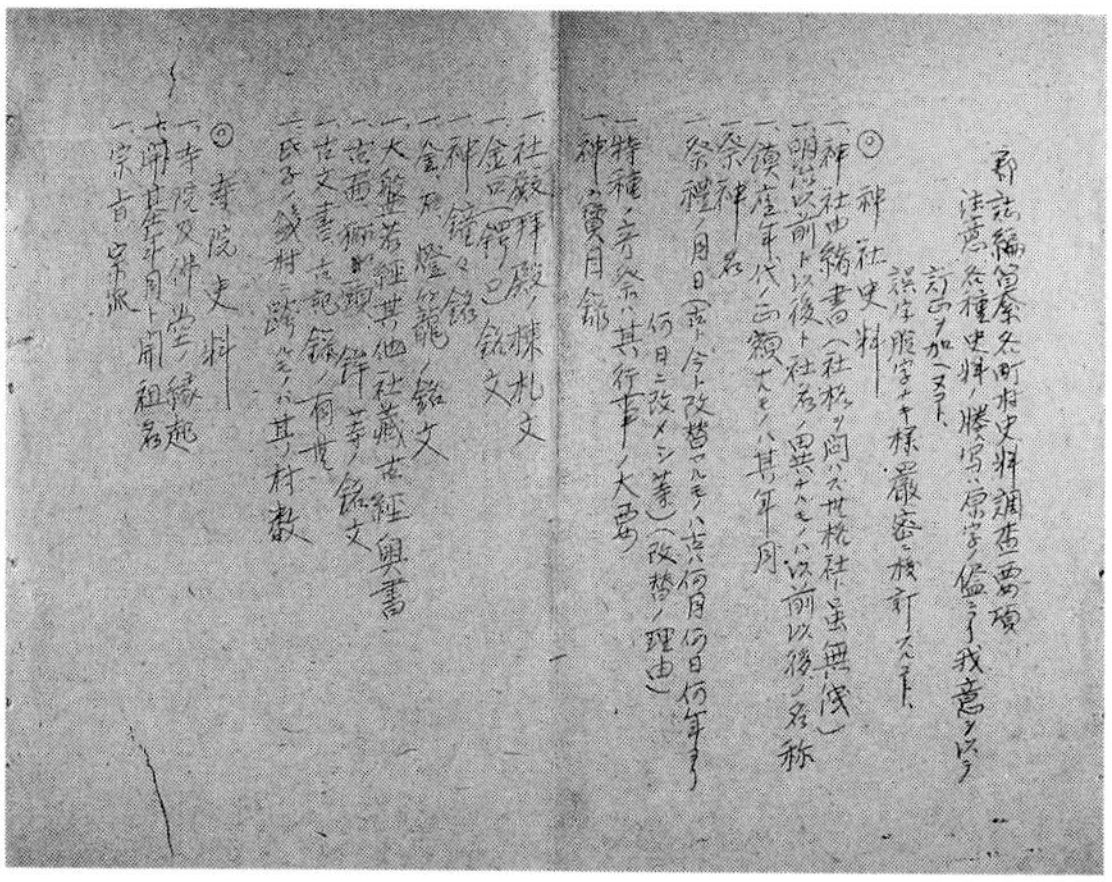

栗20　史料採集要目

栗東歴史民俗博物館蔵(里内文庫コレクション)

郡志編纂に必要な資料の収集について、調査項目や調査の方法を記したもの。編纂事業開始時に作製されたとみられる。

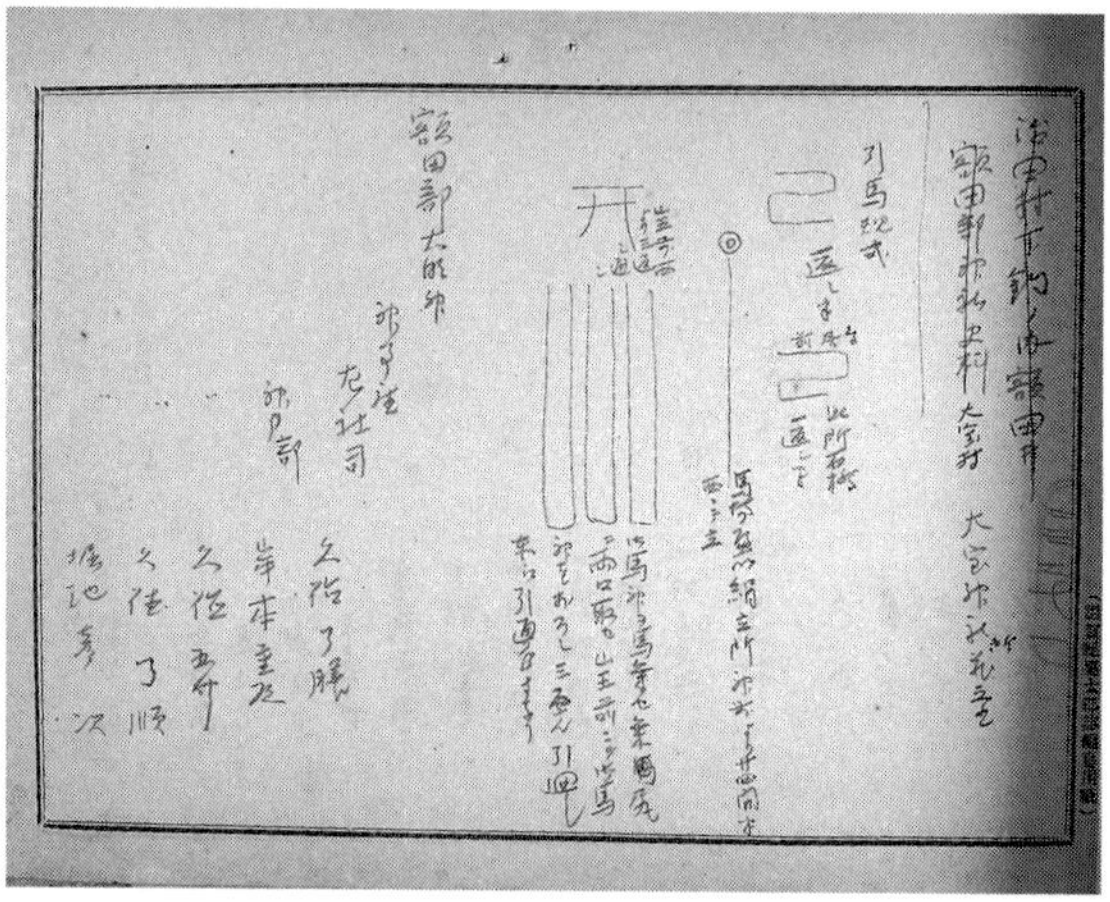

栗28　栗太郡志編纂史料　治田村採集史料

栗東歴史民俗博物館蔵(里内文庫コレクション)

里内文庫には「栗太郡志編纂○○村採集史料」と外題の付く綴りがいくつも収蔵されている。郡志編纂で謄写された資料が綴られているが、なかには上の「史料採集要目」の調査項目に沿った、各村の基礎調査資料が合冊されているものもある。基礎調査資料はいずれも大正11年(1922)7月付で各小学校長から栗太郡教育会に宛てて提出されている。資料の謄写はこの基礎調査の後、行われたとみられる。

泉三の執筆活動

泉三はこうして集まった資料集に基づいて各章の原稿を執筆したと考えられる。最も早く脱稿したのは第四巻の神社志、第五巻の寺院志などで、大正十四年(一九二五)は、第二巻の明治維新以後や第三巻の人物志、古跡名勝を残すのみとなった(栗20)。この年、印刷業社も岐阜県大垣市の西濃印刷株式会社に決定し、上記の項目を大正十四年(一九二五)度中に完成させて、編纂作業は終了することとなった(栗20)。翌十五年(一九二六)度は校正、刊行が目指された(栗20)。泉三が書き上げた原稿は、書記谷村伊平らへとまわされ清書された。原稿には写真図版や資料の翻刻文の挿入箇所が指示されており、書記によって仕上げられた。おそらく採集した資料集も書記の手元に届けられていたのだろう。書記はこれをもとに印刷業社に入稿する最終原稿を完成させたとみられる。

また栗太郡志序文によると、栗太郡条里図を國松喜一郎、栗太郡図を久保久一郎が担当し、作図していることがわかっている。

郡志編纂資料の行方

大正十五年(一九二六)、栗太郡志が刊

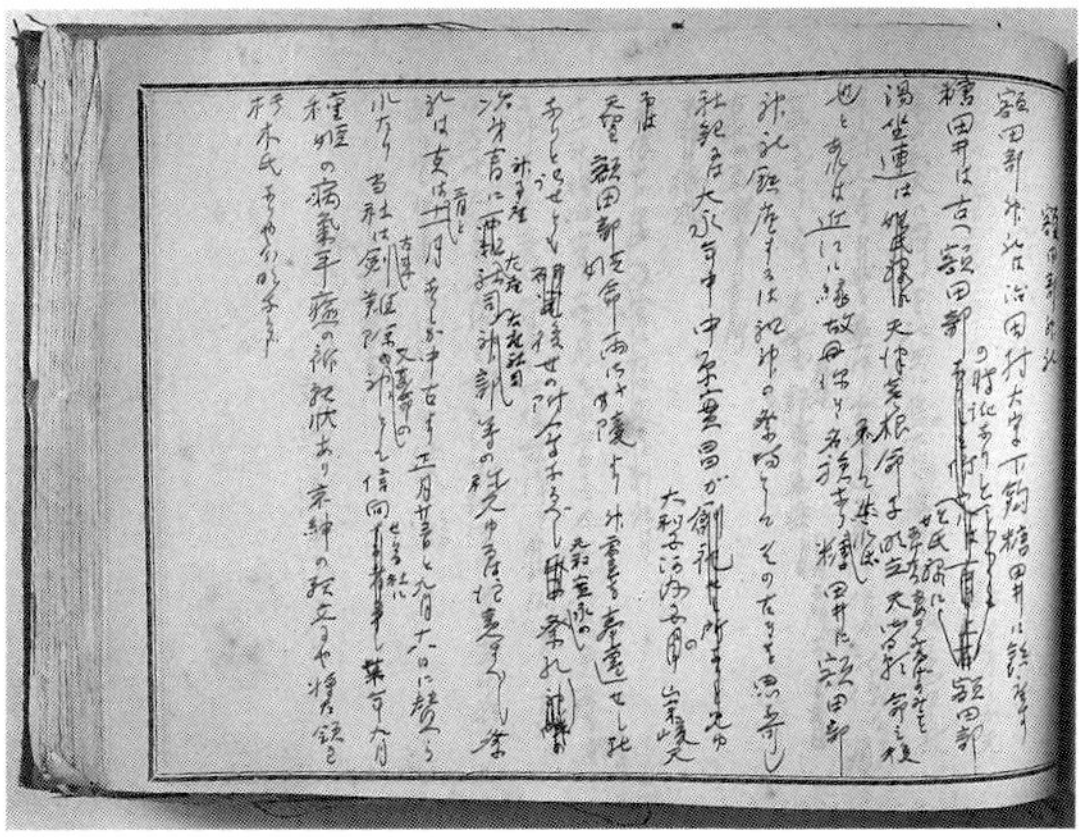

栗31　近江栗太郡志中川泉三手書原稿
栗東歴史民俗博物館蔵（里内文庫コレクション）
泉三の手書き原稿。ちょうど前のページに示した栗太郡治田村下鈎の額田部神社に言及している箇所。刊行された『近江栗太郡志』に採録されている資料部分について、泉三手書き原稿にはみあたらない。泉三の手書き原稿は箇所によっては写真挿入箇所が指定されている。原稿を清書した書記はそうした指示に従って、資料の翻刻文や写真を入れ込んで入稿原稿を完成させたのだろう。

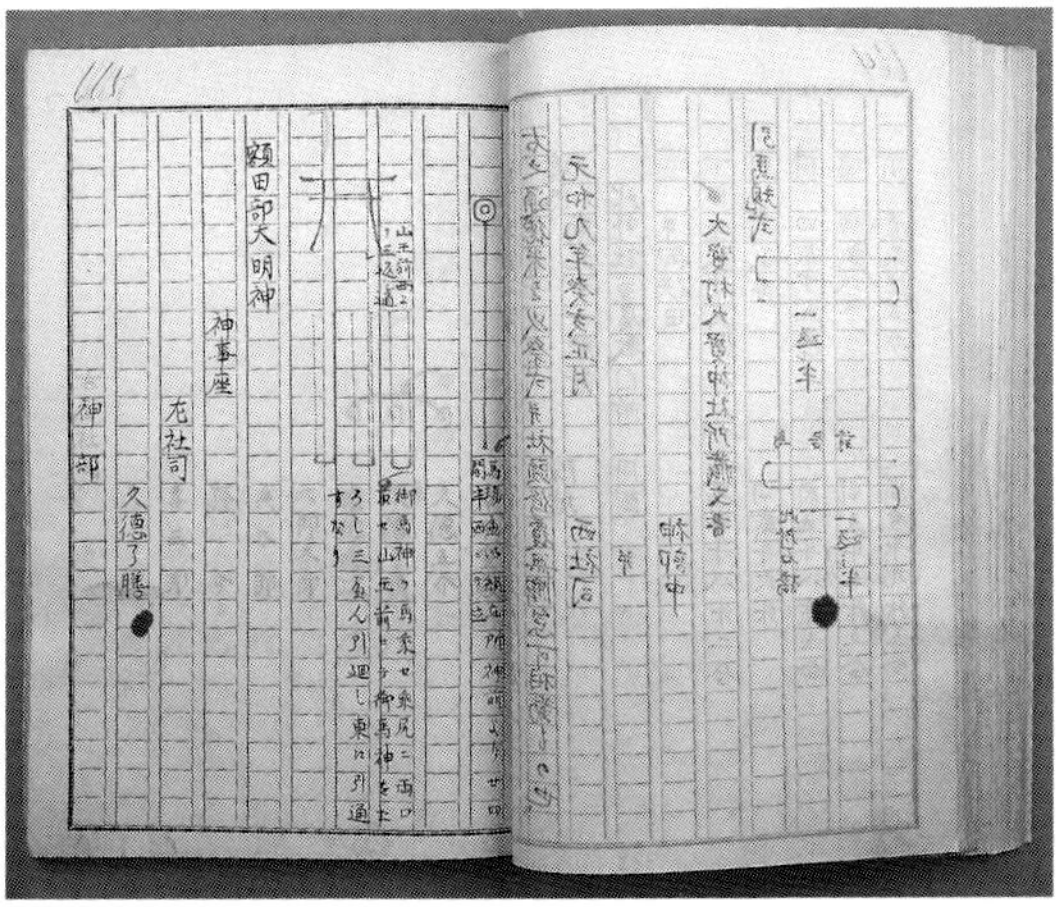

栗32　近江栗太郡志原稿
泉三の手書き原稿を書記が清書したもの。先に示した中川泉三手書き原稿と同じ額田部神社の項のページである。書記によって翻刻文が加えられている。手書き原稿には朱書で「校了」と記されており、書記による清書が終了したことを表しているのだろう。この原稿が最終的に印刷業社へ入稿されたものであろう。後に泉三は里内勝治郎に依頼され、郡志編纂関係資料を里内文庫に寄贈しているが、この書記清書による原稿については手元に残している。

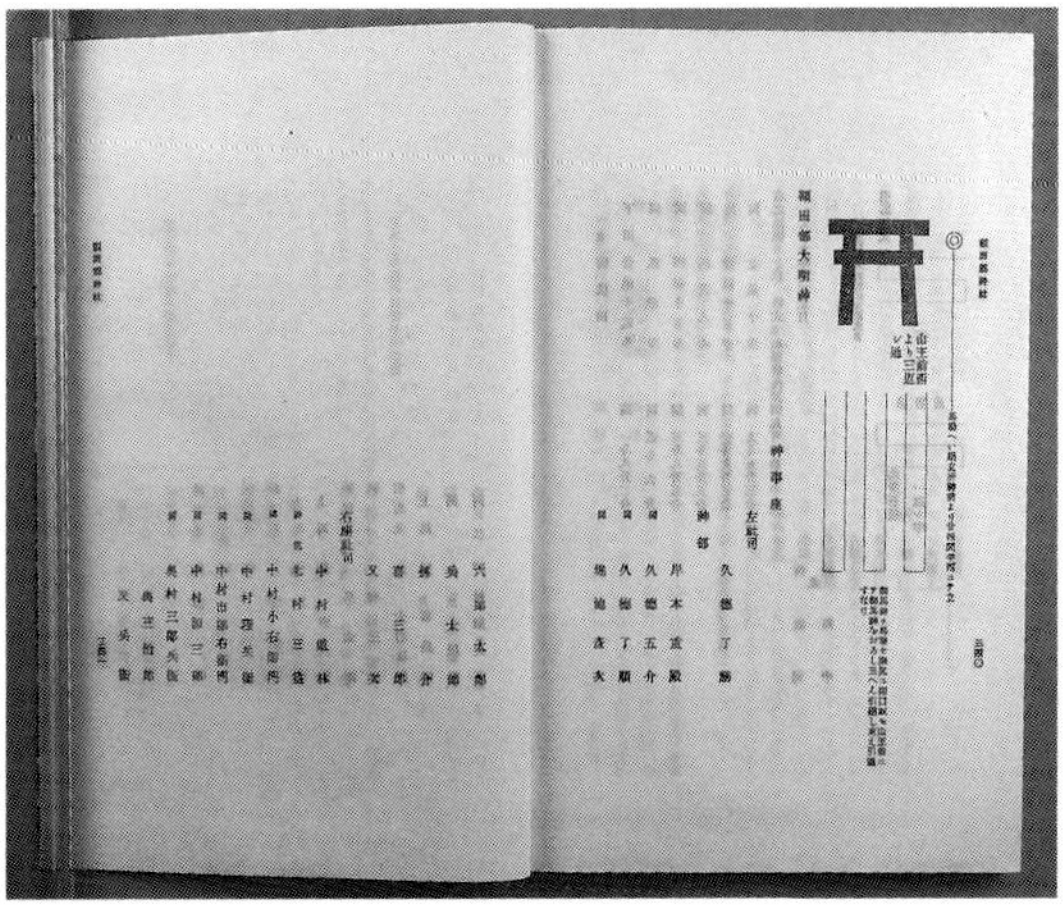

栗33　近江栗太郡志
『近江栗太郡志』の完成本。上に示した原稿の部分。

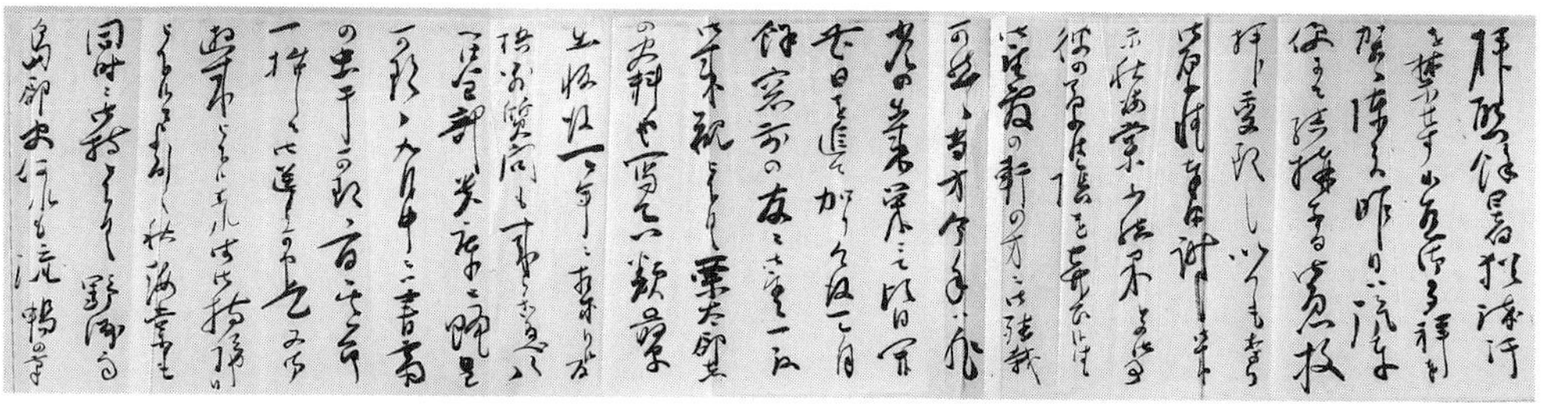

栗35　中川泉三書簡　里内勝治郎宛

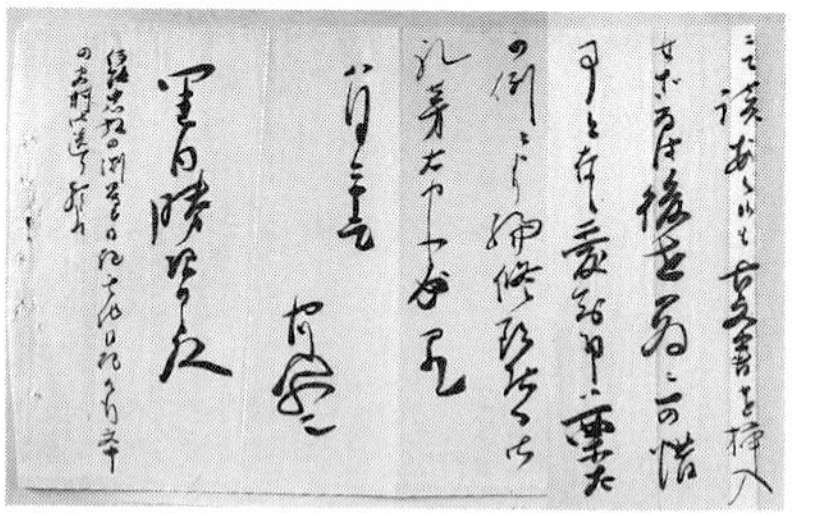

栗東歴史民俗博物館蔵（里内文庫コレクション）
昭和２年（1927）、謄写して収集された資料、泉三の手書き原稿など、栗太郡志編纂関係資料は勝治郎の求めに応えるかたちで泉三から里内文庫に寄贈された。書簡では刊行から1年が経過し、特に質問等が寄せられることもないため、泉三が寄贈に踏み切ったと記される。編纂事業が終了しても、泉三が郡志に対するレファレンスや資料の保存を行なっていたことが窺える。

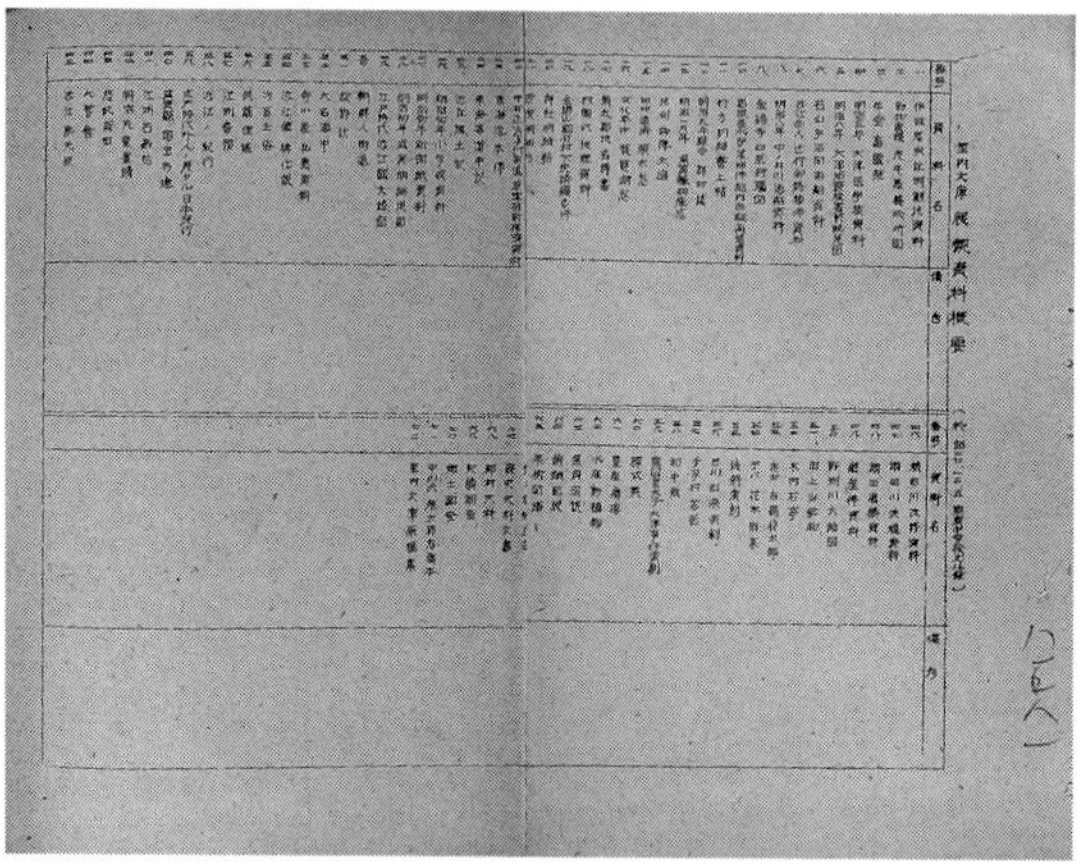

里内文庫展観資料概要

栗東歴史民俗博物館蔵（里内文庫コレクション）
里内文庫が昭和27年（1952）、近隣の栗東中学校で開催した収蔵資料展の目録。展覧会には72件の資料が出品されたが、このなかには中川泉三が手書きした栗太郡志の稿本も含まれている。残念ながら、昭和31年（1956）の勝治郎の死去に伴い、里内文庫は活動を休止するが、最後まで地域の歴史に対する愛着を育てたいという思いは変わらなかったのだろう。

行された。泉三は、完成した栗太郡志の内容やそれに対するレファレンスに責任を持って対応するつもりで、郡志編纂で謄写された資料や原稿、資料写真類を自らの手元で保管していた（栗35）。

　しかし、刊行から一年が経過し、レファレンス等が特にない状態が続いていたことで、昭和二年（一九二七）泉三は郡志編纂時に史料蒐集委員であった里内勝治郎の求めに応じて、資料の一部を譲った（栗35）。勝治郎が一般に資料を公開する里内文庫を運営していたことも、資料の有効利用という点で、寄贈に踏み切ったひとつの要因となったであろう。

　譲られた栗太郡志関係資料は、勝治郎自身の地方史研究に利用されたほか、里内文庫が地域の子どもたちを対象に主催した郷土学習の場でも利用された。

栗太郡志編纂が残したもの

久保久一郎による金勝十二景

　久保久一郎（一八八六～一九五七）は栗太郡志編纂において、大正十三年（一九二四）二月、前任の三上成章に代わって任命された編纂委員である。当時金勝《こんぜ》小学校長を務めていた久一郎は、就任早々積極的に村内

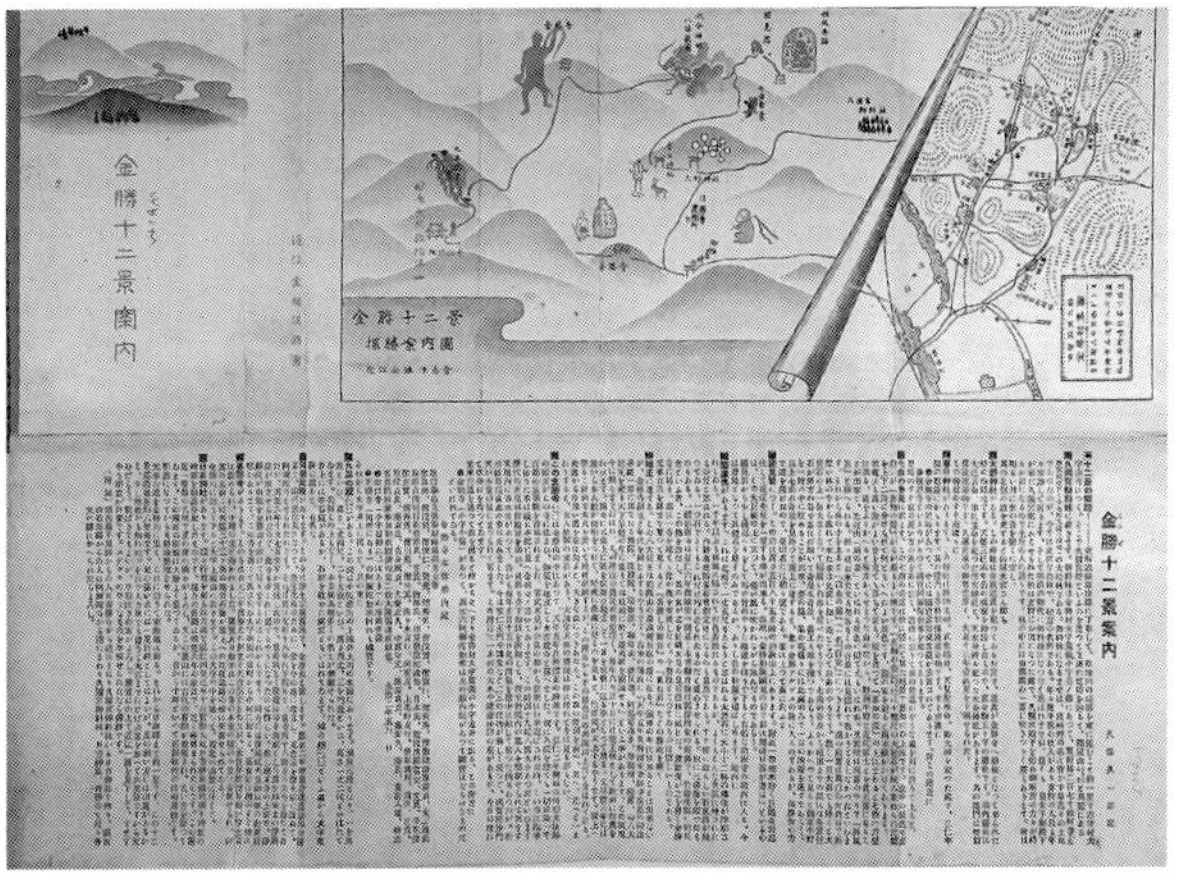

栗45　金勝十二景案内
栗東歴史民俗博物館蔵（里内文庫コレクション）
栗太郡金勝村の景勝地12ヶ所を選んだ金勝十二景。大正13年（1924）、栗太郡志編纂委員の久保田久一郎らによって選定された。近江金勝保勝会が作製したパンフレット、金勝十二景案内には久一郎が各景勝地を解説している。

の資料や史跡について、泉三へ報告を行なっている。栗太郡志編纂事業中の大正十三年（一九二四）、金勝村（現在の栗東市の一部）では近江金勝保勝会が組織され、村内十二ヶ所の史跡を選んで「金勝十二景」を選定、絵葉書や観光パンフレットを作成して大々的に宣伝した。このパンフレットに掲載された各史跡の解説文を記したのが、久保久一郎であった。泉三へあてて出した書簡からも、久一郎がこのキャンペーンにかなり深く関わっていたことがわかる（栗46）。

里内勝治郎による地域おこし

栗太郡志編纂において、忘れてならないのが、史料蒐集委員として泉三を支えた里内勝治郎である。勝治郎は、明治四十一年（一九〇八）に私立図書館里内文庫を開設した人物である。勝治郎が文庫設立の理念としたものは二つあり、ひとつは明治三十七～三十八年（一九〇四～〇五）の日露戦争とその戦勝を記念すること、そしてもうひとつは地方の開明に資することであった。地方開明のために、里内文庫では設立当初から講演会を開催し、地元の葉山小学校に児童文庫を開き、葉山村（現在の栗東市の一部）の外に向けては巡回文庫を開催するなど、さまざまな事業を行なってきた。そうした勝治郎の思想にも、泉三の地方史編纂を地域おこしにつなげるという考えは共感するところがあったのだろう。

勝治郎が取り組んだ地域おこしはいくつかあるが、代表的なものには「手孕《てはら》み伝説」や明治天皇聖蹟顕彰運動などがある。

「手孕み伝説」は、勝治郎の地元、葉山村手原《てはら》（現在の栗東市手原）に伝わる伝説である。女が手を産んだという内容のこの伝説は、江戸時代に人形浄瑠璃の演目、「源《げん》平布引滝《ぺいぬのびきのたき》」の物語の題材となった。この演目は後に歌舞伎でも上演されるようになった。郡志編纂中、勝治郎はこの演目に関する資料、上演中に劇場に掲げられた絵看板、劇場内で配られた番付、太夫が用いた丸本などさまざまな資料を収集している（栗47・48）。

残念ながら『近江栗太郡志』にこの伝説は収録されなかった。しかし栗太郡志刊行後も勝治郎が「源平布引滝」にかける思いは変わらず、昭和九年（一九三四）には大阪中央放送局（現在のＮＨＫ大阪放送局）が放送したラジオ番組「東海道演芸道中」において、同劇中の九郎助住家の段を上演、放送することを実現している（栗49）。放送実現にあたって勝治郎は各方面に働きか

栗47　源平布引瀧絵看板　栗東歴史民俗博物館蔵（里内文庫コレクション）
里内勝治郎が収集したもの。上演される劇場に掲げられたものと考えられる。勝治郎の地元、栗太郡葉山村手原と関係が深い、この演目が認知されるよう、勝治郎はさまざまな手段で広報している。

栗50　三世竹本津太夫
栗東歴史民俗博物館蔵（里内文庫コレクション）
里内文庫の残されていた三世竹本津太夫ら一行の写真。栗太郡内で松茸狩りを楽しんだのであろう。里内勝治郎は津太夫を通して、多くの源平布引滝関係資料を収集している。

ラヂオの東海道演藝道中
歡迎演藝大會
大正座
主催 大阪中央放送局
プログラム
「東海道演藝道中」現場中繼放送
開會の辭
挨拶
挨拶
歌
電波に乗つて
全日本に傳はる
郷土の誇り
秋の夜に開く
名流妙技の甘美境
休憩十分間
閉會の辭
滋賀縣ラヂオ商業組合の受信機記念大賣出し
滋賀縣ラヂオ商業組合加盟店
JOBKの移動放送車「マルコニー號」

東海道演芸道中チラシ
栗東歴史民俗博物館蔵（里内文庫コレクション）
昭和９年(1934) 11月11日、大阪中央放送局が放送したラジオ番組。東海道沿いの地域を全20回で東から順に紹介した。第15回目は草津町(現在の草津市草津) 大正座からの放送で土山･水口･草津･大津が紹介された。手孕み伝説がもとになった、「源平布引滝」九郎助住家の段は、「手原村の段」として上演された。

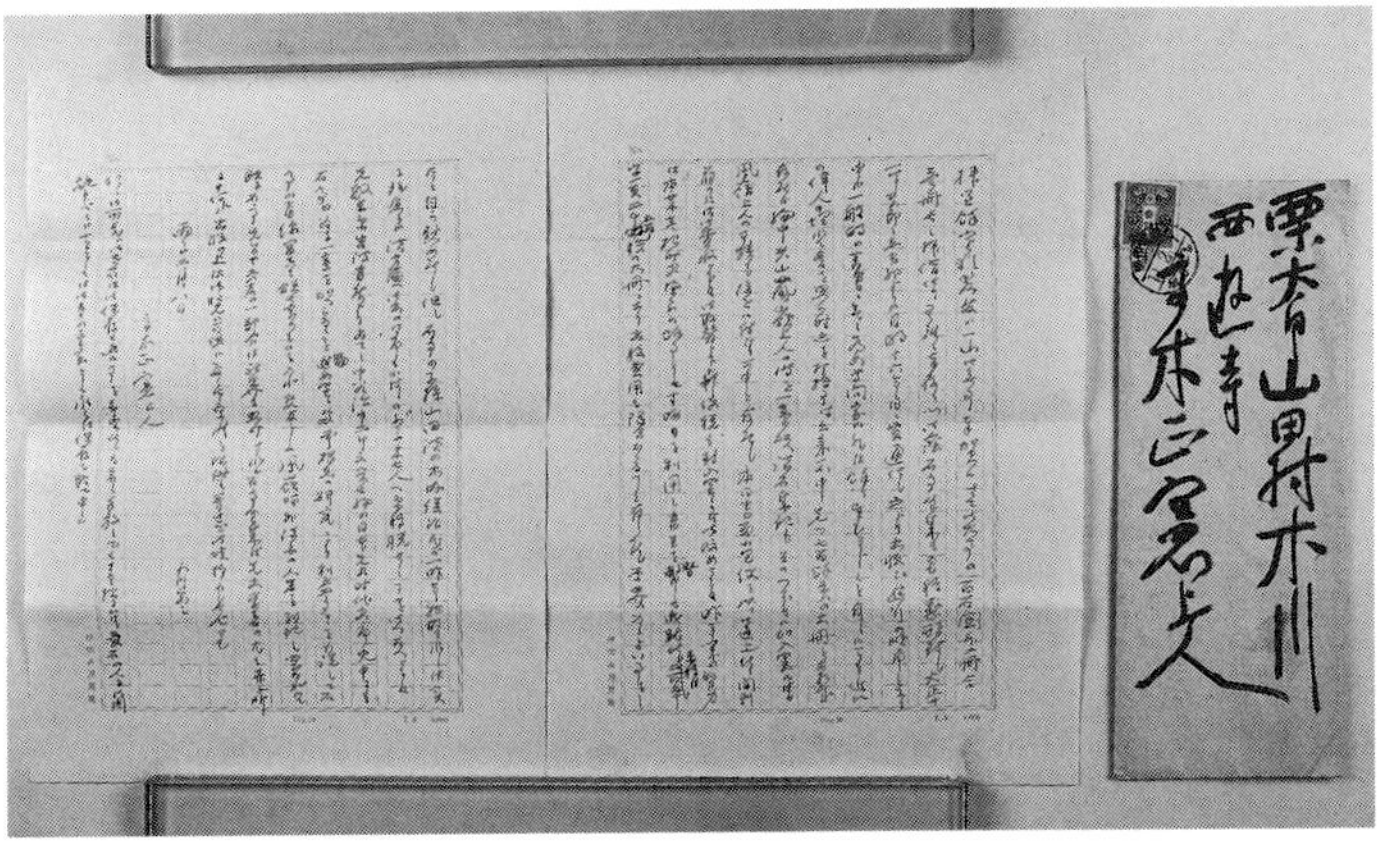

栗37　中川泉三書簡　高木正憲宛
個人蔵
高木正憲は木内石亭の弟子、西遊寺鳳嶺の末孫にあたる。木内石亭が収集した奇石類や著作は死後散逸した。まとまった資料は弟子の鳳嶺のもとに伝わったものがあり、石亭全集刊行に際してはこの資料を調査している。

けている。なかでも強い後押しをしたのは浄瑠璃の太夫、三世竹本津太夫であった。放送予定になかった「源平布引滝」が放送されるようになったのは、津太夫の数回にわたる放送依頼があったからであろう（栗49）。

また、明治天皇聖蹟顕彰活動は全国的に展開した運動で、勝治郎は特に地元葉山村での聖蹟顕彰に力を注いだ。聖蹟とは天皇が行幸した土地を指し、泉三も『近江之聖蹟』を著している。勝治郎もまた葉山村を中心に聖蹟を調査、昭和五年（一九三〇）には手原稲荷神社境内に明治天皇手原小休所顕彰碑を建立し、調査の成果を雑誌『近江と人』に何度も掲載している（栗16）。

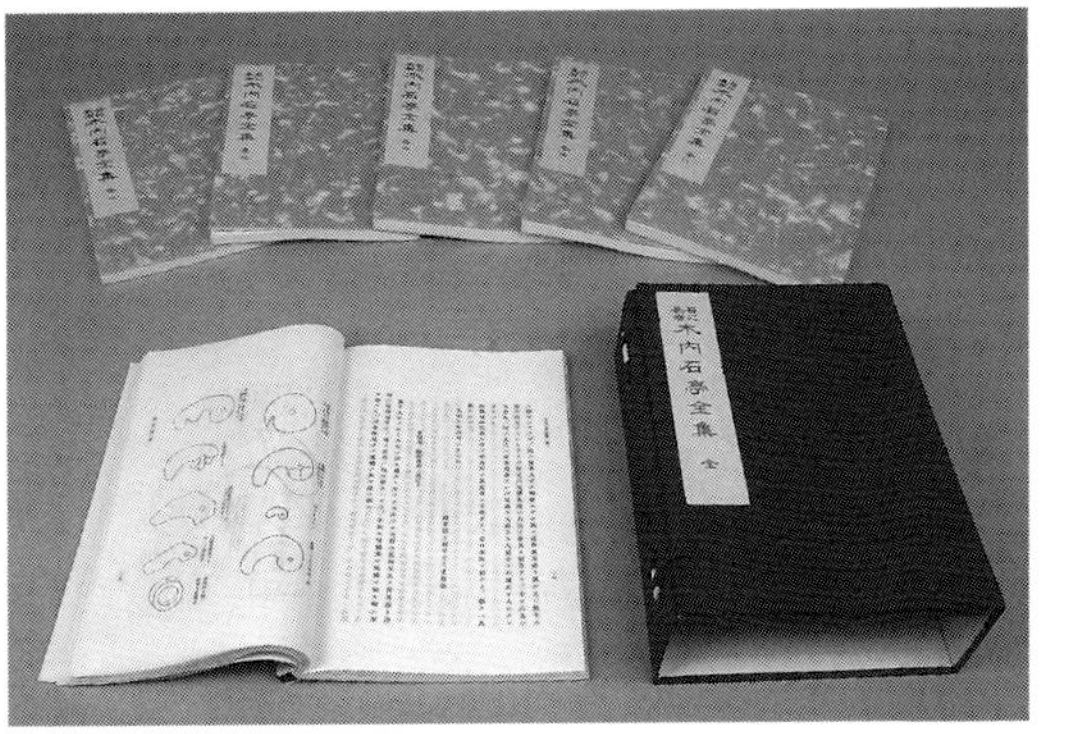

栗42　石之長者木内石亭全集

栗太郡志編纂後の泉三

栗太郡志編纂後の泉三には気がかりがあった。それは、郡志で取り上げた木内石《きのうちせき》亭《てい》（一七二四～一八〇八）である。木内石亭は、栗太郡北山田村（現在の草津市北山田町）の人で、石器・鉱物・化石など「奇石」を収集、研究したことで知られる。残念ながら石亭が収集した奇石類は、その死後散逸してしまった。

石の長者として知られた石亭であるが、著作のうち版行されていたのは『雲根志《うんこんし》』のみであった。泉三は郡志編纂を行なうなかで、石亭の著書を世に出したいと考えるようになった。そのため郡志編纂後も各地で石亭に関する資料を見つけると、その都度収集していたのであった（栗36）。一方で泉三は著書集の刊行はあまりに内容が専門的になりすぎ、これに応じてくれる印刷業社はないだろうとあきらめかけていたという。

この泉三の思いが実現に向けて動き出すのは、昭和十年（一九三五）のことである。泉三と旧知の間であった下郷傳平に著書刊行の計画を話したことがきっかけとなった。これにより石亭全集が傳平が理事長を務める下郷共済会から出版されることになる。

栗43ほか　西遊寺鳳嶺収集奇石類及び木内石亭著作物　個人蔵
中川泉三が石亭全集刊行に際して底本とした石亭著作物を含む、西遊寺鳳嶺収集資料。泉三はまとまった形での資料の保存を願っていた。現在は栗東歴史民俗博物館に一括で寄託されている。

この著作集刊行にあたって、泉三は郡志編纂中に調査した資料の再調査を行なった。かつて謄写した資料を再調査のため借用して内容を確認、校正段階で再度資料を借用して誤りがないよう、慎重を期している。

こうして昭和十一年（一九三六）には二五〇字詰に二五〇〇枚の原稿が成稿した。大部となることで、出版費用がかさむことを悔やみつつ、泉三は学界のためにはよいことをしたのだと、自らを慰めたという（栗38）。

昭和十一年（一九三六）、泉三が収集した『石之長者木内石亭全集』が刊行された。ここには石亭の奇石コレクションをまとめた「奇石産誌」や石亭が勾玉《まがたま》について分析した「曲玉問答」など、ほぼ全ての著作が収められた。これによって、石亭の事績を多くの人が知ることとなり、石亭の評価も高まったのだった。

この全集刊行について泉三は「是皆栗太郡志に因をなしたるにて如何に因縁にやと自ら思い居り候」と記している（栗37）。郡志編纂が栗太郡に与えた影響も大きかったが、泉三が郡志から受けた影響も大きかったのだろう。

今に伝わる泉三の遺産

中川泉三は郡志編纂やそれに伴う資料調査のなかで地域に残る資料を通して地域の歴史や文化を啓発し、資料が保存、継承されることを願っていた。郡志編纂後も同様で、資料の所蔵者に対し、資料を永く保存すること、それが叶わず手放すことが起こるようなら、泉三自らが代わりに保存してくれる人物を斡旋すると手紙を書き送っている（栗37）。

泉三が亡くなって七〇年を数える平成二十一年（二〇〇九）の現在、泉三が郷土資料収集を薦め、さらに郡志編纂関係資料を寄贈した里内文庫の蔵書は、里内勝治郎の死後数十年を経て一括して栗東町（現在の栗東市）へ寄贈され、栗東歴史民俗博物館に収蔵されている。里内文庫に残された資料は今でも地域の観光キャンペーンに利用されている。そして、栗太郡の歴史を知ろうとする人に多くの情報を与えてくれている。残念ながら栗太郡志編纂で採録・調査された資料のなかにはすでに失われたものもあるが、泉三が散逸を危惧した資料には今でも継承されているものもある。

中川泉三による栗太郡志編纂は、確実に歴史と文化という大きな遺産をわたしたちに遺している。

天然記念物
北花沢ノ花の木
平成21年（2009）6月22日撮影

『近江愛智郡志』の編纂と中川泉三

橋本 唯子　門脇 正人
三井 義勝　大木祥太郎

泉三と愛知郡の接点

花の木と泉三

花の木とは、カエデ科カエデ属の落葉樹である。日本の固有種であり、植物学上珍しい樹木であるとされている。愛知郡内には南花沢・北花沢（現在の東近江市南花沢町・北花沢町）に二株ある。付随する伝説について、『日本の霊樹　花の木由来』には「往昔聖徳太子（中略）百済寺御創立ノコトアリ（中略）此里ニ休息シ給フヤ御親ラ此霊樹ノ種子ヲ植ヱサセ給ヒ宣フテ曰ク我ガ弘ムル仏法末世ニ及ビ益々隆盛ニ赴カバ此樹モ亦年々ニ生長シ枝葉繁茂スベシト爾後年ヲ追フテ生育シ枝葉亦漸ク蕃ク遂ニ一大奇木トナルニ至レリ」とある（愛3）。

花の木に泉三がかかわる史料の初見は、郡志執筆前の明治四十三年（一九一〇）である。十月十四日付『近江新報』に、「世界の奇樹花の木」と題して泉三が寄稿している（愛1）。これによると泉三は、「柏原村史」編纂《へんさん》のため奇木を調査し、植物学の権威である牧野富太郎に教えを請うたところ、愛知郡の花の木について教示を受けたという。この稿では、続けて花の木の希少価値について記し、それでありながら「世人に知られざる事」を憂い、皇太子行啓の際には「此の千載一遇の好期に際し世界の稀樹花の木を撮影に付し殿下乙夜の覧に供し奉り往古より埋れ来りし我近江国の堀出し物たる珍木を九重の空に奏聞せらる、は実に本県の名誉ならん歟《か》」としている。

なおこの顛末について、『鶴駕奉迎記』には、次のように記述されている。「今回ノ行啓ヲ期トシ一枝ヲ伐リ採リ膳所中学校ニ於テ写真ト共ニ台覧ニ供シタルニ深ク御目ヲ留メサセラレ御駐泊所ニ於テ再度御下問アリ遂ニ東宮御所ニ御移植ノ思召仰出サレシモ非常ニ大木ナルガ為メ其事ノ望ミナキヲ言上シ取リ木ヲ以テ仔木ヲ育成シ献上スルコトニ定マレリ」、つまり泉三の希望したとおりに事は運んだのである。花の木は、愛知郡立愛知実業学校において育てら

絵葉書
中央上部は献上された花の木の分木

れ、苗木は東宮御所に献上された。当時の愛知郡長今井兼寛から泉三に送られた書簡には、郡民の歓喜のほどが記されている（愛2）。これらの献納が、住民にとって大きな誇りとなったことだろう。

分木の状況については、『北花澤の「花之木」』に詳述されている（愛5）。「元来無実無苗の樹なるにより郡農会の牧田技手、及び愛知実業学校教諭は共に南北両花沢の花之木より分木し挿木《さしき》、接木《つぎき》、寄接《よせつぎ》等種々の方法により農場に於て手段を尽し丹精を凝して培養せしに経過良好に成育し、苗長二尺に及ぶもの二株を得たれば同年九月一日愛知実業学校々庭に移し鉢植とし愛知川の白砂利を盛り十二日県庁に送りたり。」おりしも郡立愛知実業学校は、明治四十三年（一九一〇）四月に開校したばかりであった。分木は、その船出にふさわしい栄誉を背負って、「手段を尽」くされたに違いない。

この後、大正三年（一九一四）には花の木を顕彰し、由来を研究するなどの目的で、「花の木会」が設立される。「花の木会臨時事業計較《（画）》説明書」には、観覧道路の拡幅や、観覧者の休憩・宿泊のための花の木館建築など、大規模な計画が記されている（愛6）。この計画がどこまで実現したかは不明であるが、泉三による花の木顕彰をきっかけに、東宮御所への献納を果たし、またそれらによって世人がその価値を知り、観光資源としての活用を促した結果といえよう。これらは地域資産を郷土愛育成のツールとして、また観光資源として活用するなど、今日各地で目指されているまちづくり活動の萌芽を示している。章斎文庫には、花の木会の名誉会員証が残されているため（愛7）、泉三は名誉会員に任命されたのだろう。

またこの運動は、愛知郡長が積極的にはたらきかけていること、分木が郡立実業学校で行われていることなど、愛知郡の地域

愛7　花の木会名誉会員之証

花の木　ガラス乾板　愛荘町教育委員会蔵

資産といった意識が強いことが特徴である。泉三は大正十四年（一九二五）に愛知郡々志編纂主任に任命されるが、この花の木にかかる一連の運動に深くかかわったことが、泉三と愛知郡との接点となり、郡志編纂への足がかりとなったと考えられる。

なお『近江愛智郡志』は、花の木について、「古跡名勝付名木」中で小倉実澄《おぐらさねずみ》の墓などが数行程度であるのに対し、後述する花の木による造仏についての記述も含めると、一一ページ以上もの紙幅を割いて詳述している。（橋本）

花の木地蔵（木造地蔵菩薩立像）

日清、日露の二つの戦争を経て、産業の近代化は急激に進展したが、その結果、自然や文化財などの破壊を招くこととなった。

当時、我が国古来の建造物や宝物類は、「古社寺保存法」によって保存の途が講じられていたのに対し、史跡や名勝、天然記念物などの破壊は放置されていた。そのようななか、史跡や天然記念物については当時の自然保護思想の高まりと結びつき、各地で保存運動が生じた。

このような状相を重くみた政府は、大正八年（一九一九）、文化財の分類における

木造地蔵菩薩立像　1躯　個人蔵
素地・彫眼、江戸時代

記念物を対象とした「史蹟名勝天然紀念物保存法」を制定、施行した。

大正十年（一九二一）三月三日付で天然記念物に指定された「北花沢のハナノキ」「南花沢のハナノキ」であるが、前者については指定以前に折枝を以て造仏されたことが現存する文政十二年（一八二九）の「井伊直中公御自作地蔵尊御縁記」（「北花澤西澤甚五郎所蔵文書」）に縷述《るじゅつ》されている。

同文書によると、花の木の風損枝を以て造仏された像は二躯《く》あり、そのうちの一躯である観音尊像（木造聖観音坐像）は彦根市里根町にある天寧寺に安置され、残りの地蔵尊像一躯は甚五兵衛に下付されたことから、東近江市北花沢町の西澤家に伝存する木造地蔵菩薩立像に違いない。

同像は像高約九・四cm、円頂《えんちょう》、衲衣《のうえ》を着用し、蓮華座上に立つ（共木《ともぎ》）。小像ながら目鼻は勿論のこと、三道《さんどう》や衣文《えもん》、手足の指なども省略されず丁寧に彫出されている。右手は屈臂《くっぴ》して錫杖《しゃくじょう》を執り、左手は胸前に挙げて宝珠を持つ。なお、左手首先は後補であるが、造仏時の形制に倣《なら》うものと思われる。総体素地仕上であるが、眉、瞳には墨、唇には朱をおく。胸飾は朱彩などを用いて描かれる。

また、『近江愛智郡志』巻三、『北花澤の「花之木」』（愛5）には、花の木の造仏に言及した文化二年（一八〇五）の「北花澤西澤甚五郎所蔵文書」が掲載されている。同文書によると、文化二年（一八〇五）七月六日、西澤甚五兵衛は三十四年前の大風により被災した花の木の風損枝を以て阿弥陀如来像を造仏し、愛知郡松尾寺村（現在の愛荘町松尾寺）に生を受けた豪恕《ごうじょ》大僧正に開眼供養を依頼している。

この像については文書とともに、「北花沢共有文書」として現存するという指摘もあるが、その所在は明確ではない。しかし、花の木で造仏された像は三躯あった可能性が高いと思われる。

（三井）

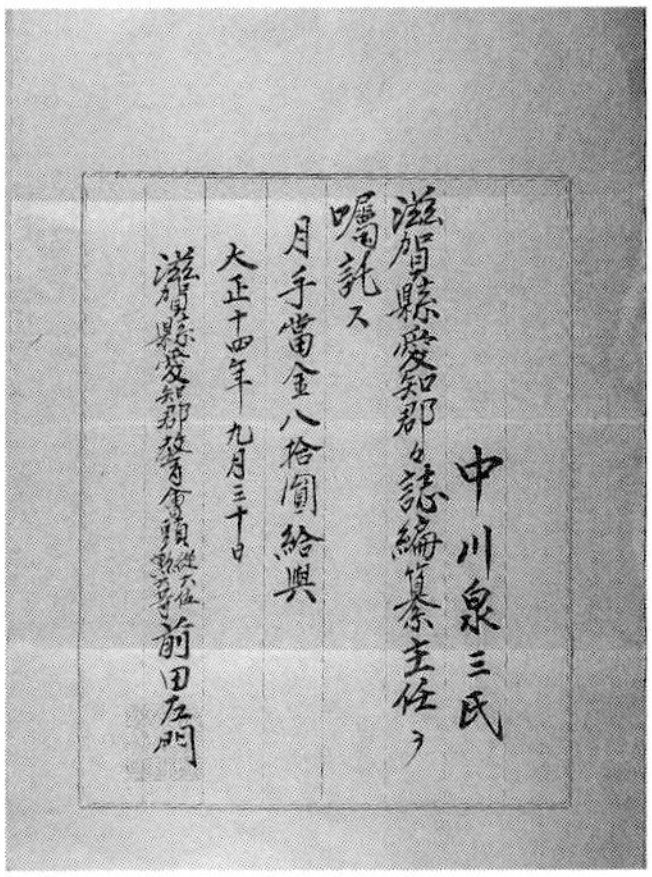

愛11　滋賀県愛知郡々誌編纂主任任命状

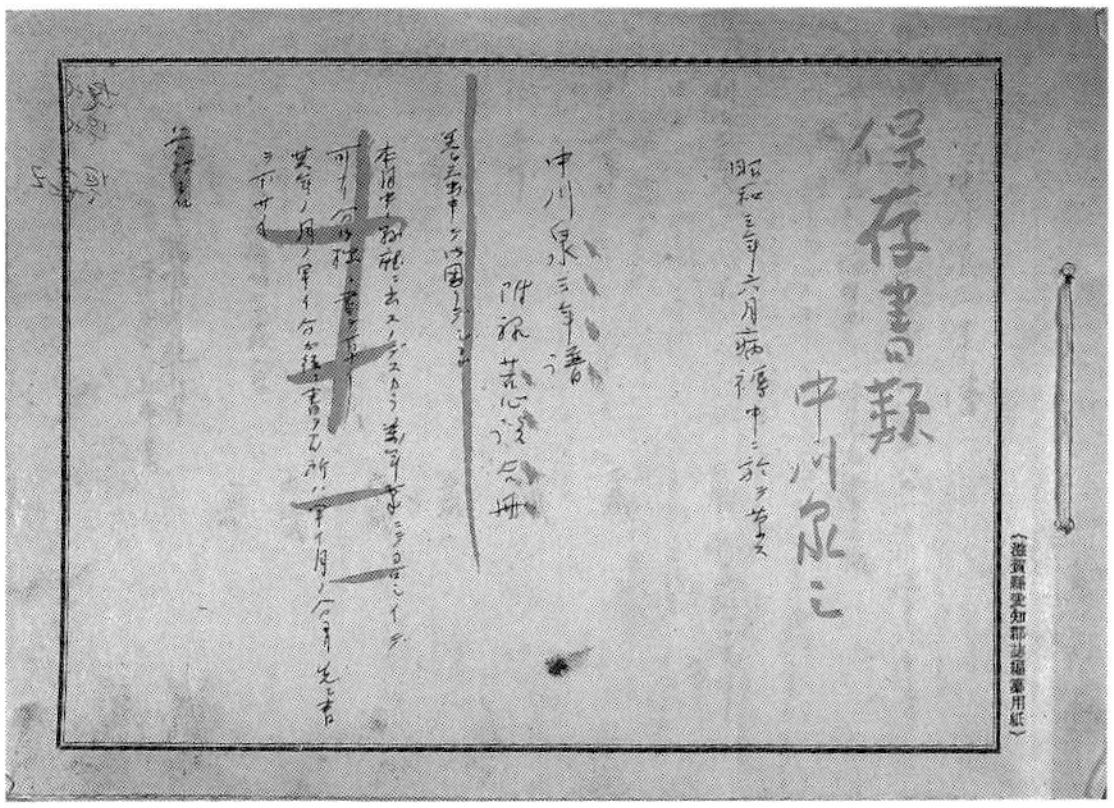

愛14　中川泉三年譜

『近江愛智郡志』の編纂

編纂事業

章斎文庫の中に「中川泉三年譜」（以下「年譜」と略記）がある。これには「昭和三年六月病褥中ニ於テ草ス」とあり、「滋賀縣愛知郡誌編纂用紙」に書かれたものである。その中の大正十四年（一九二五）の項には次のように書かれている。

大正十四年
十月一日近江愛知郡志編纂嘱託ヲ受ク蓋シ栗太郡志ノ業未た成ラズ頭脳疲労スルヲ以テ再三固辞シタルモ郡制廃止ニ付今其ノ人ヲ得サレハ編纂不可能ニ終ルニヨリ是非応諾サレタシトノ懇望ニヨリ終ニ需ニ応スルコトトセリ但シ栗太郡志完了ノ後ニ至リテ専心従事スルヲ条件トス

愛知郡志の編纂は明治三十九年（一九〇六）に郡教育会で計画された。『近江愛智郡志』の「序」には「明治三十九年澤信次郎氏が郡に宰たる時進言して郡史《ママ》編纂の議を決し爾来教育会の事業として各町村小学校に於て郷土誌を編し之を郡誌の基本に供すること、せり」と書かれているが、計画は中断されていた。

郡志の刊行については、「年譜」にもあるように「郡制廃止」が契機になっていた。大正十年（一九二一）原敬内閣は郡制廃止に関する法律を公布し、郡制は十二年（一九二三）に、郡役所は十五年（一九二六）に廃止となった（当時の愛知郡役所庁舎は現存している）。

大正十四年（一九二五）、愛知郡長前田左門・郡視学古市良吉が中川泉三宅を訪れた。

郡制廃止にともない郡志刊行の機運が高まり、坂田・蒲生・栗太郡志を編集し名声高かった泉三に編纂を依頼したのだった。古市《ふるいち》良吉から泉三宛の手紙（愛9）には、「三年間の継続（五、六年になっても承知）総経費六千円（概算）」などの計画が示されている。泉三は固辞したが、ついに承諾をした。

九月三十日付の「滋賀県愛知郡々誌編纂主任ヲ嘱託ス」という文書も残っている。「歳出内訳簿」（愛15）には月手当八十円の支払いが記されており、忙しい中でも講演会・資料収集委員会などに出席している。

さて、泉三が固辞した理由であるが、『近江愛智郡志』の「緒言」には「栗太郡志を

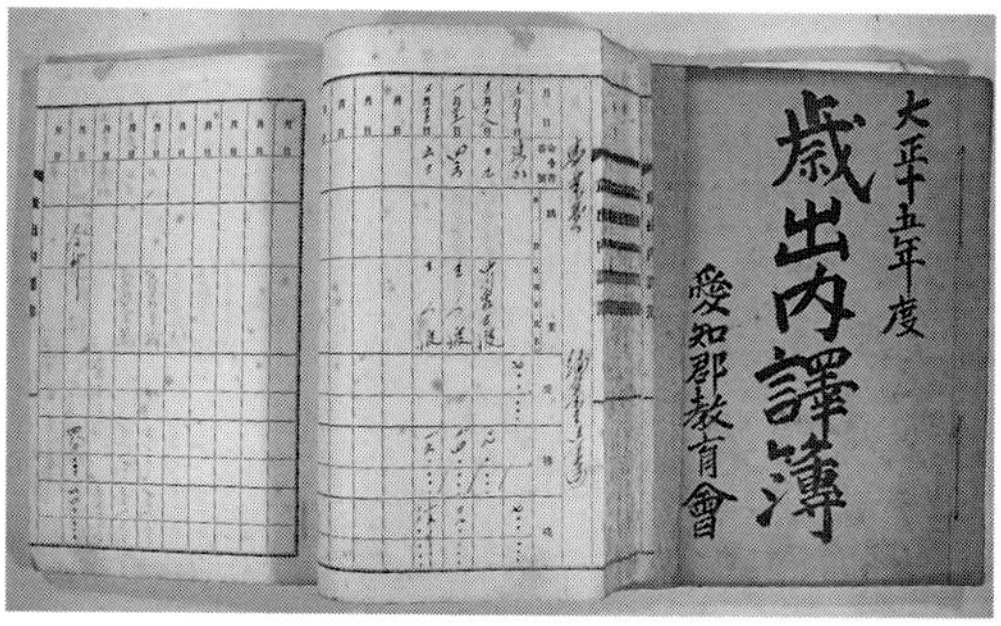

愛15　歳出内訳簿　旧愛知郡役所保管文書
愛荘町教育委員会蔵
事業費から編纂主任手当として80円支払われている。
また谷村伊平には筆生手当が支出されている。

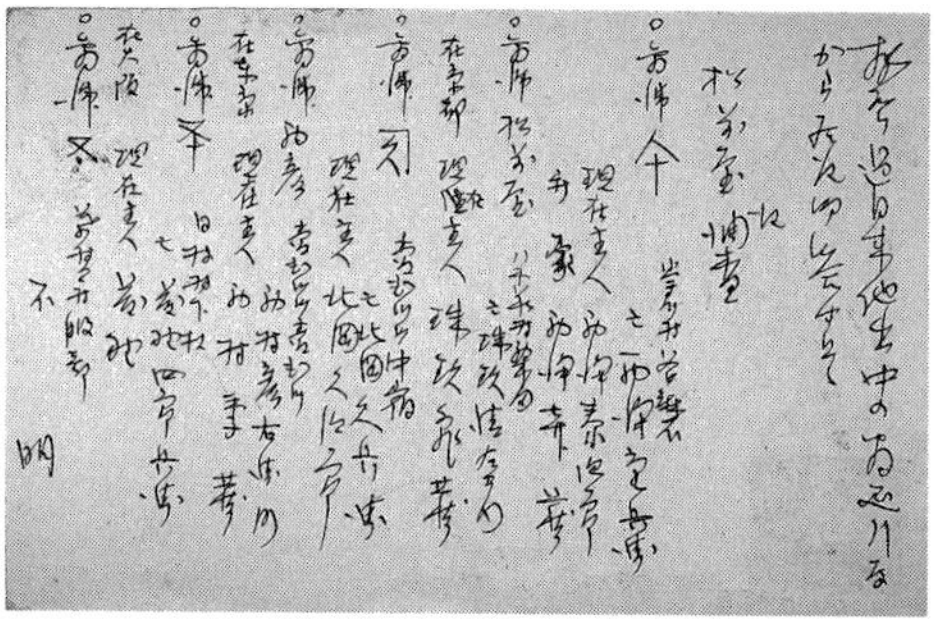

愛16　高橋省三葉書　中川泉三宛

脱せず且つ多年腹案する私著の計あるを以て一再之を辞退すれども両氏の懇勧遂に辞すべからず。私著を後日に譲り依て責を負ふこと、せり」とある。

「年譜」と「緒言」には、「頭脳疲労」と「私著の計」という別の理由が挙げられている。谷村伊平著の『中川章斎先生小伝』には「多年の研究により近江全国に通ずる私著を編纂す」るため辞退したと書かれている。

それらの理由を詮索することに意味があるとは思えないが、大正十年（一九二一）に栗太郡志の編纂を依頼されたときと比較してみたい。

「年譜」には「終始八年間ノ苦辛ニ心神疲労シタレハ暫ク休養シタキヲ以テ」辞退したとあり、『近江栗太郡志』の「緒言」には「今より暫く適意の生涯に入り閑に宿望の私著を遂げんと欲せし」と記していて、愛知郡志の依頼のときとの一致が注目される。

後述するように校正の作業は困難を極め、かなり疲れたようではある。この「年譜」が「昭和三年六月病褥中ニ於テ草ス」とあるように、病の中でかかれたこともあり、「疲労」の言葉が「年譜」では固辞の理由とされたと考えられる。まじめな人柄ゆえ断り、またまじめな性格ゆえ引き受けたのであろう。

校正については「年譜」に次のように記されている。

> 大正十一年
> 新年三ヶ日ヲ過クレハ蒲生郡志ノ印刷校正刷連日特便ヲ以テ持来ルヲ校正シ（中略）門ヲ出テザルコト半年四山ノ草木新葉ヲ出スヲ知ラズ
> 大正十五年　昭和元年
> 正月栗太郡志印刷開始六月中旬ニ至リテ刷成其間校正ニ従事シ足門外ニ出テサルコト五ヶ月餘

栗太郡志が刊行し、「七月ヨリ愛知郡志編纂ニ専心従事シ先ツ郡内各町村ヲ巡視史料調査ヲ行フ」（「年譜」）。

六月三十日付で九〇円の月手当となり、いよいよ本格的な史料調査を開始した。

（門脇）

事務局の体制

編纂にあたっては、主任である泉三によって精力的な活動がなされたことはいうまでもないが、それに加え、泉三を裏で支

愛知郡役所前で撮影された集合写真
ガラス乾板
愛荘町教育委員会蔵

下段左から３番目が泉三、上段右端が高橋、枠内右側が満島。
撮影時期は不明であるが、満島は昭和２年（1927）に退職しているために、別撮影となっていると考えられる。

える事務局体制が確立していたことを、ここで指摘しておきたい。愛知郡において泉三を支えたのは、主に高橋省三と満島延三の二名である。彼らは愛知郡教育会書記という肩書きであった。前述の「歳出内訳簿」にある俸給費から推測すると、高橋は編纂事業が本格的にスタートした大正十四年（一九二五）から、満島はその翌年から勤務している。

彼らの職務は、たとえば泉三の出張調査にかかる旅費の出納などといった事務作業はもちろん、調査先と泉三との日程調整など、細かな作業も多く、それらにかかる書簡類が、章斎文庫には膨大に残されている。加えて重要なのは、単なる事務員というだけではない、泉三の調査を助ける役割である。高橋から泉三に宛てられた葉書には、返答の延引を詫びた後に、「松前屋調査」として、愛知郡出身の商人の屋号や現在の主人の名前などが記述されている（愛16）。内容は詳細であり、専門知識を踏まえていなければ記すことができないもので、高橋の資質を示しているといえよう。

しかし高橋は、郡志刊行からわずか八年後の昭和十二年（一九三七）に、三十二歳の若さで夭折する。刊行後高橋は、県立愛知高等女学校に勤務した。死去後に印刷されている女学校の同窓会誌『愛聲』には、愛知川町寶満寺《ほうまんじ》（現在の愛荘町愛知川）において執り行われた告別式に、約七〇〇人が参列したことなどが記されている。葬儀は弟である高橋準一によって行われた。章斎文庫に残る、準一から泉三への後日の礼状には、「鄭重《ていちょう》なる弔詞を忝《かたじけな》くし」とあり、泉三が弔詞をしたためたことがわかる。

時を現在に置き換えると、彼らの職務は学芸員のそれに近いものである。学芸員は、「雑芸員」と揶揄《やゆ》されるほど煩雑な職務に追われることが多い。彼らと同じ地域で職を同じくしながら、史料をひもとく中で、時には彼らを同僚のように身近に感じた。泉三や郡長らと並び写る上の集合写真には、教育会書記ではなく「編纂補助」として、彼らの氏名が付されている。その一語に、彼らの功績が含められているように思えてならない。

（橋本）

史料収集のシステム

中川泉三の『近江愛智郡志』編纂方針は単純に本の発行だけを目的とするものではなく、収集された史料のその後の保存や活用をも念頭においたものであった。

こうした編纂方針は編纂過程において最も重要で多くの時間と労力を費やす史料収

愛17　愛知郡誌編纂資料　中宿自治会文書
愛荘町　中宿自治会蔵

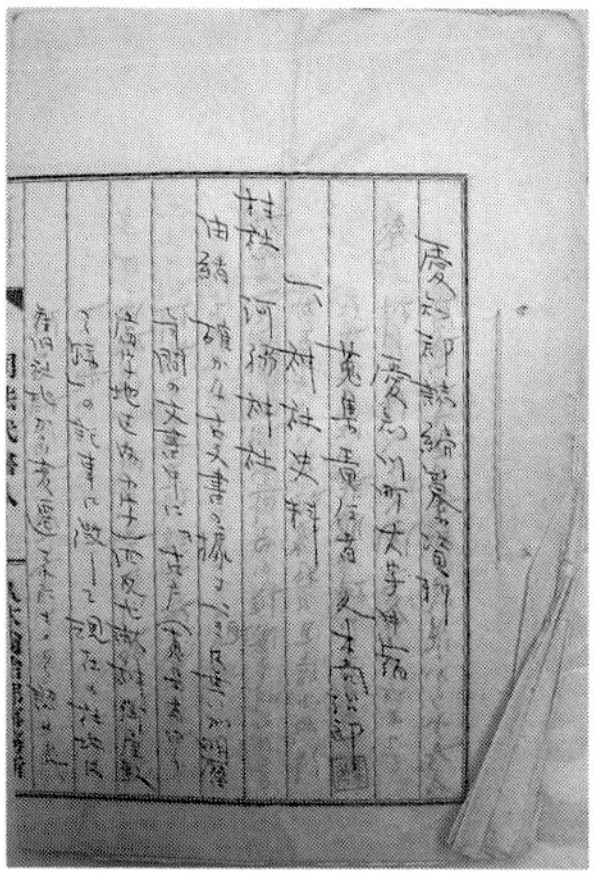

愛18　昭和初期に金剛輪寺を訪れた泉三　ガラス乾板
愛荘町教育委員会蔵

集にも反映されており、地域住民や地域行政の協力をうけて膨大な史料情報を効率的に収集、整理できるシステムを確立していた。

具体的には、おおよそ六方向（各集落の担当者・有力社寺・各小学校長・収集家・各役場・編纂事務）から収集した史料情報を愛知郡教育会の編纂事務が集約して泉三に届けられた。

泉三はそれらを基礎史料として執筆し、または直接現地調査に赴く材料として推敲して『近江愛智郡志』に結実していく。

では、具体的事例から史料収集のあり方を見てみよう。

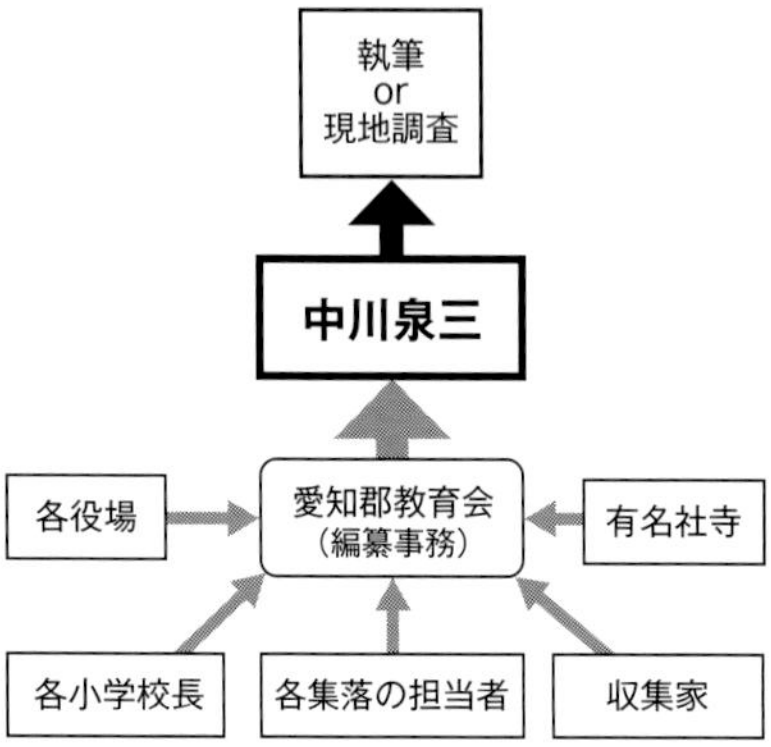

史料収集のしくみ

①各集落の担当者

愛知川町中宿《なかじゅく》（現在の愛荘町中宿）では、米穀商を営んだのち、司法代書事務所を開き中宿に住んでいた久木尚治郎が収集責任者となり、情報をまとめ「愛智郡志編纂資料」（愛17）として提出している。

その項目は一、神社史料（河脇神社）二、寺院史料（蓮泉寺・延寿寺・地蔵堂）三、土地史料（検地帳・小字図など）四、人物史料（高田吉兵衛・田中源治など）五、雑（水論関係の古文書など）となっている。個々の情報について不確かなところは「たしかなる古文書に拠るべきは無いが」と断りつつ慎重に報告していることがわかる。

②有力社寺

地域の有力社寺には、住職や宮司から情報提供を受け、より詳細な調査が必要な場合には泉三が直接出向き現地調査を実施している。

愛荘町松尾寺にある金剛輪寺について、後に泉三は「愛知郡秦川村の金剛輪寺に於て大正十年に十二点の国宝指定を受けしは、大正八年蒲生郡志史料調査の為め同時に詣てし時の発見の結果なり」（『中川泉三著作集』第六巻「史料採集苦心談」）と述懐する。

こうした調査成果が上がるのも泉三自身が神社仏閣の管理者でもある住職や宮司と

愛20　森野繁治郎　個人蔵

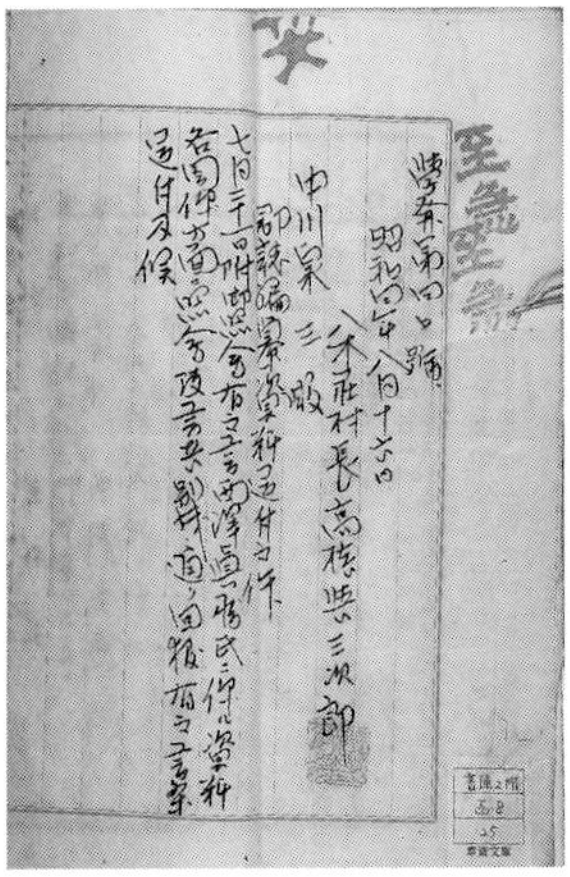

愛24　提出された西澤眞藏の資料

直接的な信頼関係を構築していたからにほかならない。章斎文庫には愛荘町豊満《とよみつ》にある豊満神社の宮司豊満政雄との公私を問わない多数の書簡が残されており、編纂者と調査対象である神社の宮司という立場を越えた親交の深さを知ることができる。

③各小学校長

愛知郡内の各小学校長も史料収集の一翼を担っていた。当時、愛知川小学校長の井崎角左衛門は、神崎郡御園《みその》西小学校長の森野繁治郎に対して史料捜索を依頼した。しばらく経つと、森野から井崎宛に一通の手紙が届いた。そこには「此程古箱整理の結果、古書類相当多数発見いたし候に、就いては価値の有無は判明いたさず候も、若しおかまい下さらずば、一度主任者の中川様にでも御来調願えば結構など存じ候」（愛19）とあった。

森野家は代々愛知川村に住み弥右衛門を名のり庄屋役や彦根藩御用人を務める傍ら、木綿・呉服を商う近江商人でもある愛知川でも名門の家であった。このとき確認された古文書類は泉三自身が、大変興奮した旨を調査日誌に記したほどの一級の史料群で『近江愛智郡志』中に「森野繁治郎氏記録」として掲載されている。

特に、寛永元年（一六二四）より元禄十二年（一六九九）までの愛知川村の諸事件をまとめた「来歴一覧表」と元禄十一年（一六九八）に愛知川宿の出来事をまとめた「当宿調法記」については泉三より「今次本誌に当り愛智川宿駅の事績を明らかにする実に此二冊による」と評される史料であった。

④収集家

郡志編纂のための収集活動は個人の骨董収集家、好事家、郷土史家にも広がっている。その例を東浅井郡速水村青名（現在の湖北町青名）に住した南部晋《すすむ》を例に紹介する。

南部晋（一八五二〜一九一四）は滋賀県下の神職を務めながら、各地の古文書や古記録を収集した郷土史家で、収集した古文書は「南部文書」として有名である。

愛知郡長今井兼寛より南部晋に宛てた手紙には「近日、本郡誌編纂に着手候処、材料収集上困難を極め居候折柄、貴下の夙に歴史研究の心を注かれ、殊に県下の史蹟には頗る通暁せられ候趣承り候、就ては来る廿六日、郡誌編纂委員二名貴宅訪問致させ候間」（愛22）として史料収集への協力を請う手紙が出されている。

⑤各役場

各役場が自身の行政区内の歴史情報をま

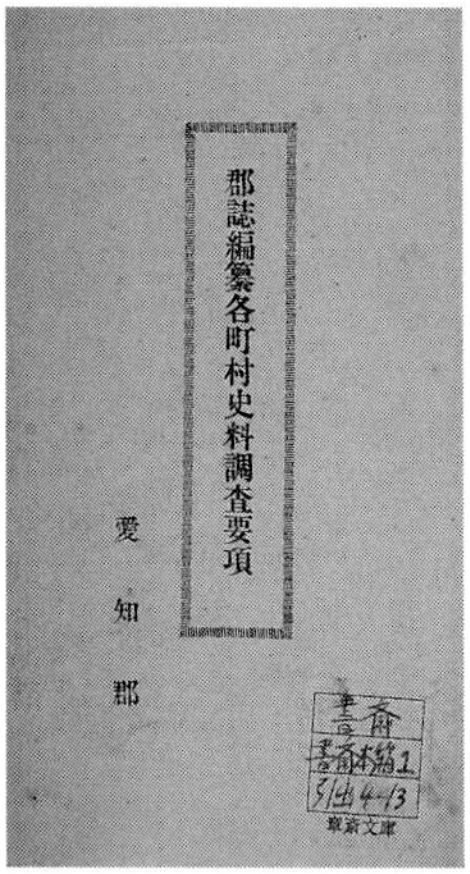

愛26　郡誌編纂各市町村史料調査要項
愛知郡の表紙

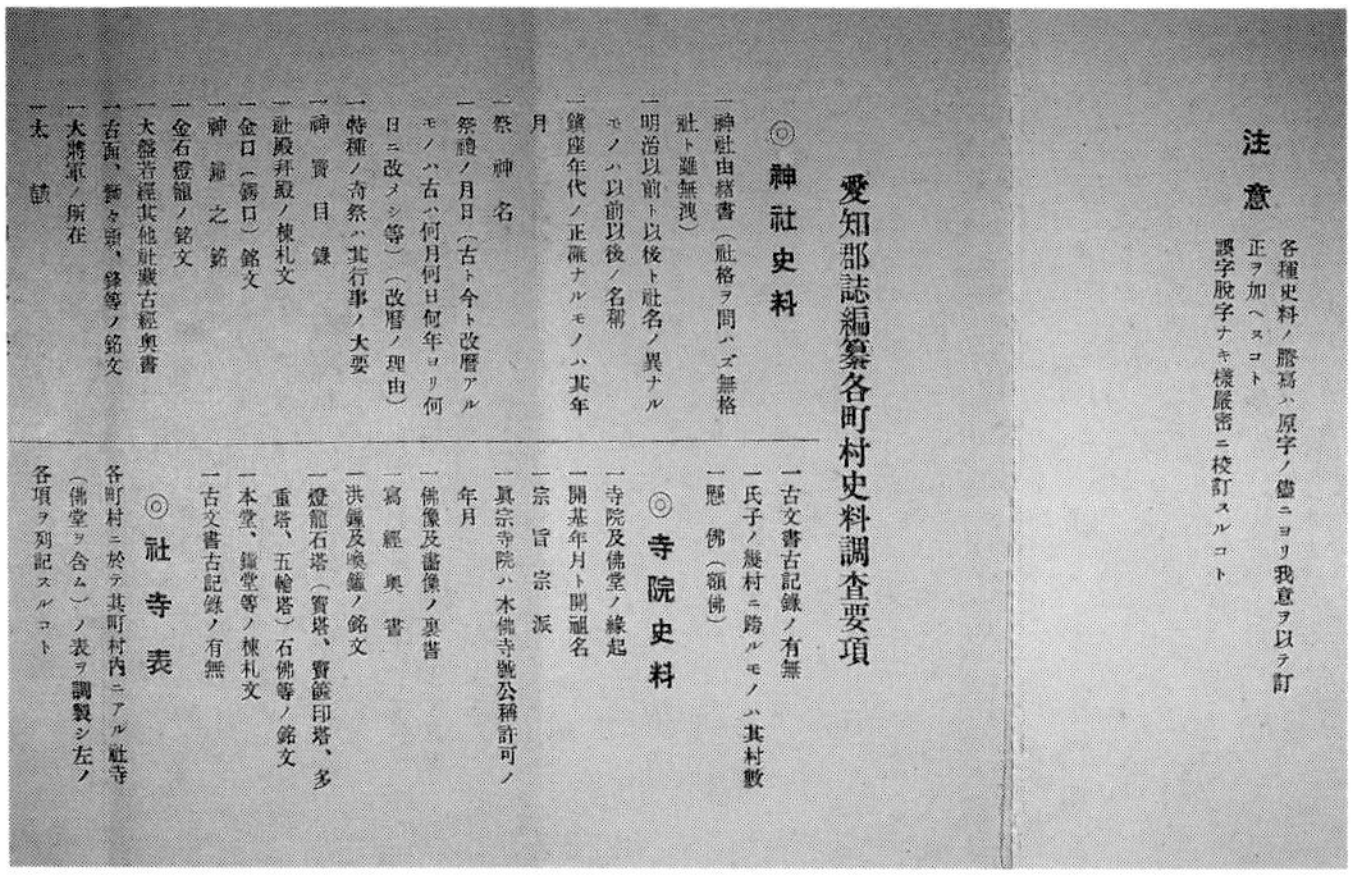

注意
各種史料ノ謄寫ハ原字ノ儘ニヨリ我意ヲ以テ訂正ヲ加ヘヌコト
誤字脱字ナキ様嚴密ニ校訂スルコト

愛知郡誌編纂各町村史料調査要項

◎神社史料
一神社由緒書（社格ヲ問ハズ無格社ト雖無洩）
一明治以前ト以後ト社名ノ異ナルモノハ以前以後ノ名稱
一鎮座年代ノ正確ナルモノハ其年月
一祭神名
一祭禮ノ月日（古ト今ト改暦アルモノハ古ハ何月何日何年ヨリ何日ニ改メシ等）（改暦ノ理由）
一特種ノ奇祭ハ其行事ノ大要
一神寶目錄
一社殿拜殿ノ棟札文
一金口（鰐口）銘文
一神鏡之銘
一金石燈籠ノ銘文
一大盤若經其他社藏古經奥書
一古面、獅々頭、鉾等ノ銘文
一大將軍ノ所在
一太　鼓
一古文書古記錄ノ有無
一氏子ノ幾村ニ跨ルモノハ其村數
一懸佛（額佛）

◎寺院史料
一寺院及佛堂ノ縁起
一開基年月ト開祖名
一宗旨宗派
一眞宗寺院ハ木佛寺號公稱許可ノ年月
一佛像及畫像ノ裏書
一寫經奥書
一洪鐘及喚鐘ノ銘文
一燈籠石塔（寶塔、寶篋印塔、多重塔、五輪塔）石佛等ノ銘文
一本堂、鐘堂等ノ棟札文
一古文書古記錄ノ有無

◎社寺表
各町村ニ於テ其町村内ニアル社寺（佛堂ヲ含ム）ノ表ヲ調製シ左ノ各項ヲ列記スルコト

郡誌編纂各市町村史料調査要項　愛知郡（部分）

とめ、泉三に届ける場合も少なくない。八《や》木荘村野々目《ぎしょうむらののめ》（現在の愛荘町野々目）の実業家として有名な西澤眞藏は、地方の公益（愛知県豊田市の枝下《しだれ》用水の修築など）に尽力した人物として知られる。彼の事績について八木荘村は愛知県碧海《へきかい》郡高岡村（現在の愛知県豊田市の内）役場などに問い合わせ収集した史料を泉三に提出している（愛23）。提出史料の鑑《かがみ》には発番と八木荘村長高橋與三次郎の公印が押され「七月二十一日付御照会有之候、西澤眞藏氏ニ係ル資料、各関係方面ニ照会致候、其別紙ノ通リ回報（返事）有之候条、送付及候」（愛24）とある。この史料が泉三に届けられたのは、昭和四年（一九二九）八月十六日であり、『近江愛智郡志』の校了時期が迫っていた。至急の赤印は、その切迫した事態を物語っている。

⑥編纂事務

史料が地元になく遠方にある場合などは、編纂事務局が史料収集に訪れた。事務局であった高橋省三の事績には大正十三年（一九二四）に「編者中川をたすく、東京帝大資料室（現在の東京大学史料編纂所）に長期出張をする等の事あり」とある。

特に室町時代以前の良質な史料を収集する目的で泉三の助言のもと東京、奈良、京都などで史料収集作業が進められた。（大木）

郷土愛を育てる編纂

地域の協力を得た史料収集という体制は、収集史料の展覧会を開催することで効果を増した。展覧会は各集落（住民）間の史料発掘に対する競争意識を喚起すると同時に、地元に残る文化財への関心を高め、史料保存の重要性を認知させ、郷土愛の醸成につながった。後に泉三は「其結果として古来不開の箱と称して子々孫々に伝ふる物、又大字共有の不開の箱等をも請われて」調査できたと述懐する（『中川泉三著作集』第六巻「史料採集苦心談」）。

しかし、多くの住民が史料収集に係わる場合、収集された史料情報に差異が発生することをそれまでの郡志編纂の経験から知っていた泉三は、それを是正するため「郡誌編纂各町村史料調査要項　愛知郡」（愛26）を作成する。

要項には収集史料項目として、神社史料・寺院史料・社寺表・土地史料・人物史料・文筆・近世史料・教育・戦役史料・雑とあり、その項目ごとに収集する史料の具体的な史料名を記す形式である。一部を抜粋し、史料収集の方針を垣間見てみよう。

大正14年史料収集講演会日程

講演日程	講演場所	対象地域（村）
12月18日午前	高野小学校	高野・東小椋・西小椋・角井
12月18日午後		
12月19日午前	押立小学校	東押立・西押立・豊椋
12月19日午後	秦川小学校	日枝・秦川
12月20日午前	愛知川小学校	愛知川・八木荘・豊国
12月20日午後	稲枝小学校	稲枝・葉枝見・稲村

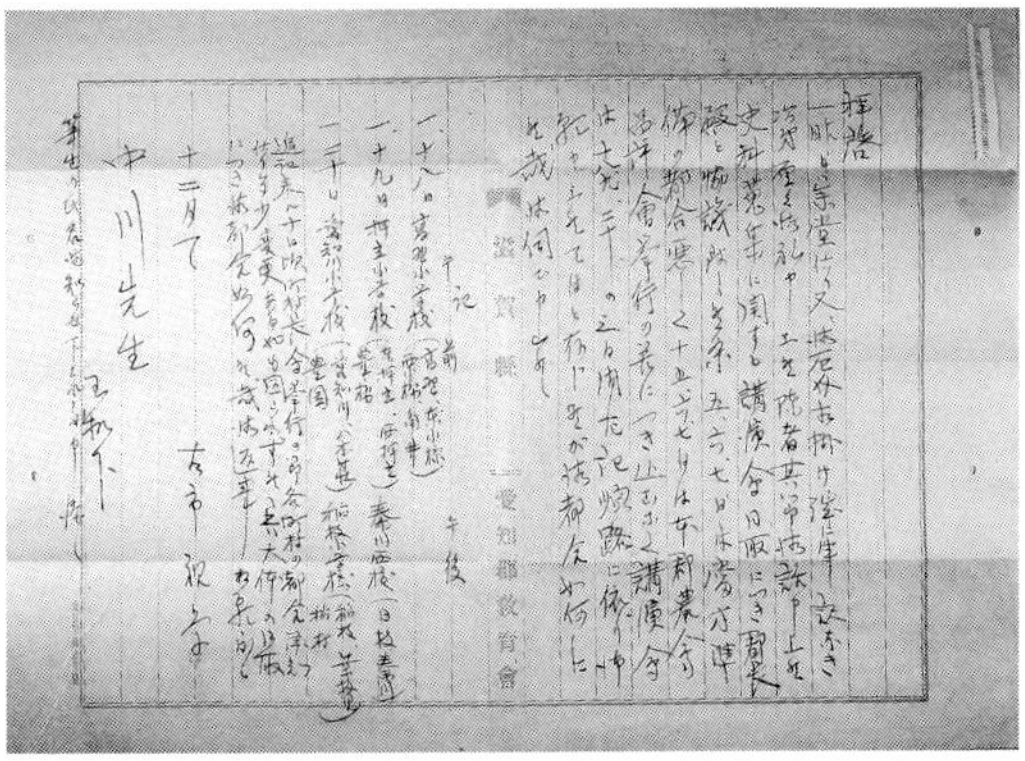

愛27　古市良吉書簡　中川泉三宛
泉三への史料収集講演会依頼

【郡史編纂各市町村調査要項（抄録）】

土地史料

一天正、慶長以後の検地帳の年月
一徳川時代の領主名と村石高
一大字名の改称あるものは改名の年月及理由
一大字略図用紙は美濃紙一枚に一大字小字の区割を明にし、小字名を記入すること
一土地小字名、明治初年地券改正の時廃合ありしものは、現在の小字名の下に括弧を付し注記すること

人物史料

一忠臣、義士、著名の武人、学者、宗教家、神道家、名医、政治家、殖産興業家、美術工芸家

近世史料

一幕末より明治維新前後の日記
一幕末勤王家の史料
一地券改正の史料

社寺表

◎神社表

大字名	社名	祭神名	社格	鎮座年月日

◎寺院、仏堂表

大字名	寺院	宗派	本尊名	開基年月

一区制の施行日と区長の住所氏名

戦役史料

一明治十年西南役従軍者
一二十七、三十、三十七年北清事変従軍
一日独戦争従軍者
右は従軍者町村大字名氏名位階勲等兵種及特殊功労者の事実

各小字名の有無を細かに指示している点や大字ごとの従軍者を把握しようとする点など、大字（江戸期の村）を基礎単位とした史料収集を実施しようとする泉三の収集姿勢がうかがわれる内容である。それと同時に、地方史としての性格に配慮した収集であることもわかる。

『近江愛智郡志』の目次をみると執筆項目の多くに各大字の名称が組み込まれ、史跡・古墳墓・社寺・人物毎に章立てされ、全体が構成されていることに気づくが、泉三は学術的な区分をできるだけ避け、地域住民の興味関心（おらが村の歴史を知りたい）に沿ったかたちでの大字ごとの歴史の集合体として愛知郡の歴史を構成することを念頭に置いていたことが収集方針にも反映されていたといえる。

また「各町村に於て其町村内にある社寺（仏堂含む）の表を調製し左の各項目を列

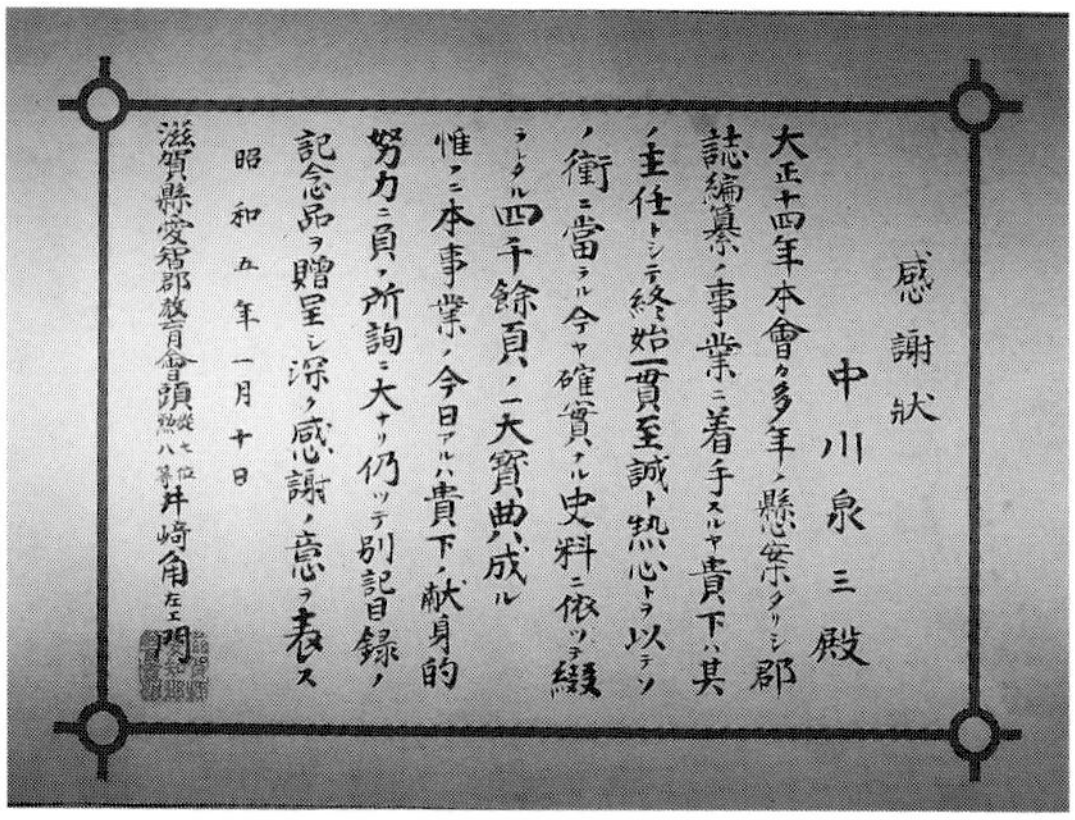
感謝状

中川泉三殿

大正十四年本會ノ多年ノ懸案タリシ郡誌編纂ノ事業ニ着手スルヤ貴下ハ其ノ主任トシテ終始一貫至誠ト熱心トヲ以テソノ衝ニ當テル今ヤ確實ナル史料ニ依ッテ綴ラレタル四千餘頁ノ一大寳典成ル

惟フニ本事業ノ今日アルハ貴下ノ献身的努力ニ負フ所詢ニ大ナリ仍ッテ別記目録ノ記念品ヲ贈呈シ深ク感謝ノ意ヲ表ス

昭和五年一月十日

滋賀縣愛知郡教育會頭 従七位勲八等 井崎角左衛門

愛37　愛智郡志編纂感謝状　中川泉三宛

記すること」として、各自治体に前頁のような社寺表を提出するように通達している。

なお、要項の注意書きには「各種史料の謄写は原字の侭により、我意を以て訂正を加えぬこと　誤字脱字なき様、厳密に校訂すること」と記され、原史料の体裁変更や内容変質に対する警戒感を読み取ることができる。前述した中宿から提出された「愛智郡志編纂資料」は、この項目を遵守しつつ報告されていることがわかる。

さらに泉三本人が史料収集者に直接その方法をレクチャーする講演会を各小学校や集落に出向いて度々開催し、良質の史料収集に努めている。

大正十四年（一九二五）の十二月に開催が予定されていた史料収集講演会をみると、十八から二十日の三日間で五ヶ所所を巡るというハードスケジュールであった（愛27）。

昭和五年（一九三〇）一月十日に愛知郡教育会頭の井崎角左衛門より泉三に送られた郡誌刊行に係る感謝状（愛37）は「四千餘頁ノ一大宝典成ル」として本事業の完了をみたのは泉三の「献身的努力ニ負フ所詢《まこと》ニ大ナリ」であると讃えている。

以上、泉三の郡志編纂のノウハウと責任感、それを下支えした住民の郷土愛が一体化した作品として『近江愛智郡志』が刊行される。こうしたプロセスを経たからこそ『近江愛智郡志』はその生命力を失うことなく、現代においても読み継がれている。

ところで『近江愛智郡志』に掲載されている史料の原本を地域に確認にいくと「中川氏が史料を持ち帰り、返却されていないため散逸したと聞いている」と耳にすることがある。

しかしながら、泉三は史料保存の視点から現地保存主義の立場を禁欲的に遵守しており、史料はその場で謄写することを常としていた。つまり『近江愛智郡志』で掲載された史料の散逸問題については泉三個人の責任ではなく、編纂事業中やその後の様々な要因により失われてしまった可能性が高いことを付言しておきたい。（大木）

愛知郡に残る泉三のことば

「徴古神記」

愛荘町の豊満神社には泉三より名づけられた「徴古神記」（愛28）という巻子がある。その経緯について、大正十五年（一九二六）六月に泉三自身が記した「徴古神記」の序

徴古神記箱

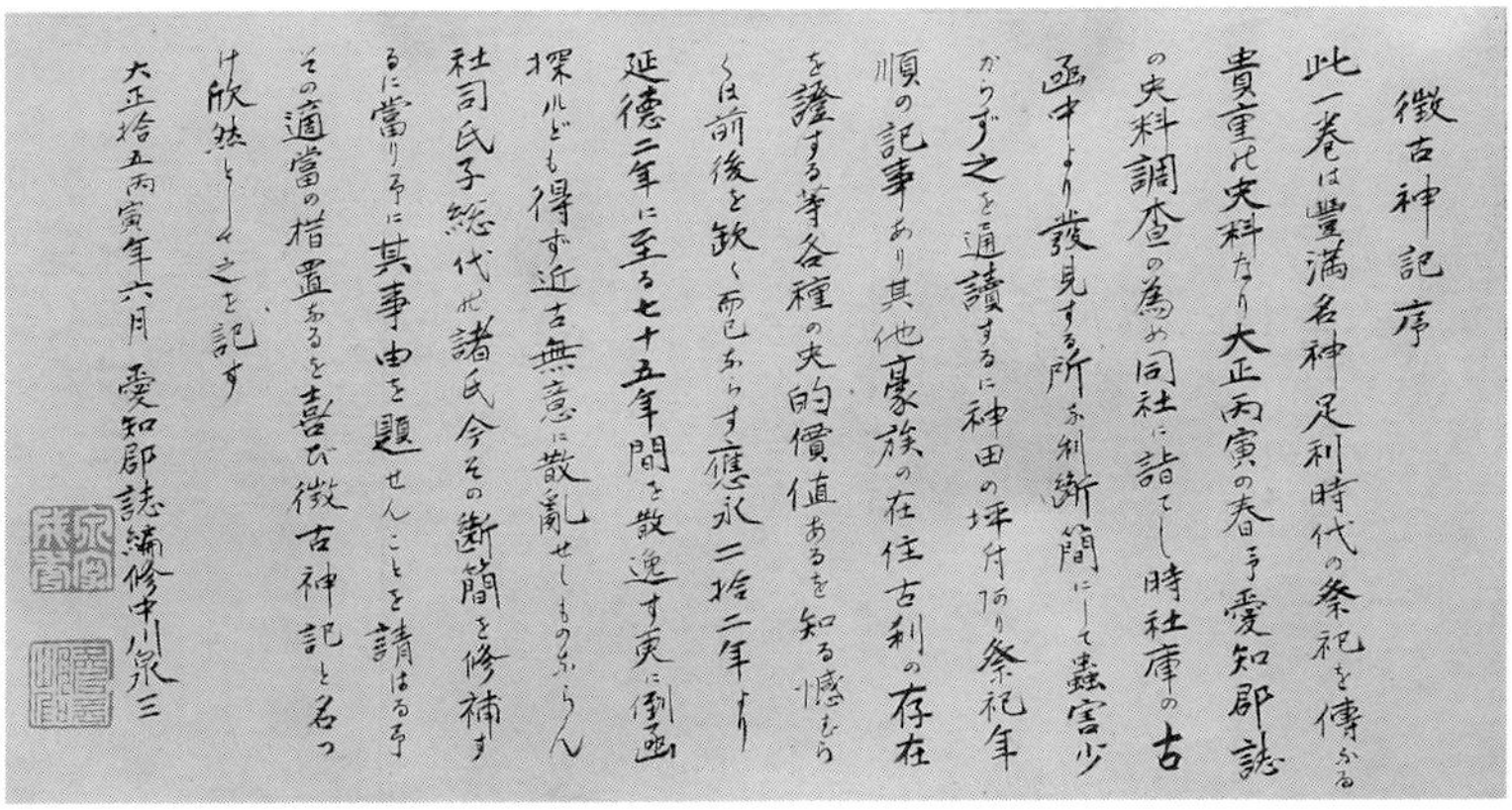
徵古神記序
此一巻は豊満名神足利時代の祭祀を傳ふる貴重の史料なり大正丙寅の春予愛知郡誌の史料調査の爲め同社に詣てし時社庫の古函中より發見する所なり断簡にして蟲害少からず之を通讀するに神田の坪付あり祭祀年順の記事あり其他豪族の在住古刹の存在を證する等各種の史的價値あるを知る憾むらくは前後を缺く而已ならず應永二拾二年より延徳二年に至る七十五年間を散逸す更に倒函探れども得ず近古無意に散亂せしものならん社司氏子総代の諸氏今その断簡を修補するに當りて予に其事由を題せんことを請はる予その適當の措置あるを喜び徵古神記と名つけ欣然として之を記す
大正拾五丙寅年六月　愛知郡誌編修中川泉三

愛28　徴古神記　愛荘町　豊満神社蔵
中川泉三の序文

文に詳しいので全文を翻刻しておく。

徴古神記序

此一巻は豊満名神足利時代の祭祀を伝ふる貴重の史料なり、大正丙寅の春、予愛知郡誌の史料調査の為め、同社に詣てし時、社庫の古函中より発見する所なり、断簡にして虫害少からず、之を通読するに神田の坪付あり、祭祀年順の記事あり、其他豪族の在住古刹の存在を証する等、各種の史的価値あるを知る、憾むらくは前後を欽く而巳ならず、応永二拾二年より延徳二年に至る七十五年間を散逸す、更に倒函探れども得ず、近古無意に散乱せしものならん、社司氏子総代の諸氏、今その断簡を修補するに当り、予に其事由を題せんことを請はる、予その適当の措置なるを喜び徴古神記と名つけ、欣然として之を記す

大正拾五年丙寅年六月

愛知郡誌編修　中川泉三

つまり「徴古神記」とは、大正十五年の春に、『近江愛智郡志』編纂《へんさん》に係る史料調査のため、泉三本人が豊満神社を来訪した際に発見した室町時代の豊満神社の祭礼を考察できる断簡史料を一括にまとめ、軸装したものである。

この序文から泉三自身の史料現地保存主義に対する意識の高さと、それを認識し巻子装（巻物）に改めて、散逸を防ごうとした地域住民への謝意が感じられる。

その後も泉三は豊満神社の社格昇格申請調査（昭和五年県社昇格）や由緒書の作成にも深く係り、神社そのものの興隆にも尽力した。県への由緒申請書を作成する際に、豊満神社の宮司から泉三への手紙には「中川先生編纂の御郡志がありますから郡志を基にして抜き書きする」と書かれており、泉三に対する信頼の大きさがわかる。

また、泉三も『近江愛智郡志』巻四において、八四頁もの紙数を割いて豊満神社を紹介している。特に「以下当社々蔵史料を列記す」として縁起や後に「徴古神記」となる新出の古文書を含めて実に六六頁を原本史料の翻刻掲載にあてているのは大きな特徴である。

もともと、『近江愛智郡志』の編纂方針について泉三は「野洲高島郡史何れも流暢の筆にて談ある候《（ママ）》も古文書を挿入せざるは後世為に可惜事と存候、愛知郡は栗太の例により論修致居候」（栗東歴史民俗博物館蔵（里内文庫コレクション）83－12）と述べており、原本史料の掲載という大方針にも

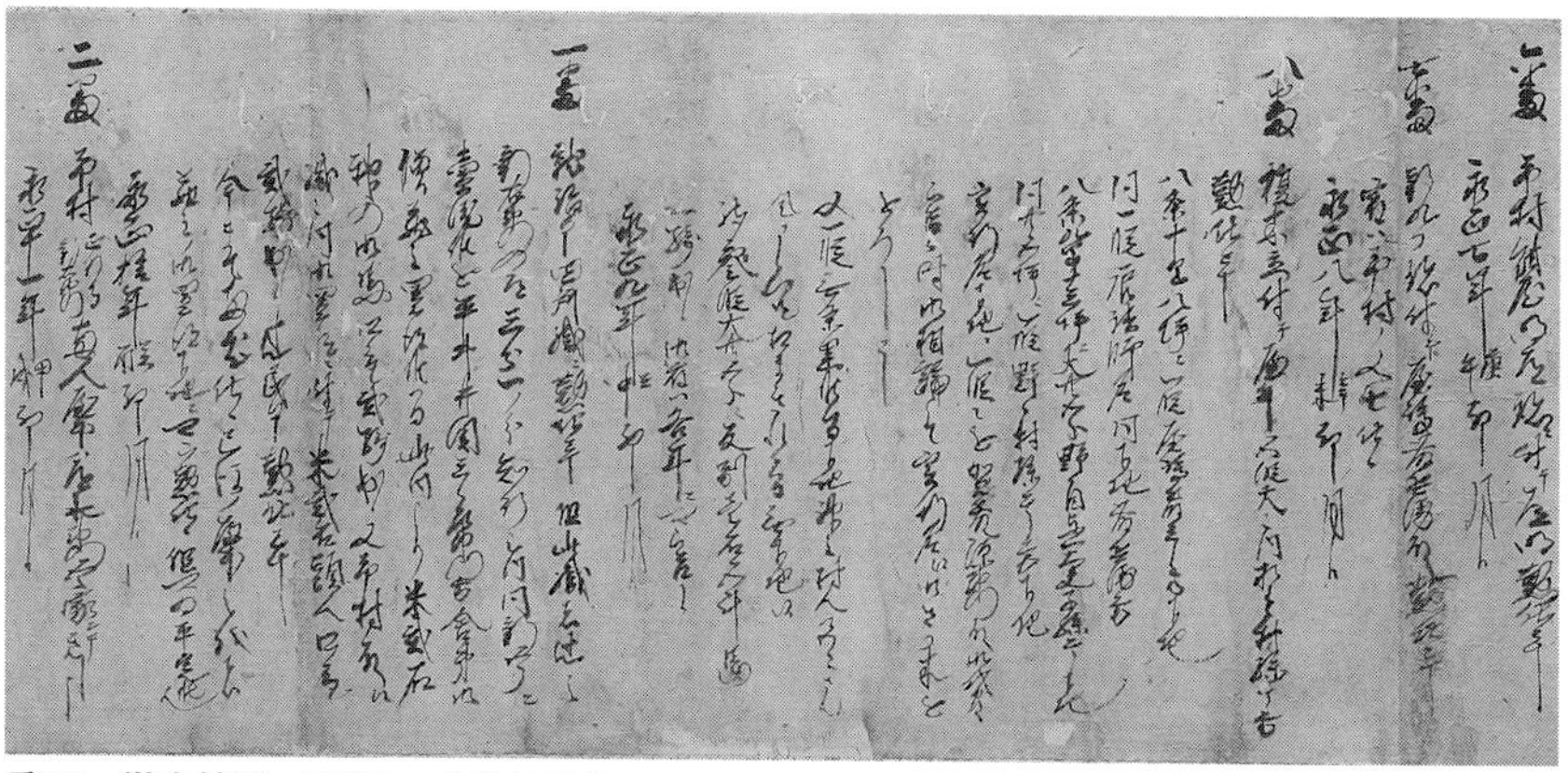

愛28　徴古神記　愛荘町　豊満神社蔵

沿った体裁であったが、そこには豊満神社に対する泉三自身の思い入れの深さも加味されたのかもしれない。

「徴古神記」の内容をみると、現在毎年四月に執行されている豊満神社の祭礼は、中世に存在した大国荘の上・中・下庄（郷）を濫觴《らんしょう》としないこと。具体的には、当時、宮座を基盤とした八番の当番制で祭礼が執行されていたこと。頭人職が在地領主により頻繁に売買されていること。現在の氏子圏より広範な地域的広がりを持っていたことなどを示す史料である。さらに戦国期の村の習俗や村自治の様子などが豊かに記されており、戦国期の地域社会を幅広く考察できる。

なお、『近江 愛知川町の歴史』第三巻民俗・文献史料編には「徴古神記」全文が翻刻され、豊満神社にある他の中世史料（七点）とともに掲載されているので、戦国社会論に興味がある方は一読をおすすめしたい。

（大木）

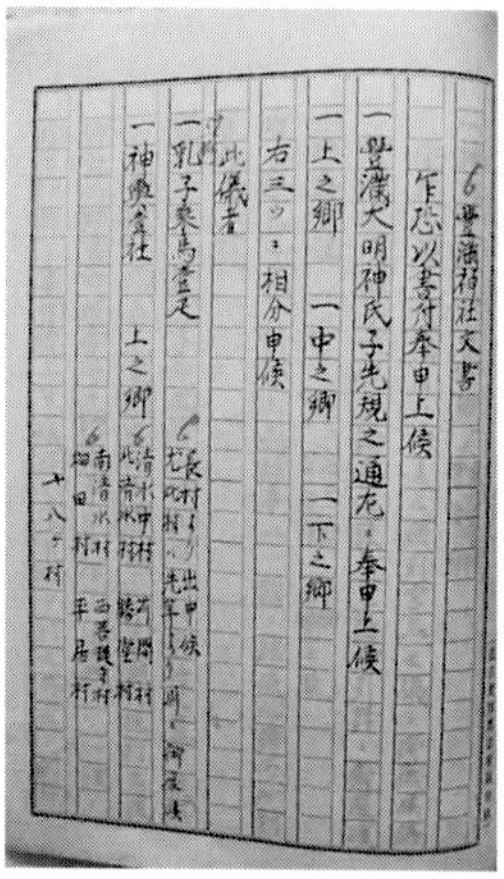

郡志掲載のため翻刻された豊満神社文書

泉三と松居兄弟―『松居家誌』「讃」

泉三は郷土史の編者という印象が強いが、家誌も編纂している。その一例として、昭和三年（一九二八）に株式会社松居商店が発行した『松居家誌』（愛30）がある。

泉三と松居家の接点については『松居家誌』の「はしがき」に記されている。それによると、大正六年（一九一七）、『近江蒲生郡志』編纂にともなう史料調査において、京都帝国大学図書館が所蔵する本願寺文書のなかから、同寺の坊官である下間《しもつま》氏系図を一覧した際に、子孫の一人が愛知郡に潜居する記事を発見したことに遡る。そのとき泉三は、その子孫が愛知郡西押立村下一《にしおしたてむらしもいっ》色《しき》（現在の東近江市下一色町）に住居を構えた松居文右衛門であることを筆写していた。

明治三十九年（一九〇六）、『近江愛智郡志』の編纂が計画され、その編者として大正十四年（一九二五）九月三十日、泉三が委嘱された。泉三は郡内の各村を採訪し、種々の調査を行うなかで、昭和二年（一九二七）

松居房治郎（1879～1957）
『松居家誌』より転載

松居泰次良（1875～1961）
『松居家誌』より転載

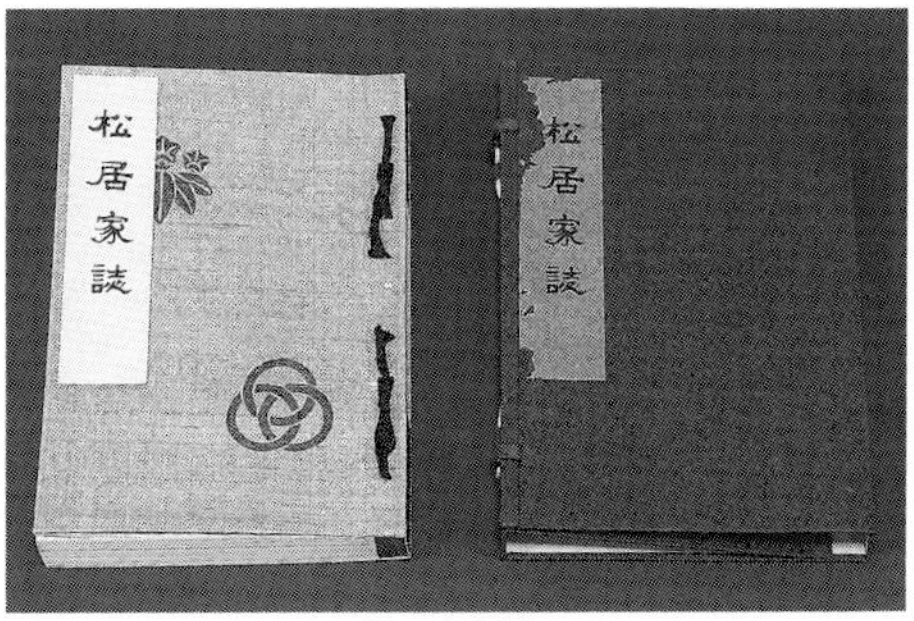

愛30　中川泉三編『松居家誌』（写真右は帙）
昭和３年（1928）３月25日発行
発行者 株式会社松居商店　東近江市湖東歴史民俗資料館蔵

四月、松居家の菩提寺である宝珠寺を訪ねたところ、一族の過去帳や文右衛門家に伝存する記録類を見せられ、下間氏系図と符合する点を発見した。

　このことを一族に話したところ、予《かね》てより祖先の総墓碑建設を願い、工事に着手していた松居泰次良《たいじろう》、房治郎《ふさじろう》兄弟は、その奇遇を大変喜んだと前出の「はしがき」に記されている。おそらく泉三は、このとき初めて松居兄弟に出会ったと考えられる。

　その後、松居家の一族は、祖先以来の来由を明らかにするとともに、子孫に伝えるため、家史編集を泉三に依頼するが、筆事多端を理由に辞退された。しかし、よほど強く切望されたのであろうか。昭和二年（一九二七）、松居文次郎と松居謙三が発起人となり、泉三は家乗《かじょう》（家誌）を編集することとなった。

松居泰次良

　松居泰次良は〝郷党の鑑〟と称された郷土の偉人である。彼は度重なる病を克服した後、明治三十七年（一九〇四）、大阪でメリヤスの露天商を営み、明治四十二年（一九〇九）、弟の房治郎とともに「共泰メリヤス工場」を創める。事業は日露戦争後の軍需拡大を背景として発展し、巨万の富を築き上げるまでに成功を収めた。やがて泰次良、房治郎兄弟の名とともに「株式会社松居商店」の名前は瞬く間に綿布業界で知られるようになった。

　松居兄弟の前半生は不撓不屈《ふとうふくつ》の事業魂を貫いたものであったが、泉三と松居兄弟の関係は、後述する彼らの後半生をトレースすることにより、次第に明らかとなる。

　巨万の富を築いた松居兄弟は、事業の成功に奢ることなく、その感謝報恩を愛郷のかたちで貢献する。彼らの愛郷事業として知られているものに、①大正十一年（一九二二）に起工した松居家が崇敬する運命水神社社殿の改築、②大正十四年（一九二五）に起工した深井戸の掘削、③昭和七年（一九三二）に起工した宝珠寺の再建、④昭和十四年（一九三九）に起工した西押立尋常小学校の総改築がある。なかでも②の深井戸の掘削は、後述するように、泉三の心の琴線に触れる篤行であった。

　彼らの故郷である愛知郡西押立村下一色（現在の東近江市下一色町）は、低位段丘縁辺部に位置するため、古来より農業用水の確保に悩まされていた。このことを解決するため、彼らは約二万四〇〇〇円という大金を投じ、大正十四年（一九二五）十月十八日に深井戸の掘削・揚水工事に着手し

愛33　揚水現場記念写真　大正15年（1926）２月11日撮影
東近江市湖東歴史民俗資料館蔵

愛33　神之池起工現場記念写真
大正14年（1925）10月18日撮影　東近江市湖東歴史民俗資料館蔵

た。当時最新の鑿井機《さくせいき》を導入したこの深井戸の掘削深度は、地表下三六〇尺（約一〇九ｍ）まで達し、大正十五年（一九二六）二月九日には最初の揚水試験が実施された。同年二月十一日、泰次良や関係者は揚水現場にて並列し、記念写真を撮影している（愛33）。

その後、電力および蒸気動力の状態や揚水量の安定を確認するとともに、付帯工事の完成を見届けた松居兄弟は、下一色区長や古老の数人に対して、深井戸の灌漑用水を無償提供することを発表し、同年九月五日、塗炭の苦しみが綴られた「大正拾四年　神之池工事中日誌」（愛34）に連名で署名している。また、同年十月十七日には関係者を交えて竣工式が執り行われた（愛33）。深井戸は「神之池」と命名され、現在「神ノ池」として東近江市史跡に指定されている。

泉三は松居兄弟による神之池工事の偉業に対して、「讃」（愛31）と右の訓読文や説明を記した書簡（愛32）を泰次良に送付している。泉三から泰次良に送られた書簡は、

掘二鑿シテ新地ヲ一得タリ二水源ヲ一
萬金一擲徳聲存ス
果然旱害消テ如レ夢
現出ス嘉禾瑞穂村

愛智郡下一色者旱村也。闔村憂レ之ヲ。大正十四年冬。村人松居泰次良氏兄弟。拋二二萬金ヲ一欲下興シ二水利ヲ一以テ除中村人百年之苦上。命ジ二技師ニ一起レ工ヲ。堀鑿跨二二ヶ月餘ニ一。至二地下三百餘尺ニ一得二大水源ヲ一。冽井勢如レ瀑噴出焉。兄弟大喜。乃擧二新井一寄二附一村ニ一。一村頼以永免二旱害一命二名ヲ神池ト一矣。予美二其徳一賦二一詩一以テ贈二松居氏ニ一云フ。

章齊　中川泉

この一通しか確認されていない。しかし、泰次良は幾度か泉三に書簡をしたためている。

話は泉三が泰次良に出会った頃まで遡るが、昭和二年（一九二七）六月二日付で、泰次良は来阪を願う書簡を泉三に送付している。それには拝顔のうえ、何彼と依頼したい旨が記されていることから、おそらく宝珠寺で耳にした下間氏系図のことや、既に着工している総墓碑に関する詳しい相談を持ち掛けたかったに違いない。

また、来阪を依頼してから約一ヶ月後の七月一日、泰次良は再度泉三に書簡をしたためている。文中には、来阪とともに京都帝国大学図書館所蔵の下間氏系図再調査に関する報告の礼や、大谷大学図書館が前出の下間氏系図と同一の系図を所有していることを述べ、改めて同系図の調査を依頼したい旨が記されている。泰次良は、その際たとえ費用が嵩《かさ》もうとも、徹底的な調査を泉三に望んだ。そしてそれに応え、泉三は下間家碑の写真やそのほかの資料を送付している。

昭和二年（一九二七）十二月四日、松居兄弟の念願であった松居家総墓碑の除幕式が行われた。それからおよそ四ヶ月後、『近江愛智郡志』に先駆けて『松居家誌』が発行された。

泉三は清き愛知川の流れのように下間氏の一脈が愛知郡に分かれていることを発見してから、後にその一族の本分支流十二家の子孫を合記して家誌を編纂することを諸川の水を併合する宇曽川の流れに喩《たと》え、その奇縁とともに、松居家の子孫繁栄を望むことを『松居家誌』の巻末に記し、筆を置いている。

（三井）

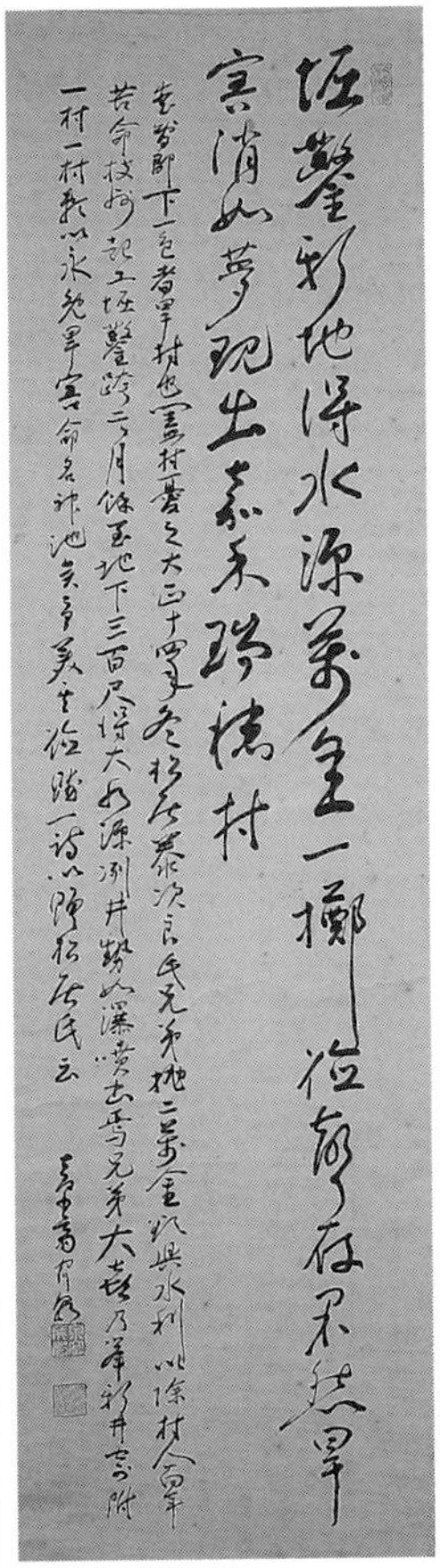

愛31　讃　中川泉三筆　東近江市湖東歴史民俗資料館蔵

『近江愛智郡志』の発刊とその影響

郡志の発刊

「中川泉三年譜」（一一五頁参照）の昭和二年（一九二七）、三年には「愛知郡志編纂ニ従事ス」と書かれている。なお、三年より「知」は「智」と変わっている。

三年六月三日より胃腸の病気になり「発熱シ一時危篤ニ陥ル尓後快方ニ向ヒ…」とある。

ここでいったん「年譜」は終わる。その後、昭和八年（一九三三）まで加筆がしてあり、仮名も原則的に平仮名に変わっている。

翌年十二月、ようやく『近江愛智郡志』全五巻が刊行。

　昭和四年
近江愛智郡志脱稿十一月印刷就る全部五巻郡教育會は慰労宴を開き感謝状と金壱封一千円及ヒ村松雲外画く処稲村山の図額面を贈らる

長い苦労が報われた。

なお、村松雲外（一八七〇〜一九三二）は東近江市小田苅《こたかり》町の生まれで、特に富士山の絵が高く評価されている。『近江愛智郡志』の見返しに永源寺の図とともに稲村山の図（愛39）が載せられた。

ここで、刊行にかかわって二、三のエピソードを紹介しておきたい。

一つめは予約について。刊行に先立って愛知郡教育会から郡志の「予約募集広告」（愛35）が出される。洋装五巻予価一八円、和装五帙入二十四冊予価二五円であった。

献上する愛知郡誌

愛知郡教育會から願出の同郡誌獻納の件は今回御聽許になつたので十九日正午同郡農會事務所樓上に祭壇を設け中居同郡神職會長らによつて修祓式をあげ上包して縣の手を經て獻上することゝなつた、なほ同郡誌は一部二十四冊、和綴、帙および表紙とも水色緞子の總裝であると（寫眞は桐の本箱に收められた郡誌）

愛36　朝日新聞切抜
「献上する愛知郡誌」の記事が載る

その広告文には「謂ふこと勿れ、近江一小郡の地誌と。謂ふこと勿れ、愛智郡には特種の史蹟無しと。其内容を知らずして盲断するは早計なり」と謳われている。予約申し込みは、六月三十日限りとなっていた。

二つめは献上について。昭和五年（一九三〇）五月十八日付朝日新聞（愛36）によれば、「十九日同郡農会事務所に祭壇を設け修祓式をあげ県の手を経て献上することとなった」とあり、郡志を宮中に献上した。

三つめは「花之木」に関する訂正について。昭和七年（一九三二）、北花沢の区長から郡志の記述に誤りがあると指摘があった。それは、東宮御所へ献納した花之木分木二株は南花沢からだけでなく南北両花沢から採られたことおよび所在の地目の誤りであった。

愛知郡教育会は、昭和九年（一九三四）四月に郡志巻三の訂正（愛40）を「御所持の各位」に送付した。

そして六月、泉三が書いた『北花澤の「花之木」』（愛5）という小冊子が、北花沢花之木保勝会から出版され、この件は一段落した。

（門脇）

『近江愛智郡志』が残したもの

『近江愛智郡志』は、刊行後も住民あるいは地域の関心や興味に基づきながら単体としての著作物に止まらず、地域の学術・文化活動、その他多様な広がりをみせていくこととなる。そのいくつかを紹介する。

編纂のための史料収集の一翼を担った小学校長の幾人かは郷土の歴史に対する造詣を深め、小学校郷土読本を編集することとなり、その校閲を泉三に依頼している。

その一例は、豊椋《とよくら》尋常高等小学校校長国領捨治郎による書簡から読み取ることができる（愛43）。それによると、「今度私の学校で小学校児童の郷土読物を編纂して児童に読ませ度と思ひまして（中略）やつと出来上りましたので先日来職員会にかけて居りますのですが其内郷土史に関したものだけ先生の御校閲を仰ぎ度ので御座います」とある。書簡の日時は昭和九年（一九三四）五月三十日、その後『我等の郷土　第一輯』と題した刊行物が同年七月三日付で豊椋尋常高等小学校から発行されている（愛44）。泉三からどのような校訂がなされたかは明らかにならないが、おそらくこれが校長の書簡にある「郷土読物」であろう。

また、泉三と河村豊吉（一八八八～一九三七）とのやり取りについてもここで記しておきたい。河村は滋賀師範卒業後、県内各所で教鞭《きょうべん》をとり、昭和六年から同十二年（一九三一～三七）までは愛知川尋常高等小学校長の職にあった。河村は殊に自学自習の態度が国語教育の根本であるとして、『読本学習書』を出版した。「この書は果して全国に反響を呼び「河村の学習書」といわれ氏の努力はわが国語教育界をうるおした」とされる（『えちのみなかみ』）。愛知川尋常高等小学校では、河村が校長として赴任した後の昭和八年（一九三三）頃から十一年（一九三六）頃まで、雑誌『赤い鳥』の投稿欄に児童の作品が数多く選ばれた。これは河村はじめ教員の熱心な国語教育の成果であるとされ、全国から視察者が来校したという。河村と泉三とは、昭和八年（一九三三）の書簡に次のような記述がある（愛45）。

中川泉三肖像　国領捨治郎筆

扨て今回県当局にて郷土読本編纂、小学尋常五六年児童の読物として、一般子弟の精神発養たらしめんと思料せられ、その題材として本郡内にて永源寺、小倉実澄を選定、高野小学校長に執筆方依頼被致候、因て別紙原稿作製提出せられ候処、更に推敲方依頼し越され候ニ付テハ、小生同校長より相談を受け申候も、永源寺は兎も角、小倉氏の事蹟に就ては誠に無知識困却仕候、御繁用中甚だ恐縮には御座候へ共、別紙御一覧の上御高見御叱正を賜る（後略）

「県当局」が作成した「副読本」とは、滋賀県教育会の編纂で昭和九年（一九三四）に発行されている『滋賀県郷土読本』である。ここでも泉三の「御高見」のほどをうかがい知る史料はないが、その後翌年四月には、河村が「郷土読本原稿中小倉実澄並永源寺に関しては種々御訂正御加筆を賜り渇《（洵カ）》に有難く存し候併せて御厚礼申述候就ては乍失礼同封小為替を以て御礼の印に些少ながら御送付申上候間御受納被成下度候」としたためた書簡が章斎文庫に残っていて、泉三が何らかの校訂を施したことを示している。

著作と講演

愛知郡教育会で『近江愛智郡志』の編纂事務を務めていた高橋省三の弟である高橋準一が昭和四十三年（一九六八）に記した「高橋家故事《ふるごと》記」（愛46）には、高橋省三の履歴中に「中川泉三氏の導きにて地誌、古事、文筆等に興味を持」ち、著者の高橋準一自身もそれに触発され、「高橋家故事記」を著したとある。

また、昭和五十年（一九七五）に記された愛知川町史談会の「史談会断篇録」（愛47）の冒頭にある当会の目的には「中川泉三先生の愛智郡志に導かれつつ歴史の勉強を進めながら、地元民の身近な伝聞、郡志にこぼれた小事件や伝説を発掘研究して会員各自執筆の紀要を発刊したいというのが目的でありました。」と記しているが、こ

河村豊吉
『愛知川小学校創立八十周年記念誌』より転載

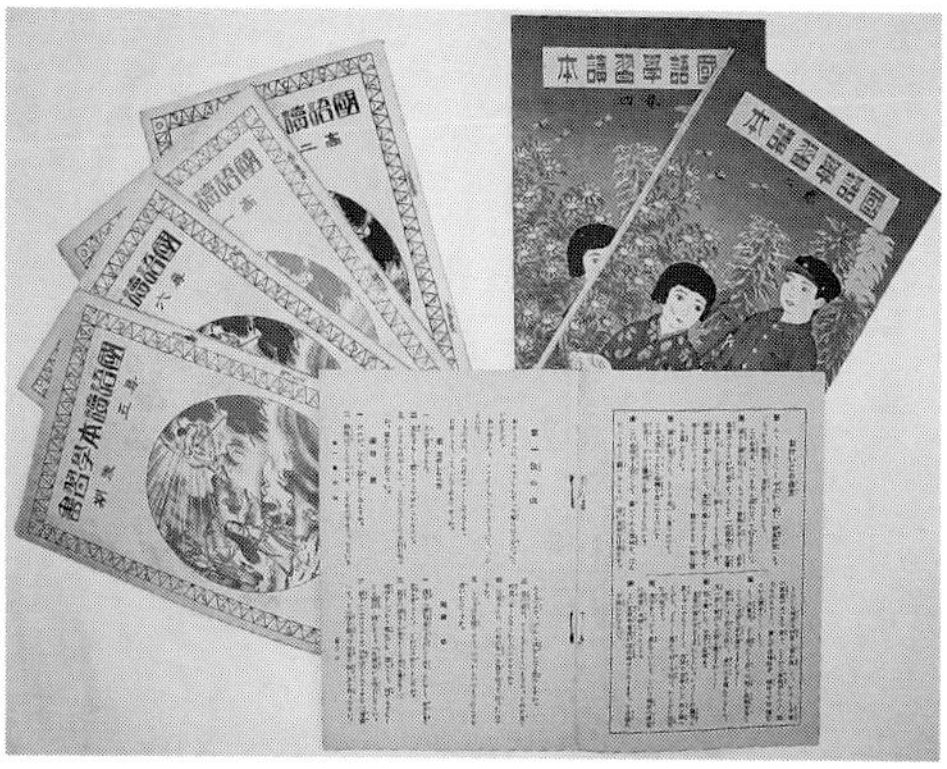
『国語読本』 宮川達夫家文書　個人蔵

の紀要はのちに昭和五十四年（一九七九）に発行される『愛知川町の伝承・史話』として結実していく。このように著作物が新たな著作物を生んでいく契機を『近江愛智郡志』はもたらしたのである。

　さて泉三自身『近江愛智郡志』の発刊後、多くの講演を依頼されていて、章斎文庫には泉三の講演原稿や各機関からの依頼状が多数残されている。その講演内容をみると、依頼趣旨に沿いながら進められるもの、時局の話題と重ね合わせつつ愛知郡の歴史について語るもの、遠方から請われた場合には、その講演地と愛知郡との歴史的なつながりを紹介するもの、収集資料の調査報告会を兼ねるものなど、聴講者の視点に立った工夫でまとめられている。

　地域農業（産業）従事者を育成する目的で設立された愛知実業講習所で行われた昭和八年（一九三三）二月十八日の講演原稿（愛48）をみると、愛知郡に残る史料を紹介しつつ、「国史と郷土史」「米食と水」「大陸移民の業績」「井伊家の物産興隆」などの項目立てを行い、近江国における稲作の意義や開墾の歴史を地域産業の興隆などと絡め、古代から現代まで通説する講演を行った。その結語には以下のようにある。

人生は流水の如く遷り行くも山野田畑の昔しの儘に変らぬ、ここに愛知郡の生命は萬々歳といへる。されは此地を守る諸君は質実剛健なる気象（性）を養いて祖先汗血の遺跡を相続するべきであります

　こうした啓蒙活動も著作が著作を生んでいく契機と密接に関連しているといえよう。

地域への貢献

　また、泉三の歴史造詣は、愛知郡内にある多くの神社の昇格運動や花の木に代表されるような地域に残る歴史遺産の顕彰にも大きく寄与しており、地域の精神的象徴（ローカルアイデンティティ）の再創出を促す結果ともなった。

　たとえば、愛知郡内で泉三が社格昇格申請調査・由緒書作成を行った神社として愛荘町石橋の石部神社・豊満の豊満神社・岩倉の軽野神社、東近江市小田苅の八幡神社、豊郷町吉田の日枝《ひえ》神社、彦根市田附の八幡神社などがある。

　昭和七年（一九三二）東円堂（現在の愛荘町東円堂）の区長日誌には字内に鎮座する春日神社由緒書を中川へ依頼する経緯が時系列で記されている（「林貞三家文書」）。

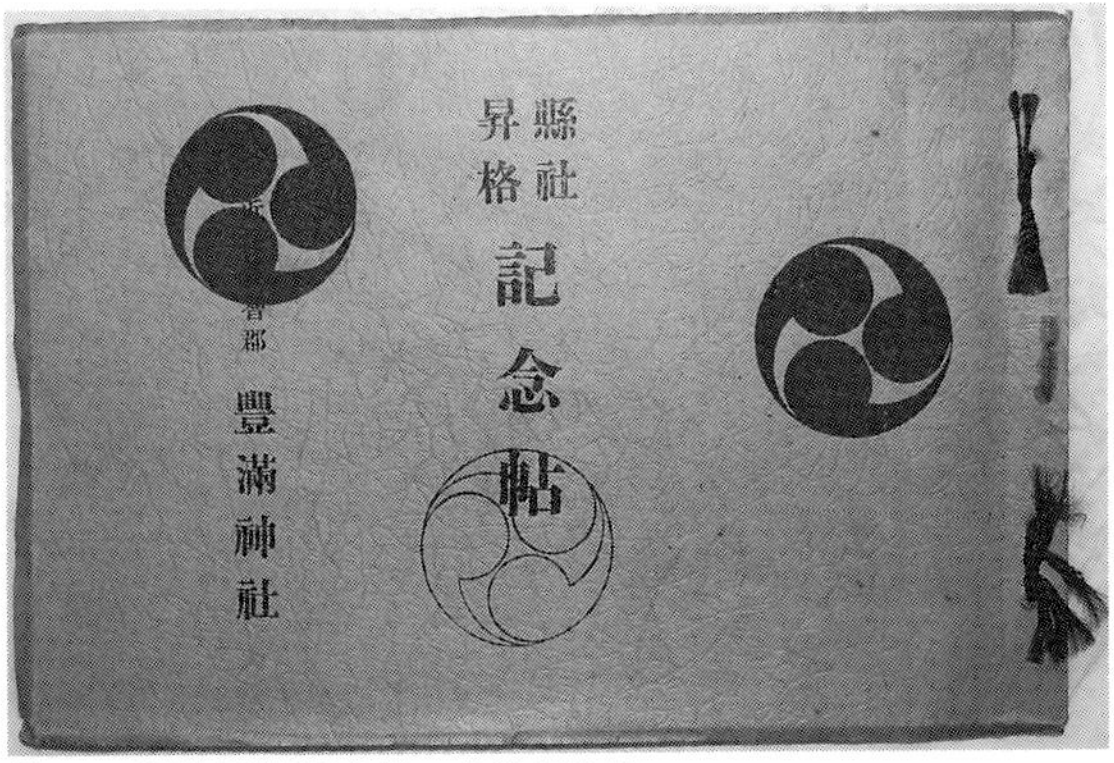

愛49　県社昇格記念帖　豊満神社蔵

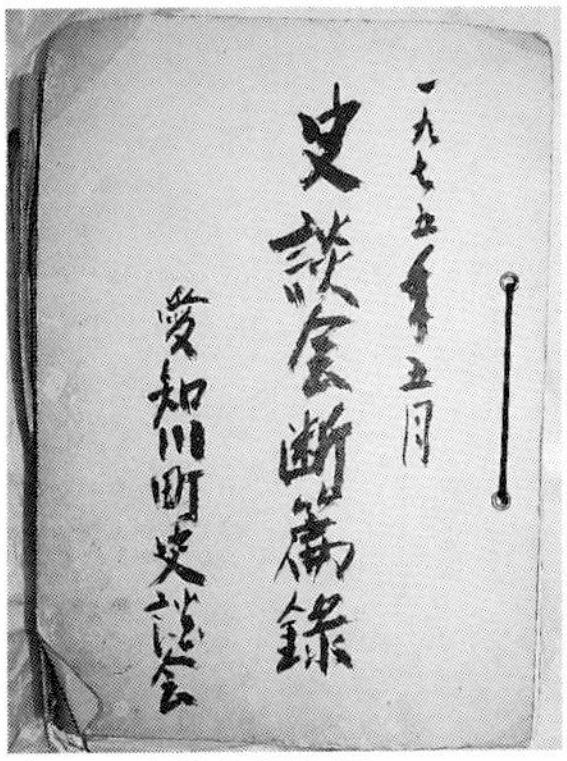

愛47　史談会断篇録
愛知川図書館蔵

東円堂春日神社由緒書作成の過程

年　月　日	日　誌　事　項
昭和７年６月28日	春日神社復興出願手続書の作製のため中川（泉三）殿へ依頼状を出す
昭和７年７月４日	中川宅へ東円堂区長参上し、神社由緒書作製の承諾を得る
昭和７年７月６日	中川殿より愍篤志などとともに、由緒書の書面が送られてくる
昭和７年７月９日	評議会で中川殿よりの指導報告を行う
昭和７年７月15日	中川殿への御礼状を出す
昭和７年８月９日	中川宅へ鰹節一箱と金５円持ち御礼に伺う

「昭和七年度区長日誌」より作成

当時、区長の重森岩吉を中心として東円堂では春日神社復興のための整備事業が急ピッチで進められており、それに答え泉三も由緒書を即座に作成したようである。区長日誌の一部から作表する。

さらに『近江愛智郡志』編纂事業は自治体の文化財行政にも大きな影響を与える。『近江愛智郡志』刊行後の昭和十年（一九三五）頃に愛知川町長室の中居忠盈《ただみつ》より泉三に宛てた葉書には、郷土室物品陳列方法の教示願いがある（愛50）。すなわち、「今度、愛知川小学校に郷土室を設け郷土にゆかり有る物品陳列致す旨申居られ候に、就いては其方法等に付、御告儆《けい》の御指示を仰ぎたければ」とあり、『近江愛智郡志』編纂事業を契機として自治体が郷土史料陳列室（歴史資料館的施設）を設置する構想にまで広がりをみせていたことがわかる。

このように『近江愛智郡志』の編纂事業は、泉三本人、それに携わった地域住民たちの体験や経験、『近江愛智郡志』という本そのものを基礎として、新たな地域の文化遺産や文化教育活動を生み出す結果となる。これらは「史学は死学にあらず」という泉三自身の歴史研究のあり方に対する姿勢や理念が、地域の中で育まれつつ、発展していったことを示している。（大木・橋本）

中川泉三没後七〇年記念展
「史学は死学にあらず」
主な展示資料目録

＊法量の単位は、すべてセンチメートルである。
＊所蔵者の記載がないものは、すべて章斎文庫蔵である。

■長浜市長浜城歴史博物館

《『近江坂田郡志』の編纂》

長1　坂田郡史料（調古雑記）　二十六冊
明治三十九年（一九〇六）
〜明治四十四年（一九一一）
（巻壱）縦二二・一×横一五・二

長2　東上の記　一冊
明治四十二年（一九〇九）
縦二二・四×横一五・〇

長3　江州佐々木南北諸士帳　一冊
明治四十三年（一九一〇）
縦二六・五×横一八・五

長4　国友鉄炮志　一冊
明治四十三年（一九一〇）
縦二三・五×横一五・八

長5　山内侯爵家寄贈史料　一冊
明治四十四年（一九一一）
縦二三・五×横一五・九

長6　坂田郡志編纂委員慰労会記念写真　一枚
大正二年（一九一三）
縦九・六×横一四・一

長7　坂田郡志原稿　十七冊
大正二年（一九一三）頃
（巻壱）縦二六・五×横一八・六

長8　島記録　一冊
大正二年（一九一三）
縦二三・三×横一五・五

長9　妙意物語　一冊
大正六年（一九一七）
縦二四・五×横一六・八

《長浜町志の編纂》

長10　長浜町誌　一冊
明治三十六年（一九〇三）
縦二七・〇×横一九・七

長11　長浜案内　五冊
大正六年（一九一七）
縦一九・〇×横一一・四
財団法人下郷共済会が発刊した長浜町の名所案内。泉三も改訂版の発刊に関与した。

長12　長浜町誌編纂日誌　一冊
大正元年（一九一二）
縦二一・二×横一三・九

長13　第一回長浜町誌史料展覧会出品目録
第二回長浜町誌史料展覧会出品目録　二冊
大正二年（一九一三）
大正五年（一九一六）
縦一九・〇×横一二・七

長14　長浜史料展覧会席上口演　一枚
大正二年（一九一三）
縦二四・一×横三三・一

長15　第弐回長浜町誌史料展覧会写真　三枚
大正五年（一九一六）
縦一一・五×縦一五・七

長16　長浜町志鉛筆原稿　十七冊
大正時代（一九一二〜二六）
（政治志）縦一八・〇×横二六・一

長17　長浜町志墨書原稿　一冊
大正時代（一九一二〜二六）
縦二八・〇×横二〇・〇
財団法人　下郷共済会蔵

長18　長浜町志校正刷　十九冊
大正時代（一九一二〜二六）
（壱）縦二八・四×横二〇・一

長19　久保久一郎書簡　中川泉三宛　一通
大正十三年（一九二四）
縦二三・九×横一六・四×二枚

《小野湖山と漢詩文》

長20　小野湖山書簡　中川泉三宛　一通
「存誼帖」一巻の内
明治二十五年（一八九二）
縦一六・九×横五二・四

長21　小野湖山等校閲詩稿　一冊
明治時代（一八六八～一九一二）
縦二四・五×横一六・七

長22　太湖三十勝　一冊
明治三十七年（一九〇四）
縦二三・一×横一四・五

長23　小野湖山書跡　一幅
明治八年（一八七五）
縦一二八・三×横二七・三

七言絶句。箱蓋表書に「小野湖山先生帰省七絶」、箱蓋裏書に「明治初年湖山先生未称横山氏、時々草而為稀有之珍　章翁主人題」と泉三の墨書がある。表具背面上部にも「小野湖山始横山氏也、久在東京将帰省時之詩也、実ニ明治初八年之秋也」とある。

長24　土屋鳳洲書跡　一幅
明治二十三年（一八九〇）
縦一三六・八×横三一・〇

七言絶句。箱蓋表書に「土屋鳳洲先生南都懐古」、箱蓋裏書に「明治廿三年九月先生奈良師範校長時所賜　予年廿二才　章斎中川泉三題」と泉三の墨書がある。表具背面上部にも「明治廿三年九月七日鳳洲土屋弘先生揮毫、以師弟之情賜此章、先生時于在奈良」とある。

《下郷傳平》

長25　下郷傳平久成書簡　中川泉三宛　一通
昭和十二年（一九三七）
縦一九・二×横八六・八

長26　石之長者木内石亭全集　六冊
昭和十一年（一九三六）
（巻一）縦二三・七×横一六・二

《歴史家たちとの交友》

長27　玉倉部王塚考　久米邦武筆　一冊
明治四十年（一九〇七）
縦二七・七×横二一・〇

中川泉三が、米原市柏原にある王塚古墳について、応神天皇の皇子・稚渟毛両派王の墓との口碑を歴史的に実証できるか、古代史に明るい久米邦武に問うた。これに対し、久米は口碑は大切にすべきだが、埋葬者を特定することは不可能と回答した文書である。昭和十年（一九三五）に泉三が、冊子に仕立て直している。

長28　三上参次博士書簡集　一巻
大正元年（一九一二）
～大正九年（一九二〇）
縦二八・〇×横一〇二一・九

東京帝国大学史料編纂掛の三上参次から、中川泉三に宛てた書簡十二通を一巻にまとめたもの。三上は日本近世史の第一人者。度々近江を訪れており、この書簡中でも竹生島案内の礼などが述べられている。章斎文庫には昭和十一年（一九三六）八月二十七日に、中川泉三と共に賤ヶ岳に登山した際の記念写真も残っている。

長29　辻善之助書簡　中川泉三宛　一通
明治四十二年（一九〇九）
縦一八・八×横七七・六

東京大学史料編纂掛の辻善之助が、中川泉三に成菩提院文書の送付を依頼した書簡である。辻は後に東京帝国大学教授、および史料編纂所長をつとめ、昭和二十七年（一九五二）には文化勲章を受賞した日本仏教史の第一人者。年号は消印によるが、書簡は十月十八日付である。

長30　渡辺世祐書簡　中川泉三宛　一通
大正十五年（一九二六）
縦二五・一×横一八・三×二枚

東京帝国大学史料編纂官であった渡辺世祐が、『近江栗太郡志』の寄贈を謝した手紙で、大正十五年（一九二六）七月二十四日付である。礼状ながら「蒲生郡志ニ比し余程記事粗雑あること」と痛烈な批判が記されている。渡辺は戦前・戦後における日本中世史の権威だが、泉三を通じて坂田郡内の顕彰碑文の撰文も行い、『稿本石田三成』の著者でもあり、近江の歴史とも深く関わった。

長31　三浦周行書簡　中川泉三宛　一通
大正五年（一九一六）
縦一八・二×横八二・八

京都帝国大学教授の三浦周行が泉三に対して、野洲郡誌編纂主任について、中村直勝が辞退したので魚澄惣五郎を推薦する旨申し述べた書状。大正五年（一九一六）一月二十五日付である。結局この魚住も辞退したようで、『野洲郡史』は同じ三浦門下の橋川正によって昭和二年（一九二七）に刊行されている。

長32　平泉澄書簡　中川泉三宛　一通
大正十年（一九二一）
縦二〇・八×横一二一・七

東京帝国大学大学院時代の平泉澄が、『近江蒲生郡志』の発刊を祝し、その申込・郵送方法について連絡した九月二十五日付の書簡。同書の発刊を、「学会の為喜に堪えず候」と述べている。平泉は後に東京帝国大学教授となり、戦前・戦中の皇国史観を主導した人物と知られ、社会に大きな影響力を持った。

長33　黒田惟信書簡　中川泉三宛　一通
大正十三年（一九二四）
縦二四・〇×縦三三・一×二枚

東浅井郡志の編纂主任であった黒田惟信が、その進捗状況を泉三に伝えた手紙で、六月十日付である。消印は判読しにくいが、大正十三年（一九二四）であろう。従前は深夜一時・二時まで執筆を行ったが、最近は持病が出て十二時で終わることにしていること。今月中に二五〇〇～二六〇〇枚に及ぶ原稿の校正を終わることなどが記されている。『東浅井郡志』は昭和二年（一九二七）に刊行された。

長34　南部晋葉書　中川泉三宛　一通

明治四十三年（一九一〇）
縦一四・一×横九・〇

東浅井郡青名（現在の湖北町青名）の地方史家・収集家であった南部晋から、泉三が古文書発見の知らせを受けた葉書。消印は明治四十五年（一九一二）四月十四日付である。東浅井郡内から発見された文書は、「国友其他ニ係ル天正作職帳、堀秀村・樋口等之文書数十通」とある。南部はこの後、長浜町誌の編纂に当たり泉三と深く関わることになる。

《史料保存への取り組み》

長35　大原村観音護国寺文書・記録　七冊

昭和十二年（一九三七）
（文書　壱）縦二七・三×横一九・七

大原観音寺文書・記録の修理（帖装・巻子装・冊子装）を記念して作成した謄写本。文書六冊（写された文書は四三三通）・記録一冊（写された古記録は八冊）からなる。文書の六冊目に、泉三の昭和十二年（一九三七）九月の奥書がある。本書は『改訂近江国坂田郡志』の資料としても活用された。

長36　上坂いよ家信等書状影写本　一通

近代
縦二七・〇×横三九・〇

九月十六日付、上坂家信・上坂秀俊・石田景俊連署書状（「大原観音寺文書」）の影写本。影写本は雁皮紙を原文書の上にあて、その書体を正確に筆記した写である。この方法は東京大学史料編纂所の史料収集方法であり、泉三もこれを真似たと考えられる。本書の他、花押部分のみの影写本が六通ある。

長37　大原観音寺文書収納箱等　一括

昭和十三年（一九三八）
滋賀県指定文化財
（帖壱～帖六　収納箱）
縦五二・三×横三五・〇×高三〇・〇
米原市　観音寺蔵

中川泉三は昭和十三年（一九三八）十月に、前々年の新たな「大原観音寺文書」の発見を機に、その散逸を防ぐため表装をほどこすことを寺から依頼された。結果、十二帖・二巻・四冊にまとめられ、十二帖の文書は六帖ずつ二箱に収納された。箱蓋には泉三による修理の経緯を記した墨書がある。

長38　長浜八幡宮文書収納箱等　一括

昭和十三年（一九三八）
（一部）滋賀県指定文化財
（天正年間古文書　収納箱）
縦五五・五×横一三・〇×高一二・〇
長浜市　長浜八幡宮蔵

「大原観音寺文書」と同時に表装・修理され、現状は十八巻・二帖になっている。一巻または二巻（帖は二帖で一箱）で一箱になり、泉三による箱蓋表書が記されている。また、箱蓋裏に修理年月（昭和十三年十月）が記されているものもある。

長39　浅井賢政書状謄写本　一通

大正年間（一九一二～二六）
縦二八・〇×横二〇・二

「出雲国松江市北堀雨森兼太郎氏文書」の二月九日付、雨森次右衛門尉宛て浅井賢政（長政）書状を写しとったもの。「近江栗太郡誌編纂用紙」を用いているので、大正年間後期のものだろう。泉三の史料収集は、このように古文書・記録を正確に写し取ることに主眼がおかれた。

長40　多賀大社文書　上・下　二冊

近代
縦三四・八×横二四・八

「多賀大社文書」の影写本で、五つ穴の和装本となっている。その「上」の冒頭には、多賀大社古図の佐和山城部分のみの模写が付属している。

長41　集古帖　一巻

中世～近世
縦三三・四×横三二一五・九

中川泉三は地方史編纂に当たって、実物資料は収集しない基本方針をとっていたが、章斎文庫にはわずかながら実物の古文書が伝来する。本巻子には、市岡理右衛門宛「堀田正俊書状」、小堀権左衛門宛「小堀遠州書状」、石崎源五宛「田中吉政宛行状」など十通の古文書が収納される。

《地域への貢献》

長42　柏原村村会議員任務表彰状　一通

大正三年（一九一四）
縦二六・一×横三六・二

八月二十一日付で、柏原村村長の松浦千代松が出した表彰状。本書によれば、泉三は明治四十三年（一九一〇）四月から大正二年（一九一三）三月まで同村の村会議員を務め、その記念として鉄瓶一個を与えられている。章斎文庫には、その鉄瓶も現存する。

長43　潤徳安民碑概要　一冊

昭和三年（一九二八）
縦一九・一×横一三・三

昭和三年（一九二八）に建立され、泉三が「陰記」（碑文の裏書）を記した「潤徳安民碑」について、その碑文内容を詳細に解説した栞である。文化年間（一八〇四～一八）以来、坂田郡平方村と隣村との間で用水相論が起こり、文政九年（一八二六）には解決したが、その訴訟費用は甚大で村の大きな負担となった。彦根藩北筋代官の薬袋（みない）主計は、彦根藩が肩代わりして借金を返済することを藩重臣と協議して決定、藩への負債については村が十七年かけて返済したという話が記される。平方村では「御薬袋祭」として、時の代官・薬袋主計の画像をつくって祀ってきたが、近代に入り村民有志の要望によってこの美談を顕彰する碑文の建立が発案され、泉三へ撰文依頼がなされた。

長44　**六荘村平方潤徳安民碑陰記拓本**　一幅

近代

縦二一八・三×横八七・七

長45　**北村寿四郎書簡　中川泉三宛**　一通

昭和八年（一九三三）

縦二四・七×横一六・二×五枚

ともに『近江坂田郡志』の編纂にたずさわった北村寿四郎が、泉三に対して「平方の潤徳安民碑碑陰記の誤謬を正し中川君に其改作改刻を勧告す」の一文を送付するに当たって、昭和八年（一九三三）六月十日付で出された添状。勧告文は主に、平方村への彦根藩の配慮が、代官薬袋個人の尽力のように描かれ、彦根藩主の慈悲に触れていない点を批判したもの。地域への貢献は、こういった苦情への対応と表裏一体の関係にあった。

長46　**六荘村郷土史講演草案　上・下**　二冊

昭和十年（一九三五）

縦一八・〇×横二五・九

昭和十年（一九三五）八月二十二日に行った「六荘村郷土史」講演会原稿である。冒頭に「六荘村中心　国民か日本歴史　村民ハ村の歴史」とあり、地方史の重要性を説いている。しかし、末尾には「コ、ニ天皇陛下の御恩、国恩ヲ感謝セねばならん」と皇国史観の影響も見える。泉三はこのように数多くの講演を行い、地方史研究の必要を説いた。

長47　**成善提院史**　一冊

近代

縦二三・九×横三三・六

成善提院は坂田郡柏原村にある天台宗寺院。墨書による原稿で、最初に奈良時代以来の寺院由緒を記し、その後に什宝を列挙、最後に「境内東北西ノ三面ハ山ヲ負ヒ」と立地条件についても触れる。泉三はこういった地域の寺院や神社の歴史も多くまとめている。

長48　**長浜町県社八幡神社考**　一冊

大正四年（一九一五）

縦一八・四×横二五・五

大正四年（一九一五）一月二十九日、長浜町の依頼により泉三がまとめた長浜八幡宮の由緒書。鉛筆書で、当時編纂中であった『蒲生郡誌』の「編纂用紙」に記されている。三頁の短編であるが、前半は関連古文書名を列挙し、後半は「地理上ヨリ見タル八幡宮」の項を設け、古代史から祭神の考察も行う。

長49　**舎那院の由緒**　一冊

昭和十三年（一九三八）

縦一八・二×横二五・六

泉三は昭和十三年（一九三八）四月に、『勝軍山新放生寺　舎那院史』（米51）を発刊するが、本書も同年立春の年紀が記されるので、序文案などとして草されたものとみられる。長浜八幡宮の学頭であった舎那院の衰頽を憂い「此の古刹の興隆を計り、以て地方の史蹟を両眼共に明にして後世に伝へられんことを希望して已まざるなり」と結んでいる。「両眼」とは長浜八幡宮と舎那院を指す。

■滋賀県立安土城考古博物館

《徳富蘇峰》

安1　**徳富蘇峰書簡　中川泉三宛**　一通

昭和三年（一九二八）

縦二六・〇×横一九・七

安2　**蘇峰詩草**　一冊

大正七年（一九一八）

縦二三・四×一五・八

安3　**徳富蘇峰来遊記念写真**　一枚

昭和十二年（一九三七）

縦一五・六×横二〇・六

《日野町志の人びと》

安4　**池田毅家族写真**　一枚

昭和三年（一九二八）

縦八・七×横一三・八

安5　**友園　第二二二号**　一冊

昭和五年（一九三〇）

縦二七・四×横三九・六

本誌は、日野町本誓寺住職で、町志編纂委員でもある野田現浄が地元で編集・発行している同人誌。第二二二号で組まれた野田東三郎追悼特集において、泉三は巻頭で、東三郎との出会いや思い出、その人となりなどを語っており、二人の深い友情がよくわかる。鹿角杖のエピソードは、その冒頭で取り上げられている。

安6　**池田毅書簡　中川泉三宛**　一通

大正四年（一九一五）

縦一八・二×横五一・〇

池田毅が泉三に送った書簡の中で、最も

古い年紀を持つもの。既にこの時点で、町志の史料収集が始まっていることが内容からわかる。仕事の話だけではなく、漢詩の共通の師である土屋鳳洲への伝言や土産を頼むなど、泉三と池田の間で人間的なつながりも深まっていることが伺える。

安7　野田東三郎書簡　中川泉三宛　一通
大正十三年（一九二四）
縦一九・〇×横二二一・四

泉三が送った薬草を受け取った東三郎の礼状。文中で泉三を「滋賀の光圀公」、自らを「ケンカイギインと申すエライ人の成たる栽松大居士」と呼び、旧知の死去に対して、自分たちもここらが位人臣の栄として人に惜しまれて浮き世を失敬した方がよいかなどと、ユーモアたっぷりに話しかけている。

安8　鹿角杖　一本
昭和四年（一九二九）
長一一八・五×頭部幅一六・二

昭和四年（一九二九）十一月に泉三の還暦を祝うため、野田東三郎が大阪の名工に注文して作らせた杖で、取っ手に鹿角の装飾が施されている。泉三は「高尚にして佳趣を有する意匠」と評し、「両鬢参差侵霜雪　老来捐筆返園林　春山採蕨秋山蕈　假得松風洗此心」との自作の七言絶句を杖に刻んで愛用した。泉三の遺品として、現在も章斎文庫に伝わっている。

安9　野田東三郎葉書　中川泉三宛　一枚
昭和四年（一九二九）
縦一四・二×横九・〇

還暦祝いの杖の送り状。長い杖は長身の泉三に合わせたためだと述べている。最後に「お礼の一句が無いわけではなかろうね？」と返礼の漢詩を要求しているのは、漢詩仲間のやりとりとして興味深い。葉書が届いた翌日に、杖は駅から泉三の元に配送されている。

安10　中川泉三家族写真　一枚
昭和十四年（一九三九）
縦九・六×横一三・八

《蒲生郡志の編纂》

安11　蒲生郡志編纂関係者集合写真　一枚
大正十年（一九二一）
縦一六・七×横二四・二

安12　角田亀次郎書簡　中川泉三宛　一通
大正二年（一九一三）
縦一八・八×横一二四・一

泉三へ、最初に蒲生郡志編纂の依頼を持ちかけた手紙。編纂主任として調査を進めていた人物を解嘱し、根本的に編纂主義・方法を改めようと考えており、坂田郡時代の旧知である泉三を主任に据えたいこと、ついては来月七、八日頃に泉三を訪問したいということが記されている。

安13　郡志編纂委員委嘱任命状　中川泉三宛　一通
大正三年（一九一四）
縦二七・五×横一九・九

蒲生郡役所が、最初に泉三に「郡誌編纂委員」を委嘱した際の任命状。給与は月三〇円となっているが、その後毎年のように加増され、大正十年（一九二一）には七五円になっている。また給与とは別に勤勉賞与も支給されていた。

安14　伊庭貞隆書下　橋本名主百姓宛　一通
永正六年（一五〇九）
滋賀県指定文化財
縦二五・五×横四四・〇
竜王町　左右神社蔵

安15　左右神社文書影写本　一枚
大正時代（一九一二～二六）
縦二七・九×横四〇・〇

安16　蒲生郡誌編纂日誌　一冊
大正三年（一九一四）・大正四年（一九一五）
縦二〇・七×横一四・二

安17　「信長時代の金貨」拓本　一枚
大正時代（一九一二～二六）
縦一九・二×横一三・七

安土町摠見寺が所蔵する金貨の拓本。金貨は大小二枚の蛭藻金と呼ばれる不定量金貨で、大正四年（一九一五）に町内下豊浦の畠地から発見された。泉三は、古文書だけでなくこのような資料も、拓本や写真などの方法で情報を収集した。

安18　佐々木六角氏観音寺城之図　一枚
大正時代（一九一二～二六）
縦二七・四×横三九・二

近江守護佐々木六角氏の居城である観音寺城の絵図を写したもの。現在伝わる各種の同城絵図と同じく、江戸時代の城跡の状況を描く。原本は「日野町」と記されているが、現在はその所在は確認できない。城跡調査については、このような伝来の絵図類も、彩色で写して資料として収集していた。

安19　千僧供古墳祭文　三枚
昭和八年（一九三三）
縦二七・六×横一九・九

近江八幡市馬淵町にある千僧供古墳群から、古墳時代の甲冑や刀剣類が多数出土した。泉三はその報告を受けて調査概要をまとめ、最終的には発見を記念して祭礼日を設けた地域住民の要望を受け、祭に読み上げる祭文を書き上げた。章斎文庫に残されているこの祭文は、その草稿である。

安20 **水島乙太郎書簡・史料展覧会出品目録　中川泉三宛**　一通・一枚

大正三年（一九一四）
書簡　縦一七・九×横五五・〇
目録　縦二四・七×横三四・三

第一回史料展覧会出陳依頼に対しての八幡町からの返答で、別紙目録の資料を出陳することを伝える。目録の最初に記された「信長公御朱印及び古書類」は、安土城下を楽市楽座と定めた「山下町中掟書」と思われる。他に伴蒿蹊画像や八幡城の絵図など、十件が八幡町から出品されている。

安21 **鎌掛村古城趾平面図**　一鋪

大正時代（一九一二～二六）
縦二六・三×横五三・〇

安22 **中島又次書簡　中川泉三宛**　一通

大正六年（一九一七）
縦一七・三×横三九・七

郡志の製図嘱託である中島又次が泉三に送った書簡。陸軍大演習の献上品に城跡図を用いることを知らされての返事と思われ、これまでに測量を行ってきた安土城・観音寺城・岡山城・布施城などの疑問点や検討課題などを、事細かに泉三に報告している。八枚の便箋にいっぱいに書き込まれた内容からは、中島の几帳面な仕事ぶりが伺える。

安23 **近江蒲生郡古城趾図**　九枚

大正六年（一九一七）
個人蔵

大正天皇の陸軍大演習記念の献上品として、蒲生郡役所は、郡志編纂事業で測量中であった郡内所在の十ヶ所の城跡図に、各城郭の概要・考察・現況の記事を加え、セット絵図を作成した（非売品）。本資料は長光寺城図を欠いた九枚であるが、絵図を包む帙が残っている点は貴重。

安24 **蒲生氏郷事蹟**　一冊

大正六年（一九一七）カ
縦二八・一×横二〇・〇

安25 **織田信長位階追陞宣下奉告祭・安土保勝会発会式挙行案内　中川泉三宛**　一通

大正七年（一九一八）
縦一六・〇×横二一・〇

来たる四月二十一日に安土山信長廟前において、標記の奉告祭および発会式が行われることを泉三に報じ、参列を願う案内状。前年に贈位が叶った信長の奉告祭を、安土保勝会発足に合わせて挙行するという計らいである。泉三は贈位の奉告文を書いており、保勝会理事でもあるため招待を受けたのである。

安26 **佐々木義治志草稿**　一冊

大正九年（一九二〇）
縦一七・九×横二五・七

安27 **江源武鑑**　二十冊

明暦二年（一六五六）刊
縦二六・一×横一八・三
滋賀県立安土城考古博物館蔵

佐々木氏嫡流である六角氏の正系末裔を名乗る佐々木氏郷が、近江源氏佐々木氏の事績を記した歴史書。歴史上に名を残す定頼―義賢―義治ではなく、定頼の兄氏綱の子孫を正系として記述しているのが特徴であるが、実は歴史家沢田源内が「氏郷」を騙って創作した偽書と考えられている。

安28 **蘆田伊人書簡　中川泉三宛**　一通

大正十一年（一九二二）
縦二三・六×横一五・七

東京帝国大学史料編纂所や三井男爵家編纂室などに勤務した歴史地理学者・蘆田伊人が、『近江蒲生郡志』の感想を泉三に述べた書簡。佐々木家臣といわれる三井家を調査中の蘆田は、偽系図問題にも興味を示し、自分が把握している沢田源内関係資料の情報を泉三に伝えている。

安29 **蒲生郡役所通知　中川泉三宛**　一通

大正七年（一九一八）
縦二三・六×横三三・二

安30 **安土保勝会趣意書**　一枚

大正七年（一九一八）
縦二六・〇×横三六・〇

摠見寺住職松岡範宗が中心となって設立した安土保勝会の趣意書。他に、会則と事業計画要領が作成されている。安土城跡を全山公園として施設を整え、摠見寺の改築や信長廟を修理することを目的に謳っている。会則によれば、会の総裁は滋賀県知事、会長は蒲生郡長がつくことになっている。

安31 **安土保勝会理事嘱託任命状　中川泉三宛**　一枚

大正六年（一九一七）
縦二七・九×横二〇・〇

安土保勝会の構成員は、住職の松岡の他は会則にある自治体の役職相当者以外、詳細にはわからないが、章斎文庫に残るこの任命状により、結成半年前より泉三が理事に加わっていたことが判明する。半年前の時点で、既に郡長の澤信次郎が会長に就任していたこともわかる。

安32 **織田信長公三五〇年遠忌案内状　中川泉三宛**　一通

昭和八年（一九三三）
縦一五・七×横一〇・二

十月八日から十七日までの間、安土山摠見寺で行われた、標記法要の案内状。蘇峰を招いた頌徳大講演会は八日、主たる法要は十六日となっている。松岡はこの一大イベントに向けて石段修復や案内標柱の設置を行い、仏殿書院に小杉放菴に依頼して新たに襖絵を描かせるなど力を注いでいる。

泉三もこれらの事業に協力したのであろう。

安33　松岡範宗書簡　中川泉三宛　一通
昭和十二年（一九三七）
縦一八・〇×横一四六・九

安34　蘇峰会滋賀支部発会式等案内状　中川泉三宛　一通
昭和十三年（一九三八）
縦二四・二×横三三・四

「摠見寺文書」によれば、詩碑の建設地が二の丸であることが問題となったため竣工が遅れ、建碑式・発会式は昭和十三年（一九三八）五月十七日に執り行われることとなった。本状は、そのうちの発会式の泉三への案内状。この他に、同様の書式で「信長公詩碑建碑式」の案内状も届けられている。

安35　伊吹山人草稿　一冊
昭和十年（一九三五）以降
縦二七・九×横一九・四

本書は泉三の著作草稿を綴った冊子で、その中に「安土城阯碑陰記」と題して安土城跡の蘇峰詩碑の裏に刻まれた文章も載せられている。碑文は、松岡と蘇峰と泉三の出会いから、蘇峰と泉三が碑文を記すことに言及し、これを南化玄興が織田信長のために「安土山之記」を作った故事に重ねた内容となっている。

安36　徳富蘇峰書跡　一幅
昭和十四年（一九三九）
縦一三一・九×横三三・五

泉三の古稀金婚祝賀に際し、蘇峰は章斎文庫寄贈の発起人の一人となっているが、個人的にはこの五言絶句を書した掛軸を、泉三に贈っている。漢詩は「撲學中夫子　林居七十年　千秋留著作　富光附雲煙」というもので、「為中川先生古稀壽　蘇叟七十七」と添えている。

安37　徳富蘇峰書簡　中川俊三宛　一通
昭和十五年（一九四〇）
縦二六・三×横一八・九

前年十二月二十七日に死去した泉三の訃報を受け、正月五日付で蘇峰が養子である俊三に送った弔問の手紙。香奠一〇円も同封されていた。大正七年（一九一八）の二人の出会いを回顧したうえで、泉三に死について、「驚愕哀痛の至り」「痛恨尓不堪」と悲嘆をあらわにしている。

安38　角田亀次郎葉書　中川泉三宛　一枚
大正十年（一九二一）
縦一四・二×横九・一

最初に泉三に郡志編纂を依頼した角田が、蒲生郡志が印刷段階に入ったことを耳にして、泉三に書き送った葉書。本文に記した一文以外にも、「貴下十年ノ功績ハ永久光ヲ放チ史跡研究者ヲ利スル多大」「同郡ノ誇リニ止マラズ本県ノ誇リ」などと、絶大な賛辞を投げかけている。

安39　蒲生郡志謝状帖　中川泉三宛　一巻
昭和三年（一九二八）
縦二八・三×横八〇七・九

『近江蒲生郡志』完成に際して研究者などから寄せられた書簡類を、「昭和戊辰年初秋」に泉三が取りまとめて巻子にしたもの。久米邦武・内藤湖南・三上参次・徳富蘇峰（安1）・三浦周行・高橋健自・渡辺世祐・辻善之助・八代国治・黒田惟信・大西源一の十一名の書簡からなる。

安40　近江蒲生郡志原稿　一冊
大正時代（一九一二〜二六）
縦二六・九×横一九・四

《蒲生郡内の町志編さんと泉三》

安41　野田東三郎書簡　中川泉三宛　一通
大正六年（一九一七）
縦一八・二×横一〇七・〇

安42　滋賀県知事官房書簡　松原郡書記宛　一通
大正六年（一九一七）
縦一八・四×横一一三・二

蒲生郡長が申請した蒲生氏郷の贈位について、滋賀県知事官房川畑主事から松原郡書記に送られた指示の手紙。氏郷の事績調書には、武功ばかりがあげられていて、日野在城中の民政などがほとんどわからないので、この点に重点を置いて四・五日中に出し直すことを勧めている。

安43　池田毅書簡　中川泉三宛　一通
大正六年（一九一七）
縦一七・八×横一二〇・〇

日野の有志会で氏郷の銅像建設の相談がなされたことを、泉三に伝える書簡。建設が本格的に決まれば、場所は雲雀野・音羽城趾・中野城趾などが候補に上がっていることなども記されている。

安44　蒲生氏郷銅像絵葉書　一枚
大正八年（一九一九）カ
縦一四・一×横九・一

安45　野田東三郎葉書　中川泉三宛　一枚
昭和十二年（一九三七）
縦一三・八×横八・八

安46　日野町教育会書簡　中川泉三宛　一通
大正八年（一九一九）
縦二四・四×横三三・五

日野町教育会が、蒲生氏郷銅像の鋳造が

無事終わり、四月二十五日から五月一日までの間に除幕式を予定していることを泉三に告げ、除幕式の方法や順序など一切の事柄の指示を泉三より受けることを願った書簡。泉三が、銅像制作や関連事業にいかに深く関わっているかが伺える。

安47　蒲生氏郷顕彰感謝状　中川泉三宛　一枚
大正八年（一九一九）カ
縦三〇・〇×横三八・九

安48　池田毅書簡　中川泉三宛　一通
大正九年（一九二〇）
縦一八・三×横五八・八

■栗東歴史民俗博物館

《中川泉三》

栗1　太湖三十勝　一冊
明治三十七年（一九〇四）
縦二二・四×横一四・九
栗東歴史民俗博物館蔵
（里内文庫コレクション）

栗2　伊吹山名勝記　一冊
大正二年（一九一三）
縦二二・二×横一四・九
栗東歴史民俗博物館蔵
（里内文庫コレクション）

栗3　章斎詩鈔　二冊
昭和五年（一九三〇）
縦二三・〇×横一五・八
栗東歴史民俗博物館蔵
（里内文庫コレクション）

栗4　近江之聖蹟　一冊
昭和七年（一九三二）
縦二二・五×横一六・二
東歴史民俗博物館蔵
（里内文庫コレクション）

栗5　中川章斎先生小伝　一冊
昭和十五年（一九四〇）
縦二二・二×横一五・四
栗東歴史民俗博物館蔵
（里内文庫コレクション）

栗6　中川泉三遺品　メガネ　一個
近代
縦四・八×横一三・八

《里内勝治郎》

栗7　里内呉服店看板　一枚
近代
縦四八・〇×横七二・九
栗東歴史民俗博物館蔵
（里内文庫コレクション）

里内家は先代の初代里内勝治郎の代から呉服店を営む家であった。多額の費用を要した里内文庫の経営は、呉服店からの収入に頼るところも大きかった。

栗8　里内文庫内での里内勝治郎写真　一枚
近代
縦二七・三×横三六・三
栗東歴史民俗博物館蔵
（里内文庫コレクション）

栗9　里内文庫海軍記念日図書展覧会写真　一枚
明治四十三年（一九一〇）
縦二七・八×横三九・一
栗東歴史民俗博物館蔵
（里内文庫コレクション）

栗10　里内文庫図書目録カード収納棚　一架
明治時代（一八六八～一九一二）
縦五三・〇×横八六・〇×高八二・〇
栗東歴史民俗博物館蔵
（里内文庫コレクション）

栗11　里内文庫羽織　一枚
明治時代（一八六八～一九一二）
縦三七・八×横四八・一
栗東歴史民俗博物館蔵
（里内文庫コレクション）

栗12　里内勝治郎書簡　中川泉三宛　一通
大正元年（一九一二）
縦一七・七×横三九・六

里内勝治郎が泉三に宛て送った最初の書簡。論文に掲載されていた坂田郡の条里再現図や、引用されていた古文書について問い合わせる内容。

栗13　中川泉三書簡　里内勝治郎宛　一通
大正元年（一九一二）
縦二三・〇×横一六・〇
栗東歴史民俗博物館蔵
（里内文庫コレクション）

里内勝治郎の最初の書簡に対しての返信。この書簡のなかで、栗太郡内にある金勝寺と芦浦観音寺の古文書について、この資料が失われることは「又と得難き宝物を亡失する」だけでなく「国家の史料を亡失」することになるため、里内文庫でぜひとも収集してほしいと書いている。

栗14　里内文庫史料採録雑記　一綴
大正時代（一九一二～二六）
縦二五・〇×横一六・八
栗東歴史民俗博物館蔵

（里内文庫コレクション）

里内文庫が収集した資料の目録。大正二年（一九一三）以降の収集資料が記される。

栗15　金勝寺四至図写　一幅

近代
縦一二六・一×横一二四・一
栗東歴史民俗博物館蔵
（里内文庫コレクション）

金勝寺が所蔵する四至図の写し。現品は金勝寺を描いた現存最古の絵図である。

栗16　近江と人　第一二八号　一冊

昭和九年（一九三四）
縦二二・三×横一五・一

『近江と人』は里内勝治郎がしばしば投稿した雑誌。本号では勝治郎の論考「湖国に於ける明治天皇の御聖跡調査紀要　其の一　東海道の部」を収録する。

栗17　近江と人　第一四九号　一冊

昭和十一年（一九三六）
縦二六・二×横一八・九

里内勝治郎の論考「明治初年に於ける水運資料と通船川」を収録する。

《中川泉三と栗太郡志編纂》

栗18　沢信次郎書簡　中川泉三宛　一通

明治四十五年（一九一二）
縦一七・七×横一三六・三

栗19　栗太郡志編纂委嘱状　中川泉三宛　一通

大正十年（一九二一）
縦二七・六×横一九・七

栗太郡役所から泉三に宛てた郡志編纂主任の嘱託状。月八〇円の給与で委嘱されている。

栗20　栗太郡志編纂記録　一綴

大正十年〜十五年（一九二一〜二六）
縦二五・〇×横一八・二
栗東歴史民俗博物館蔵
（里内文庫コレクション）

里内勝治郎による栗太郡志編纂経過の手控え。中川泉三の編纂主任委嘱や、編纂委員会の日程や内容、泉三の執筆状況などが記される。「史料採集要目」「郡志編纂各町村史料調査要項」なども綴られる。史料蒐集委員については郡内十九ヶ村中十ヶ村分の委員名も控えられており、貴重な記録である。

栗21　琵琶湖近傍大絵図　一幅

大正二年（一九一三）
縦一二〇・五×横一〇四・二
栗東歴史民俗博物館蔵
（里内文庫コレクション）

本図は伊能忠敬が計測し、伊能家が保管していた「琵琶湖図」をもとに作成された絵図の複製。

栗22　伊能忠敬琵琶湖近傍大絵図資料帖　一帖

大正二年（一九一三）頃
縦三二・〇×横二四・〇
栗東歴史民俗博物館蔵
（里内文庫コレクション）

伊能家所蔵の「琵琶湖図」から複製を作成する際、間をとりもった海塩錦衛（当時千葉県立佐原中学校長）との書簡や、「琵琶湖近傍大絵図」の写真、栗太郡志編纂のための史料展覧会の様子を報じた新聞記事などを貼り合わせた折本。

栗23　史料展覧会出品目録　一冊

大正十一年（一九二二）
栗東歴史民俗博物館蔵
（里内文庫コレクション）

栗太郡志編纂のため、大正十一年（一九二二）三月四日〜五日に開催された史料展覧会の出品目録。目録には一六〇〇点余りの資料名が挙がっているが、栗20の記録では四〇〇点余りが出品されたことが記されている。

栗24　史料採集日誌　一冊

大正十二年（一九二三）
縦二三・六×横一六・八
栗東歴史民俗博物館蔵
（里内文庫コレクション）

栗太郡志編纂において葉山村（現在の栗東市の一部）史料蒐集委員であった、里内勝治郎が書き記した史料収集の手控え。大正十二年（一九二三）から記録が始まる。葉山村だけでも泉三が何度も足を運んで調査していることや、葉山村の史料が二〇回以上郡教育会に宛てて送り出されていることが記される。

栗25　章斎草案　七　一冊

大正十五年（一九二六）
縦一七・八×横二五・八

章斎草案は中川泉三の研究ノートのようなもの。自身が調査した文書や、講演の内容などが記されている。第七冊には第二回栗太郡地歴講話と題して、栗太郡の条里についてのメモがある。

栗26　栗太郡志編纂史料　笠縫村採集史料　一綴

大正十一年〜十五年（一九二二〜二六）
縦二七・五×横一八・二
栗東歴史民俗博物館蔵
（里内文庫コレクション）

栗太郡志編纂での調査で収集された資料の綴り。村ごとに綴られている。『近江栗太郡志』が刊行された一年後に、中川泉三から里内文庫に寄贈された。

栗27　栗太郡志編纂史料　常盤村採集史料　一綴
大正十一年～十五年（一九二二～二六）
縦二七・〇×横一九・九
栗東歴史民俗博物館蔵
（里内文庫コレクション）

栗28　栗太郡志編纂史料　治田村採集史料　一綴
大正十一年～十五年（一九二二～二六）
縦一九・七×横二七・二
栗東歴史民俗博物館蔵
（里内文庫コレクション）

栗29　金勝寺木造神像　四躯
平安～鎌倉時代（七九四～一三三三）
栗東市指定文化財
像高五五・七～二二・三
金勝寺蔵（栗東市）

栗30　金勝寺制札　二枚
長享元年（一四八七）
延徳三年（一四九一）
滋賀県指定文化財
（長享元年）縦四五・三×横三五・五
（延徳三年）縦三三・七×横三一・二
栗東市　金勝寺蔵

栗31　近江栗太郡志中川泉三手書原稿　一冊
大正十一年～十五年（一九二二～二六）
縦一七・二×横二六・〇
栗東歴史民俗博物館蔵
（里内文庫コレクション）

中川泉三による栗太郡志原稿。人物編・武家志・寺院志・神社編の原稿が綴られる。泉三が推敲したあとも残る。ところどころに「写了」と朱筆で記されている。村ごとの収集資料綴同様、昭和二年（一九二七）に泉三から里内文庫に寄贈されたものであろう。

栗32　近江栗太郡志原稿　五巻二十五冊
大正十一年～十五年（一九二二～二六）
（巻壱之壱）縦二七・三×横一八・九

栗33　和装本　近江栗太郡志　五巻二十冊
大正十五年（一九二六）
（巻壱之壱）縦二三・四×横一六・一

栗34　栗太郡条里図銅版　二枚
大正十五年（一九二六）
縦三一・九×横三九・五

栗35　中川泉三書簡　里内勝治郎宛　一通
昭和二年（一九二七）
縦一九・〇×横一一三・〇
栗東歴史民俗博物館蔵
（里内文庫コレクション）

《栗太郡志編纂後の中川泉三 ―木内石亭全集の刊行―》

栗36　中川泉三書簡　高木正憲宛　一通
昭和十年（一九三五）
縦二六・〇×横二〇・〇
個人蔵

泉三が西遊寺鳳嶺の子孫に宛てた書簡。栗太郡志刊行以降も、石亭関連の資料収集を行なっていたことが記される。全集刊行にあたって、『雲根志』を再調査するため、借用したいと依頼する。

栗37　中川泉三書簡　高木正憲宛　一通
昭和十年（一九三五）
縦二六・一×横一九・四
個人蔵

石亭全集を刊行することについて、泉三は「是皆栗太郡志に因をなしたるにて如何に因縁にやと思い居り候」と記している。

栗38　中川泉三書簡　高木正憲宛　一通
昭和十一年（一九三六）
縦二六・〇×横二〇・〇
個人蔵

執筆の過程で石亭全集が大部になることがわかり、泉三は一般にはあまり出回らないであろうとなげく。しかしながら、学界にはよいことをしたのだから、と自分自身に言い聞かせた、と西遊寺鳳嶺の子孫に書き送っている。

栗39　雲根志　前編・後編・三編　十五冊
（前編）安永二年（一七七三）
（後編）安永八年（一七七九）
（三編）享和元年（一八〇一）
縦二二・四×横一五・八
個人蔵

木内石亭の代表作で、唯一版行されたもの。本品は石亭の弟子、西遊寺鳳嶺が所持していたもの。全集刊行にあたって、泉三が鳳嶺の子孫に依頼して再調査した。

栗40　奇石会品目　一冊
寛政九年（一七九七）
縦一二・四×横一八・七
個人蔵

全集に収録された石亭の著作のひとつ。西遊寺鳳嶺が所持していたもので、全集刊行にあたって、泉三が調査した。

栗41　百石図写　一冊
寛政三年（一七九一）
縦二三・五×横一六・五
個人蔵

全集に収録された石亭の著作のひとつ。西遊寺鳳嶺が所持していたもので、全集刊行にあたって、泉三が調査した。

栗42　石之長者木内石亭全集　六冊
昭和十一年（一九三六）
（巻一）縦二三・七×横一六・二

栗43　西遊寺鳳嶺収集奇石類のうち奇石箪笥　一棹
文政二年（一八一九）以前
縦三九・二×横一八・二×高二四・五
個人蔵

栗44　木内石亭収集アケボノ象臼歯化石　一個
新生代完新世～更新世
縦一四・二×横二三・〇×高八・〇
個人蔵
木内石亭が収集したことが明らかなアケボノ象の化石。

《栗太郡志編纂が残したもの》

栗45　金勝十二景案内　一鋪
大正十三年（一九二四）頃
縦二〇・七×横一三・七

栗46　久保久一郎書簡　中川泉三宛　一通
大正十三年（一九二四）
縦二三・九×横一六・四×二枚
金勝十二景の絵葉書が出来上がったことを伝える。

栗47　源平布引滝絵看板　一枚
近代
縦一二八・二×横一八四・二
栗東歴史民俗博物館蔵
（里内文庫コレクション）

栗48　源平布引滝丸本　一冊
寛政二年（一七九〇）
縦二二・五×横一六・五
栗東歴史民俗博物館蔵
（里内文庫コレクション）
『源平布引滝』の物語の九郎助住家の段は、舞台が〝手孕村（手原村）〟とされ、物語中でも「今よりこの所を手孕村と名づくべし」という台詞がある。そうしたことから、勝治郎はこの演目の資料の収集に熱心であった。これは里内文庫にいくつかある丸本のうち、三世竹本津太夫から寄贈されたことがわかるもの。

栗49　源平布引滝資料集彙　一綴
昭和九年（一九三四）頃
縦三五・五×横四五・〇
栗東歴史民俗博物館蔵
（里内文庫コレクション）
三世竹本津太夫からの丸本寄贈の経緯や、「源平布引滝」の大阪中央放送局によるラジオ放送に関係した資料を綴ったもの。

栗50　布引滝劇用務文書　一綴
近代
縦三〇・二×横二一・〇
里内勝治郎が源平布引滝に関連した資料を収集するため、各方面に問い合わせた内容やその回答を綴った資料。三世竹本津太夫との書簡や写真などもこの資料に綴られる。

■愛荘町立歴史文化博物館

《泉三と愛知郡の接点》

愛1　近江新報　一枚
明治四十三年（一九一〇）十月十四日発行
縦五五・〇×横七九・一

愛2　愛知郡役所書簡　中川泉三宛　一通
明治四十三年（一九一〇）十月二十日付（消印）
縦一八・五×横一三五・四

愛3　日本の霊樹　花の木由来　一冊
大正三年（一九一四）六月二十三日発行
縦二二・一×横一四・八

愛4　愛知郡花沢村花ノ木発表関係記掛軸　一幅
大正十三年（一九二四）五月製函（上蓋裏書）
縦一六〇・八×横八八・四

愛5　北花澤の「花之木」　一冊
昭和九年（一九三四）六月一日発行
縦二二・一×横一五・一

愛6　花の木会臨時事業計較及説明書　一枚
大正時代（一九一二～二六）
縦一八・七×横一〇〇・三

愛7　名誉会員之証　一枚
近代
縦一〇・〇×横七・〇

《『近江愛智郡志』の編纂》

愛8　古市良吉書簡　中川泉三宛　一通
大正十四年（一九二五）六月十二日付
縦一八・三×横六七・六

愛9　古市良吉書簡　中川泉三宛　一通
大正十四年（一九二五）

九月十五日付
縦一八・一×横一六四・三

愛10　古市良吉書簡　中川泉三宛　一通
大正十四年（一九二五）十月六日付
縦一八・七×横一〇四・四

愛11　滋賀県愛知郡誌編纂主任任命状　一枚
大正十四年（一九二五）九月三十日付
縦二七・四×横二〇・〇

愛12　愛知郡教育会通知　一通
大正十五年（一九二六）三月二十四日付
縦二四・四×横一六・七

愛13　満島延三書簡　中川泉三宛　一通
昭和二年（一九二七）カ六月三日（消印）付
縦一七・八×横二五・五

愛14　中川泉三年譜　附録苦心談　一冊
昭和三年（一九二八）
縦一七・二×横二五・三

愛15　歳出内訳簿　一冊
大正十四年（一九二五）
縦二七・二×横二〇・〇
愛荘町教育委員会蔵
（旧愛知郡役所保管文書）

愛16　高橋省三葉書　中川泉三宛　一枚
昭和四年（一九二九）カ七月八日（消印）付
縦一四・二×横八・九

愛17　愛知郡誌編纂資料「中宿自治会文書」　一綴
大正十四年（一九二五）～昭和四年（一九二九）
縦一六・六×横二四・四
愛荘町　中宿自治会蔵

愛18　金剛輪寺を訪れた中川泉三写真　一枚
昭和元年（一九二六）～十四年（一九三九）
縦四二・〇×横五九・四
愛荘町教育委員会蔵

愛19　森野繁次郎書簡　井崎角左衛門宛　一枚
昭和三年（一九二八）カ十月四日付
縦一四・〇×横九・〇

愛20　森野繁治郎写真　一枚
大正時代（一九一二～二六）
縦三〇・五×横二五・四
個人蔵

愛21　森野家誌　一綴
近代
縦二三・〇×横一六・五
個人蔵

愛22　今井兼寛書簡　南部晋宛　一枚
明治四十二年（一九〇九）七月二十三日（消印）付
縦一四・一×横九・〇

愛23　西澤眞藏資料・添状　一冊
昭和三年（一九二八）三月・四月付
縦二八・一×横一九・八

愛24　西澤眞藏資料・添状　一冊
昭和四年（一九二九）八月十三日・八月十六日付
縦二四・四×横一六・五

愛25　用水路名地図　一枚
大正十五年（一九二六）十月付
縦七八・八×横五四・九

愛26　郡誌編纂各町村史料調査要項　愛知郡　一冊
大正十四年（一九二五）～昭和四年（一九二九）
縦一五・六×横四八・〇

愛27　古市良吉書簡　中川泉三宛　一通
大正十四年（一九二五）十二月一日付
縦二四・一×横三三・二

《愛知郡に残る泉三のことば》

愛28　徴古神記　一巻
大正十五年（一九二六）六月付
縦二八・五×横五六〇・八
愛荘町　豊満神社蔵

愛29　松居家誌原稿　九枚
昭和二年（一九二七）・昭和三年（一九二八）
縦一七・八×横二五・四

愛30　松居家誌　一冊
昭和三年（一九二八）三月二十五日発行
縦二三・二×横一五・九
東近江市湖東歴史民俗資料館蔵

愛31　中川泉三書跡　一幅
昭和二年（一九二七）〜昭和十四年（一九三九）
縦一四六・四×横三七・一
東近江市湖東歴史民俗資料館蔵

愛32　中川泉三書簡　松居泰次良宛　一通
昭和四年（一九二九）
縦二七・六×横一九・四
東近江市湖東歴史民俗資料館蔵
十二月二十日付

愛33　神之池工事写真　五枚
大正十四年（一九二五）等
縦二九・〇×横二四・一
東近江市湖東歴史民俗資料館蔵

愛34　神之池工事中日誌　一冊
大正十四年（一九二五）
縦二三・八×横一六・六
東近江市湖東歴史民俗資料館蔵

《『近江愛智郡志』の発刊とその影響》

愛35　予約募集広告　一枚
昭和四年（一九二九）
縦一九・五×横五四・〇
六月付

愛36　朝日新聞切抜　一枚
昭和五年（一九三〇）
縦一五・五×横二一・六
五月十八日発行

愛37　愛智郡志編纂感謝状　中川泉三宛　一枚
昭和五年（一九三〇）
縦二六・九×横三八・二
一月十日付

愛38　愛智郡志刊行記念品贈呈目録　一枚
昭和四年（一九二九）
縦三三・〇×横四六・三

愛39　稲村山図　村松雲外画　一架
大正十四年（一九二五）〜昭和四年（一九二九）
縦二六・四×横三七・四

愛40　近江愛智郡志　巻三　正誤書　一枚
昭和九年（一九三四）
縦一九・八×横一三・八
四月二十日付

愛41　河村豊吉書簡　中川泉三宛　一通
昭和九年（一九三四）
縦二四・三×横三三・三
四月二十三日付

愛42　中川泉三談　聞書　一冊
昭和元年（一九二六）〜昭和十四年（一九三九）
縦一七・五×横二五・四

愛43　国領捨治郎書簡　中川泉三宛　一通
昭和九年（一九三四）
縦一八・〇×横一二七・七
五月三十日付

愛44　我等の郷土　第一輯　一冊
昭和九年（一九三四）
縦二二・一×横一四・八
七月三日発行

愛45　河村豊吉書簡　中川泉三宛　一通
昭和八年（一九三三）
縦二四・五×横三三・七
十一月二十日付

愛46　高橋家故事記　一冊
昭和四十三年（一九六八）
縦一七・四×横二〇・五
愛荘町立愛知川図書館蔵
（高橋準一家文書）

愛47　史談会断篇録　一冊
昭和五十年（一九七五）
縦一九・七×横二七・三
愛荘町立愛知川図書館蔵
（高橋準一家文書）

愛48　愛知郡農会実業講習会講演　一冊
昭和八年（一九三三）
縦一八・〇×横二五・七
二月十八日付

愛49　県社昇格冊子　一冊
昭和五年（一九三〇）
縦一三・〇×横一七・五
愛荘町教育委員会蔵
四月八日付

愛50　中居忠盈葉書　中川泉三宛　一枚
昭和十年（一九三五）頃
縦一四・〇×横九・一

■米原市近江はにわ館

米1　賤嶽懐古集　一冊
明治二十三年（一八九〇）

縦二二・九×横一三・三

泉三が編集を企画した初の著書。明治二十年（一八八七）頃より漢詩の同人誌に告知を掲載し、全国から投稿と広告を募って発刊された。告知の文面に「咬菜書院　中川章斎」「補助膽吹山房主人　小沢琴卿」とあることから、泉三と友人の小沢良誠が共同で編集したことが伺える。なお中井桜洲による題詩は版木が現存する。

米2　**太湖三十勝**　一冊

明治三十七年（一九〇四）

縦二三・一×横一四・五

明治二十六年（一八九三）、泉三二十五歳のときに詠んだ漢詩を収めた詩集。漢詩の批正は土屋鳳洲・小野湖山に依頼し、発刊の際には中井桜洲・巖谷一六の題辞を得ている。日清・日露戦争の影響で印刷が延期され、完成が遅れた。発行部数が少なかったため、のち『章斎詩鈔』に「第弐篇　大湖三十勝詩」として再録された。

米3　**膽吹山**　一冊

明治三十八年（一九〇五）

縦一八・六×横一三・一

泉三が執筆した伊吹登山の案内書。伊吹山の歴史と自然、山内・周辺の名所などが記され、一冊の本としての体裁が整っている。西邨蓬山がヤマトタケルを描いた口絵のほか、男爵三宮義胤と土屋鳳洲の題辞、吉村膽南の序文がある。三宮義胤はもと近江国真野村（現在の大津市）出身。吉村膽南は名を平造といい、泉三と同じ柏原村の出身で、当時朝日新聞の記者を務めていた。

米4　**伊吹山名勝記**　一冊

大正二年（一九一三）

縦二一・三×横一四・九

『膽吹山』を改題・加筆した第二版。表紙は明るい色彩の絵に変更され、初版の題辞や序文に代わって口絵写真と伊吹山付近の略図が追加されている。また多くの広告が掲載されているため、この一冊で周辺地域の店舗も知ることができる。重版にあたって、より分かりやすく、手に取りやすい案内書を目指したことが伺える。

米5　**伊吹山案内**　一冊

大正八年（一九一九）

縦一八・七×一二・七

『伊吹山名勝記』を改題・加筆した第三版。第二版発行後の出来事が本文に反映されている。また第二版に比べ、広告に割かれる紙面の割合が少なくなった。『中川泉三著作集』に収録されているのは、この第三版である。

米6　**近江坂田郡志**　三冊

大正二年（一九一三）

縦二二・四×横一五・六

米7　**蒲生郡行幸啓誌**　一冊

大正六年（一九一七）

縦二三・二×横一五・五

大正六年（一九一七）、滋賀県で陸軍の特別大演習が行われるのに当たって、中川泉三が蒲生郡長であった沢信次郎から編纂を依頼されたもの。古代から明治までの間における天皇・皇太子の滋賀県行幸・行啓を編纂したものである。

米8　**近江蒲生郡志**　十冊

大正十一年（一九二二）

（巻一）縦二二・七×横一五・七

米9　**近江蒲生郡志原稿**　五十冊

大正時代（一九一二〜二六）

（巻一）縦二六・九×横一九・五

『近江蒲生郡志』全十巻の原稿を製本した冊子。本文には推敲のあとがそのまま残されており、完成した郡志とは一部の記述が異なる。郡志挿入図版のもとになった写真も収められている。

米10　**近江栗太郡志**　五冊

大正十五年（一九二六）

縦二二・三×横一六・二

米11　**近江愛智郡志**　五冊

昭和四年（一九二九）

縦二二・八×横一六・三

米12　**章斎詩鈔**　二冊

昭和五年（一九三〇）

（上巻）縦二七・六×横二〇・一

泉三の還暦を記念して発行された漢詩集。本書の題辞は久米邦武と徳富蘇峰が、巻頭画は村松雲外と福岡雲外が筆をとった。また尾形楓峡が序文を、黒田惟信が献詩を寄せている。まさしく泉三の交友関係の縮図といえる一冊である。

米13　**近江日野町志**　三冊

昭和五年（一九三〇）

縦二二・七×横一六・〇

米14　**近江之聖蹟**　一冊

昭和七年（一九三二）

縦二二・六×横一五・七

泉三の著書。古代から大正期まで一貫して、皇親・朝廷と滋賀県との関わりを中心にまとめられている。序文によれば、滋賀県は地理上の要衝で山水明媚な土地でもあり、歴代の聖蹟が数多く存在することにちなんで書名を決めたという。本書は徳富蘇峰の題辞を冠して出版された。

米15　伊吹山人詩文草　二冊

昭和十年（一九三五）
（一冊）縦二二・八×横一六・〇

『章斎詩鈔』刊行後の作品を集めた泉三の漢詩集「伊吹山人詩草」と、漢文集「伊吹山人文草」とを合わせて「詩文草」と題した一書。活版ではなく謄写版で印刷されており、全編にわたって尾形楓峡が評を付している。「文草」は鷲尾順敬の題辞を、「詩草」は徳富蘇峰の題辞と尾形楓峡の序文を掲げる。

米16　石之長者木内石亭全集　六冊

昭和十一年（一九三六）
（巻一）縦二二・七×横一六・二

米17　近江要史　一冊

昭和十三年（一九三八）
縦二一・五×横一五・四

中川泉三のラジオ放送講演（三回分）や彦根市立図書館・長浜の大通寺で行われた講演、そして『歴史地理』に発表した論文を収録したもの。近江全体の歴史概説に関するものを中心としている。

米18　中川泉三辞世　一幅

昭和十四年（一九三九）以前
縦一三八・八×横三四・三

米19　鹿角杖　一本

昭和四年（一九二九）
長一一八・五×頭部幅一六・二

米20　熊手・箒　二本

昭和十四年（一九三九）カ
（熊手）長一九二・〇×横四三・五
（箒）縦二一一・八×横四四・〇

米21　中川章斎先生伝原稿・版組見本　一綴

昭和十四年（一九三九）
縦二六・八×横一九・五

米22　芳名録　一冊

昭和十四年（一九三九）
～同二十年（一九四五）
縦三〇・二×横二一・二

章斎文庫の完成後、訪れる人びとのために準備された最初の芳名録。章斎文庫の芳名録は冊を改め、現在も書き継がれている。

米23　名刺帖　二冊

近代
縦二三・七×横一八・〇

泉三が受け取った名刺数百枚を収める。泉三の交際範囲を知ることができる、貴重な遺品である。

米24　久米邦武博士書簡集　十巻

明治四十一年（一九〇八）
～大正十四年（一九二五）
（巻一）縦二九・〇×横一五七一・五

久米自筆の書簡を泉三が巻子に仕立て、五巻ずつ、ふたつの木箱に収めている。箱の蓋に残された墨書から、書翰集は昭和十四年（一九三九）九月に整理されたことが分かる。このとき泉三は、三上参次の書簡も巻子に仕立てている。

米25　久米邦武先生伝原稿　二冊

昭和十一年（一九三六）以前
（上巻）縦二七・八×横二〇・〇

泉三が執筆した久米の伝記。晩年の生活は泉三との交友を織りまぜて描かれる。昭和十一年（一九三六）印刷の見積を依頼した記録があるものの、出版には至らなかったと見られる。久米美術館にも同様の稿本が存在しており、現在は『中川泉三著作集』に収められている。

米26　中川泉三写真原版　一枚

明治二十年（一八八七）
縦七・一×横五・〇×高一・二

明治二十年七月九日、泉三が十九歳のとき撮影された肖像のガラス乾版。泉三としては大変珍しい洋服姿である。まだ写真そのものが貴重だったのか、木製の小箱が付属する。箱の蓋には泉三の友人小沢良誠（雅号は琴卿）による讃がある。この原版は他の写真類とは別に、書斎の一角にしまわれていた。

米27　くすりの枕　一冊

明治三十四年（一九〇一）
縦二四・一×横一六・五

泉三が病気になり、入院・退院までを回想して執筆した文章。

米28　章斎丙戌詩稿　一冊

明治十九年（一八八六）
縦二二・七×横一五・四

表題のほか「柳江詩稿」の内題がある。柳江は泉三が青年時代に用いていた雅号。肉筆の漢詩集という趣向で、本間芹香（久三郎）、宮川春江（安孝）など、地元の詩作仲間が巻頭に詩を寄せている。

米29　遊杖詩存　杖痕録　一冊

大正九年（一九二〇）
縦二四・四×横一六・六

泉三自筆の序文（大正九年（一九二〇）三月晦日）が付された漢詩稿。序文には題名の由来が記されている。泉三は蒲生郡誌編纂の当初から、史料採訪の旅先で見る風景や史跡を漢詩に詠んでいた。歴遊した土地を懐かしむ記念として漢詩を冊子にまとめるにあたり、遊杖詩存と題したという。『章斎詩鈔』に「第三篇　杖跡録」として収められている。

米30　東来史宝　二冊
大正三年（一九一四）
〜昭和四年（一九二九）
（巻一）縦二五・二×横一七・〇

泉三が黒田惟信から送られた書簡を整理し、製本した冊子。特に史料考証や史料収集に関する内容のものが選ばれている。「久保家蔵本　佐々木系図」や「浅井三代記」など、『東浅井郡志』の参考史料に対する黒田の見解も興味深い。

米31　霞外詩集　一冊
昭和五年（一九三〇）
縦二二・一×横一五・二

『東浅井郡志』の編纂者、黒田惟信の漢詩集。「霞外」は黒田の雅号である。黒田も泉三と同じく漢詩をたしなんでいた。章斎文庫所蔵の本書は、見返しに黒田自筆の正誤表が貼付され、巻末に「昭和五年七月著者寄贈」との墨書がある。

米32　楓峡詩鈔　二冊
大正十一年（一九二二）
（巻一）縦二三・四×横一五・八

三巻二冊の構成で、尾形楓峡（慶治郎）の漢詩を年代順に収める。尾形は泉三がもっとも多くの詩文添削を依頼した、漢詩文の師である。

米33　紫川遺稿　一冊
昭和七年（一九三二）
縦二二・七×横一五・七

『近江日野町志』の編纂者である池田毅（一八四三〜一九二九）の遺稿をまとめた漢詩集。紫川は池田の雅号。題詞は土屋鳳洲と尾形楓峡の筆である。巻末に泉三撰文の「池田毅君小伝」が付され、池田の略歴を知ることができる。

米34　柏原村史　一冊
近代
縦二七・三×横一八・七

米35　蒲生郡採訪古文書　九冊
大正四年（一九一五）
〜大正五年（一九一六）
（巻一）縦一八・三×横二五・五

『近江蒲生郡志』編纂のため、泉三が郡内の各町村をくまなく旅して集めた謄写史料を綴じたもの。九冊とするのは「蒲生郡採訪古文書」もしくは「蒲生郡採訪文書」と題された冊子の冊数で、実際には「蒲生郡集合史料」という表題の冊子もほぼ同種の資料と考えられる。そのほか「金石史料」など史料の種類別に分類された冊子もある。

米36　志賀・甲賀・栗太・野洲郡採訪文書　一冊
大正五年（一九一六）
縦一八・一×横二六・一

『蒲生郡志』編纂のため、滋賀県内で収集された史料の冊子。泉三は大正五年（一九一六）十月一日から六日間、滋賀・甲賀・栗太・野洲の四郡をまわって原史料を調査し、必要な史料を筆写した。

米37　書斎之錦嚢　三冊
大正時代（一九一二〜二六）
（巻二）縦二八・一×横二〇・〇

郡志編纂の際に写した史料をまとめた冊子。帝国大学で閲覧した史料の写であろうか。所蔵先は滋賀県内を中心に、福岡・島根・大阪・京都・兵庫・和歌山など、広い地域にわたる。

米38　郷土史講演案　十二冊
近代
縦一八・四×横二六・〇

泉三が各地で「郷土史」講演を行った際、手元の控として作成した覚書を集めた冊子。講演の流れだけを記したものや、講演内容を比較的くわしく記したものなど、内容はさまざまである。

米39　中川泉三収集絵葉書　一函
近代
（一葉）縦一四・〇×横九・〇

泉三は仕事の関係や、あるいは旅先で、多くの絵葉書を入手している。それらは入手の経緯や年月日を記して地域別に整理され、二段の箱いっぱいに収められていた。泉三は単に趣味で絵葉書を収集していたのではない。その証拠に、郡志などの原稿を丁寧に見ると、時折絵葉書から転載された図版があることに気付く。泉三は印刷された葉書も史料として認識し、活用していたのである。

米40　蓮華寺佐山隆応書簡　中川泉三宛　一通
大正十年（一九二一）
縦一八・〇×横八二・二

四月九日付で史蹟名勝天然記念物について照会があり、史蹟指定する場所の件について意見を伺いたいなどと内容を記す。

米41　佐野真次郎書簡　中川泉三宛　一通
大正十一年（一九二二）
縦二七・七×横三三・五

九月十五日、高島郡長である佐野真次郎が高島郡誌編纂事業の要領と採訪資料関係注意事項等について講義を依頼した書簡。

米42　中川泉三書跡　一幅
昭和六年（一九三一）
個人蔵
縦一三六・九×横三二・八

泉三が西村市郎右衛門の子孫を訪ねると題し、漢詩を揮毫した掛幅。『伊吹山人詩草』に同題の詩が掲載されているが、字句が多少異なる。西村家は日野町の名望家で、代々西村市郎右衛門を名乗る。詩に詠まれた西村は大窪町戸長として力を尽くし、山林管理団体設立など多くの功績を残した人物。泉三と同時代の西村も蒲生氏郷と馬見岡綿向神社の顕彰に大変積極的で、野田町長らとともに活躍した。

米43 谷崎潤一郎書簡　中川泉三宛　一通

昭和五年（一九三〇）
縦二六・八×横一一六・二

小説家の谷崎が自分の祖先を『近江蒲生郡志』の中に発見し、その時の喜びを文章にして『文芸春秋』誌上に掲載したことがあり、それを知った泉三が谷崎に手紙を送った、その返書である。七月十六日付で、いつか日野に行って面会したい、いつ滞在しているのか、不在ならば日野の人を紹介して欲しい、東京に来られることがあれば面会したということを記している。

米44 万沢正彦書簡　中川泉三宛　一通

昭和六年（一九三一）
縦二四・二×横三三・六

山津照神社の境内に所在する古墳に滋賀県保勝会の標柱を建設することになり、その文面を社掌の万沢が泉三に依頼した書簡。四月二十二日付で記され、滋賀県保勝会建設標柱図も同封されている。

米45 曽我氏家記　一冊

昭和八年（一九三三）
縦二二・一×横一五・二

泉三が昭和七年（一九三二）に執筆し、翌八年私家版として刊行された。曽我氏は曽我祐信の末裔と伝え、江戸初期より井伊家に仕えた家柄。昭和六年（一九三一）、彦根町の曽我粂吉が泉三を訪ね、先祖に関する史料収集の方法について教えを乞うた。曽我は泉三の教え通りに資料を集め、泉三宅に持参して家史編修を希望したので、泉三は多忙な日々の合間をぬって本書を書き上げた。

米46 春照会議所竣工記念撮影写真　一枚

昭和十一年（一九三六）
縦一九・七×横二六・八
米原市　春照区蔵

写真の会議所は、春照村（現在の米原市春照）出身の山田留治郎が費用のほとんどを負担し、地元に新築した。留治郎は京都に出て染料を商い、一代で財を成した篤志家である。春照村の人びとは留治郎の功績を後世まで伝えるために建碑を思い立ち、泉三に碑文の撰文と執筆を依頼、石碑は会議所の竣工と同時に完成した。会議所が老朽化により解体・撤去された現在も、現地に石碑が残されている。

米47 史蹟名勝天然紀念物保存事業の功労により表彰状・記念品

一組（一枚・一杯）
昭和十一年（一九三六）
（表彰状）縦三八・一×横五一・七
（記念品）径一二・七×高四・一

この年、史蹟名勝天然紀念物保存協会の創立二十五周年記念式典が上野の精養軒で挙行された。式典の席上で、各地方の保存事業功労者が表彰されている。これは協会会長の文部大臣平生釟三郎から泉三に贈られた表彰状と、記念品の盃である。

米48 京極道誉と勝楽寺　一冊

昭和十二年（一九三七）
縦一八・四×横二五・七

中川泉三が当時の勝楽寺住職より依頼を受け、寺の開基である道誉の伝記を編纂したもの。

米49 坂田郡志追補調査記念撮影写真　一枚

昭和十二年（一九三七）
縦一〇・七×横一五・六

坂田郡鳥居本（現在の彦根市鳥居本町）に所在する専宗寺での記念撮影。泉三は晩年、学校教員とともに坂田郡内の再調査を積極的に行っていた。その積み重ねが『改訂近江国坂田郡志』へつながる。

米50 沢隆司書簡　中川泉三宛　一通

昭和十三年（一九三八）
縦二六・六×横一九・二

京都のマキノトーキで浅井長政の映画脚本を作製したい希望があり、長政の事跡について泉三に問い合わせた書簡。年は消印より昭和十三年（一九三八）と推察でき、本文は一月二十日付で記される。

米51 勝軍山新放生寺　舎那院史　一冊

昭和十三年（一九三八）
縦一九・〇×横一三・二

舎那院は長浜八幡宮別当寺の学頭。明治以来の同院衰退を惜しんだ泉三が、再興に協力しようと執筆したのがこの略寺史である。広く読まれることを期待してか、全文が口語体で記されている。

米52 北野源治葉書　中川泉三宛　一枚

昭和十四年（一九三九）
縦一三・九×横九・〇

十二月二十一日付で泉三に対し、「彦根市史」の原稿を受け取りに訪問する日時を知らせる葉書。北野源治は当時、彦根図書館長を務めていた。泉三は原稿提出のわずか数日後に死去し、「彦根市史」は結果として最後の仕事になった。

中川泉三編著作一覧

和暦年	西暦年	月	編纂・著書・論文名など	員数	備考
明治二十三	一八九〇	四	**賤岳懐古集**	一冊	
明治三十七	一九〇四	七	**太湖三十勝**	一冊	『章斎詩鈔』に「大湖三十勝詩」として再録
明治三十八	一九〇五	八	**膽吹山**	一冊	初版
明治四十二	一九〇九	七	笙声余韵		刊行不明、久米邦武らと竹生島を訪問した時の紀行文
明治四十三	一九一〇	四	国友鉄炮志		刊行不明（明治四十三年一月十四日編だが、序文に四月とあり）
〃	〃	六	壬申の乱の戦場息長横川と横川駅の位置		『歴史地理』第一五巻第六号
〃	〃	九	近江醒ヶ井村に発見せる神籠石様の列石		『歴史地理』第一六巻第三号
〃	〃	十	近江国醒ヶ井に於ける神籠石に類せる遺跡		『考古学雑誌』第一巻第二号
明治四十四	一九一一	六	近江国山津照神社と神宝鉞		『考古学雑誌』第一巻第一〇号
明治四十五（大正元）	一九一二	四	戦国時代の通行税につきて		『歴史地理』第一九巻第四号
〃	〃	六	近江坂田郡の条里		『歴史地理』近江号
〃	〃		**元弘の忠臣北畠具行卿伝**	一冊	表忠会に寄付
大正二	一九一三	二	膽吹山の荒神と玉倉部の泉（上）		『歴史地理』第二一巻第二号
〃	〃	三	膽吹山の荒神と玉倉部の泉（下）		『歴史地理』第二一巻第三号
〃	〃	八	**伊吹山名勝記**	一冊	『膽吹山』の改題、第二版
〃	〃	〃	近江坂田郡志	三巻	
〃	〃	九	高木敏雄君の弁妄に答ふ		『歴史地理』第二〇巻第二号
大正三	一九一四	八	小堀遠州の系図に就て		『歴史地理』第二四巻第二号
大正四	一九一五	二	豊臣秀吉の検地と近江縄		『歴史地理』第二五巻第二号
〃	〃	四	三百年以上連綿たる近江の三工業家		『歴史地理』第二五巻第四号
〃	〃	五	三百年以上連綿たる近江の三工業家（承前完）		『歴史地理』第二五巻第五号
〃	〃	〃	近江覚永寺の古鐘		『考古学雑誌』第五巻第九号
〃	〃	十	皇室と奥島の郁子		『日本及日本人』第六六五号　郷土光華号
大正五	一九一六	四	近江の棟札		『考古学雑誌』第六巻第八号
〃	〃	五	近江高島郡水尾村の古墳発掘物		『考古学雑誌』第六巻第九号
〃	〃	六	近江商人の旧記に見ゆる下総国葛飾八幡宮の古鐘		『考古学雑誌』第六巻第一〇号
大正六	一九一七	一	弘安役の新史料		『史林』第二巻第一号（通巻五号）
〃	〃	〃	永徳二年の大太鼓		『考古学雑誌』第七巻第五号
〃	〃	十一	蒲生郡行幸啓誌	一巻	

大正六	一九一七	十一	蒲生郡古城趾図	一帙（一〇図）	
〃	〃	十一	南朝と近江		刊行不明（刊行せず？）
大正七	一九一八	十	蒲生氏と近江商人（続）		『友園』第八五号、口語体、講演録？
大正八	一九一九	八	**伊吹山案内**	一冊	『膽吹山』の改題、第三版
大正九	一九二〇	四	足利義晴と桑実寺		『歴史地理』第三五巻第四号
〃	〃	五	**繖山観音正寺由来記**	一冊	
〃	〃	七	材木屋の土蔵より發見されたる銅鐸に就て		『考古学雑誌』第一〇巻第一一号
大正十	一九二一	二	豊臣秀吉最初の検地と其の実行難		『歴史地理』第三七巻第二号
〃	〃	十	甕破柴田の疑問		『歴史地理』第三八巻第四号
〃	〃		長浜町志（未刊）	三巻（予定）	脱稿するが、追加の必要があって、未印刷。昭和六十三年に通史編刊行
大正十一	一九二二	五	近江蒲生郡志	一〇巻	
大正十二	一九二三	八	二位禅尼追福の写経と北條時頼菩提の写経		『歴史地理』第四二巻第二号
大正十三	一九二四	四	俵藤太秀郷の竜宮入伝説と竜門庄田原庄		『歴史地理』第四三巻第四号
〃	〃	九	近江栗太郡宝光寺の古瓦当		『考古学雑誌』第一四巻第一二号
〃	〃	十	伊吹山下の石器		『考古学雑誌』第一四巻第一三号
大正十四	一九二五	八	蓮池良儀君の安養寺		『蓮のかほり（故蓮池良儀師を偲びて）』
〃	〃	十一	雲根志の著者木内石亭		『考古学雑誌』第一五巻第一一号
大正十五（昭和元）	一九二六	六	近江栗太郡志	五巻	
〃	〃	九	近江栗太郡発掘の古陶壺		『考古学雑誌』第一六巻第九号
〃	〃	十	大石良雄の祖先と大石庄		『歴史地理』第四八巻第四号
〃	〃	十一	伊勢神宮千日参と井伊直政		『歴史地理』第四八巻第五号
昭和二	一九二七	九	珍らしき弥生式土器		『考古学雑誌』第一七巻第九号
昭和三	一九二八	三	**松居家誌**	一巻	
〃	〃	三	伊勢神宮と近江		『神路』第五号　神宮特輯号
〃	〃	七	史料採集苦心談		稿年月日による。未刊行？
昭和四	一九二九	八	足利時代に於ける近江商人の海外貿易（上）―守護佐々木家や部下諸将も関係して居る―		『太湖』第四三号
〃	〃	九	足利時代に於ける近江商人の海外貿易（下）―守護佐々木家や部下諸将も関係して居る―		『太湖』第四四号
〃	〃	十二	近江愛智郡志	五巻	

昭和五	一九三〇	四	**章斎詩鈔**	一帙（二冊）	
〃	〃	四	嗚呼野田栽松君		『友園』第二二二号
〃	〃	十二	**近江日野町志**	三巻	
昭和六	一九三一	一	瑞祥の家中井源左衛門		『近江と人』第九二号
〃	〃	二	瑞祥の家中井源左衛門（其二）		『近江と人』第九三号
〃	〃	四	日渓雑詠		『近江と人』第九四号
〃	〃	四	近江の地理と交通		『歴史地理』第五七巻第四号
〃	〃	五	日野商人と阿片		『友園』第二三五号
〃	〃	六	木津に古墳発見		『友園』第二三六号
〃	〃	九	黒田定太郎君を悼む		『友園』第二三九号
〃	〃	十	日野商人と薬種行商		『友園』第二四〇号
〃	〃	九	織田信長と安土城		『近江と人』第九七号
昭和七	一九三二	一	酒の話		『近江と人』第一〇〇号
〃	〃	三	彦根寺—近江古寺考の一—		『歴史地理』第五九巻第三号
〃	〃	三	豊前国発掘寛治元年の経筒		『考古学雑誌』第二二巻第三号
〃	〃	八	高野瀬城址より古銭六拾貫目		『考古学雑誌』第二二巻第八号
〃	〃	九	**近江之聖蹟**	一巻	
〃	〃	九	山陽鎮西記游		『近江と人』第一〇八号
昭和八	一九三三	一	日触山は千古の聖蹤		『太湖』第八四号
〃	〃	三	孝蔵主は日野川副氏の女		『友園』第二五七号
〃	〃	四	**曾我氏家記**	一巻	
〃	〃	六	北畠具行卿伝		不明
〃	〃	六	後醍醐天皇建武中興と坂田郡	一冊	不明
〃	〃	七	天正検地の一史料		『歴史地理』第六二巻第一号
〃	〃	十一	石田三成の佐和山城趾発掘の陶膳		『考古学雑誌』第二三巻第一一号
〃	〃	十一	献詠恭賦「手原宮聖跡」		『近江と人』第一二〇号
昭和九	一九三四	一	豊臣家の忠臣石田三成		『近江と人』第一二二号
〃	〃	六	**北花澤の「花之木」**	一冊	
〃	〃	七	坂田郡春照村杉沢　辻村義男邸出土の石斧と弥生式土器		草稿年月日
〃	〃	九	二本松城趾の警石		『太湖』第一〇四号
〃	〃	十一	長崎貿易品と近江商人、研究すべき阿片の売買		『経済史研究』第一二巻第五号

昭和十	一九三五	一	近江の奈良		『太湖』第一〇八号
〃	〃	〃	長崎貿易と近江商人—昔のギャングに備へる為財宝を隠した金満家の秘密—		『近江と人』第一三二号　新年号　第一六年第一号
〃	〃	二	近江と人		『近江と人』第一三三号　梅花号　第一六年巻二号
〃	〃	七	**伊吹山人文草**	一巻	
〃	〃	〃	**伊吹山人詩草**	一巻	
〃	〃	八	近江麻布		『経済史研究』第一四巻第二号
昭和十一	一九三六	一	日野菜の献上を日野町に勧む		『友園』第二九一号
〃	〃	〃	長寿の話		『近江と人』第一四二号　第一七年第一号
〃	〃	〃	近江の神社と武将		『近江と人』第一四二号　第一七年第一号
〃	〃	〃	近江の神社と武将(1)		『太湖』第一二〇号
〃	〃	二	近江の神社と武将(2)		『太湖』第一二一号
〃	〃	〃	音読の地名は後世の称		『近江教育』第四八三号
〃	〃	四	**伊吹艾と亀屋佐京**	一巻	
〃	〃	七	木俣石香と頼山陽の石香斎記		『歴史地理』第六五巻第一号
〃	〃	八	彦根藩学館三教授の建言		『近江教育』第四八九号
〃	〃	九	高宮布と彦根藩		『経済史研究』第一六号第三号
〃	〃	十	長浜時代の秀吉		『歴史公論』第五巻一〇号（通巻第四九号）
〃	〃	十二	**石之長者木内石亭全集**	一帙（六冊）	
〃	〃		**久米邦武先生伝**	一巻（予定）	刊行年など不明、出版見積は昭和十一年
昭和十二	一九三七	一	漢詩		『近江と人』第一五二号第一八年第一号　新年特輯号
〃	〃	〃	坂本天山の八幡城趾探遊		『太湖』第一三二号
〃	〃	四	北海の開拓と彦根藩		『経済史研究』第一七巻第四号
〃	〃	六	**京極道誉と勝楽寺**	一冊	記年
〃	〃	七	徳川綱吉と延宝検地		『経済史研究』第一八巻第一号
〃	〃	八	長束正家伝を修して栗太蒲生両郡教育会に望む		『近江教育』第五〇〇号
〃	〃	〃	彦根牛肉に就いて		『歴史公論』第六巻一〇号（通巻第六一号）
〃	〃	〃	王車歯痕（一）		『仁寿社報』第一三〇号
〃	〃	九	王車歯痕（二）		『仁寿社報』第一三一号
〃	〃	〃	**王車歯痕**	一巻	
〃	〃	十一	琵琶湖に就て（一）		『仁寿社報』第一三三号

〃	〃	十二	琵琶湖に就て（二）		『仁寿社報』第一三四号
昭和十三	一九三八	一	琵琶湖に就て		『近江と人』第一五八号
〃	〃	四	**近江要史**	一巻	
〃	〃	〃	**勝軍山新放生寺舎那院史**	一冊	
〃	〃	一	近江千僧供の古墳出土品		『考古学雑誌』第二八巻第一号
〃	〃	七	近江と人継承祝時		『近江と人』第一五九号　駒井主幹追悼号
〃	〃	九	石山章卿		『太湖』第一四四号
昭和十四	一九三九	一	北海の開拓と彦根藩		『近江と人』第二〇巻一月号
〃	〃	〃	長束正家伝（一）		『太湖』第一五六号
〃	〃	二	長束正家伝（二）		『太湖』第一五七号
不明			潤徳安民碑の建設		『滋賀県農報』に掲載されたようだが、不明
			蒲生氏と日野商人		明治四十三年頃？、大正六年の日野町での講演と同一？
			中野家史		昭和五年以降に編纂？
			中井家史	三巻（予定）	昭和九年以降に編纂？
			彦根市史（未刊）	七～八巻（予定）	昭和十四年十二月に脱稿

＊この一覧は章斎文庫所蔵資料、『中川泉三著作集』などをもとに作成。
＊一覧中の網カケは公的機関の依頼による編纂書、太字はそれ以外の著書を示す。
＊現時点で把握できた編著作より作成したものであり、脱漏などの可能性も考えられる。今後、調査の進展とともに補訂していく必要がある。
＊本表は、蔭山兼治・青谷美羽が作成した。

中川泉三履歴年表

年（西暦）	月日	年齢	中川泉三関係事項	時代背景
明治二年（一八六九）	四月十四日	○歳	中川泉三出生	一月　大津県庁を滋賀郡別所村の園城寺内円満院に移す。三月　天皇東京に行幸、東京遷都。
明治三年（一八七〇）		一歳	胎毒瘡を患う（一年間）	一月　大教宣布の詔。九月　平民の名字使用許可。
明治四年（一八七一）		二歳		七月　廃藩置県。十月　岩倉使節団の欧米派遣。
明治五年（一八七二）		三歳		一月　大津県を滋賀県と改称。八月　学制発布。九月　新橋・横浜間鉄道開業。犬上・滋賀両県合併し、滋賀県となる。
明治八年（一八七五）	六月二日	六歳	鶴鳴小学校入学？	二月　大阪会議。六月　各府県に「皇国地誌編輯列則并着手方法」通達。九月　江華島事件。
明治九年（一八七六）		七歳	鶴鳴小学校入学？	二月　日朝修好条規調印。三月　廃刀令。八月　秩禄処分。十月以降　士族反乱。
〃	七月二十日	〃	下等小学校第八級卒業	
明治十年（一八七七）		八歳	鶴鳴小学校（大野木・須川村）と貫之小学校（杉沢・村木・大清水村）と合併し、誠良小学校を新築、学級の整理が行われる。	二～十月　西南戦争
明治十一年（一八七八）	四月二十五日	九歳	下等小学第七級卒業（誠良小学校）	五月　大久保利通暗殺
明治十二年（一八七九）	四月七日	十歳	下等小学校第六級卒業、この年から退校後見瑞寺住職福井照恵師に漢文の素読を学ぶ。	九月　学制廃止、教育令制定
〃	十月二十五日	〃	小学普通第三級卒業	
〃	十二月十八日	〃	滋賀県知事籠手田安定学校巡視、二等賞授与される。	
明治十三年（一八八〇）	四月十九日	十一歳	小学普通第二級卒業	
〃	七月三十日	〃	父洸平次幸秀死去（享年四十八）	三月　国会期成同盟結成
〃	十一月五日	〃	小学普通第一級卒業	
明治十四年（一八八一）	五月五日	十二歳	小学高等第六級卒業	十月　明治十四年の政変（大隈重信失脚）
〃	十一月十四日	〃	小学高等第五級卒業	
明治十五年（一八八二）	五月十四日	十三歳	小学高等第四級卒業	

〃	十一月三日	〃	小学高等第三級卒業	
明治十六年（一八八三）	五月十五日	十四歳	小学中等科第二級卒業	
〃	十月三十一日	〃	小学中等科第一級卒業	
明治十七年（一八八四）	五月二日	十五歳	小学高等科第四級卒業	
〃	十月三十日	〃	小学高等科第三級卒業	
明治十八年（一八八五）	五月二十九日	十六歳	小学高等科第二級卒業、第一級卒業。小学全科卒業。	十二月　太政官制廃止。内閣制実施。
〃	六月一日	〃	誠良小学校教員就職、作詩作文を校長松尾慶太郎に学ぶ。	
明治十九年（一八八六）	四月～	十七歳	農業従事の余暇に詩文を作り、郵書をもって土屋鳳洲小野湖山等に添削を受ける。	三月　帝国大学令
〃	四月	〃	教員を辞職し、母姉とともに農業に従事、業暇および夜間に作った詩文を神戸師範学校長土屋弘（鳳洲）らに送り、添削批評を請い、独学自修する。	
明治二十二年（一八八九）		二十歳	東海道鉄道を大野木に通す用地測量のため区長より事務依頼。姉川・賤ヶ岳古戦場を見学。大岩山の碑文を読んで賤ヶ岳懐古集編集を志す。	二月　大日本帝国憲法発布
明治二十三年（一八九〇）	四月十五日	二十一歳	『賤岳懐古集』刊行	五月　府県制・郡制公布
〃	四月	〃	高橋伊八郎妹とゑと結婚、三余会を起し、夜間経史を講習する。	
明治二十五年（一八九二）	二月二日	二十三歳	長女そのゑ出生	
明治二十七年（一八九四）	四月	二十五歳	柏原村第八区の区長当選就職、日清戦争の献金軍事公債募集・出征兵士犒軍など多事多忙。	八月　日清戦争はじまる。
明治二十八年（一八九五）	三月三十一日	二十六歳	二女きりゑ出生	四月　東京帝国大学文科大学に史料編纂掛設置される。下関で日清講和条約調印、三国干渉。
〃	四月一日	〃	柏原村村会議員当選就職	
〃	四月十五日	〃	柏原村春照村学校組合会委員当選就職	
〃	九月	〃	明治天皇、広島大本営より還京、東海道深谷線通過のため同時刻数十発の提砲を打掲げ、見瑞寺本堂に祝宴を開く、凱旋兵送迎連日、日清戦争二年間区長として多事。	

明治二十九年（一八九六）	十一月	二十七歳	柏原村農会副会頭当選	
明治三十年（一八九七）	二月十六日	二十八歳	村会議員・学校組合委員・村農会副会頭など全ての公職を辞職。坂田郡柏春尋常高等小学校尋常科雇教員就職。	
明治三十一年（一八九八）	八月一日	二十九歳	三女りう出生。	
明治三十二年（一八九九）	三月	三十歳	柏原春照学校組合を解除し、柏春小学校廃止の議案が出され、関係五大字の住民が分村論を提起する。委員の一人として参加することを懇請され雇教員を辞職、分村請願委員として奔走。	
明治三十三年（一九〇〇）	四月	三十一歳	柏原村学務委員当選就職。	六月　北清事変
〃	十一月九日	〃	肺病にかかり、京都府立病院入院五週間、十二月下旬退院し帰宅。	
明治三十四年（一九〇一）	十月十六日	三十二歳	長男公平出生	
明治三十五年（一九〇二）		三十三歳	農業に従事、三余会を主管する。	一月　日英同盟
明治三十六年（一九〇三）	十月五日	三十四歳	坂田郡郡会議員当選就職	
〃	十二月一日	〃	坂田郡教育会基金募集委員嘱託	
明治三十七年（一九〇四）	四月	三十五歳	柏原村学務委員満期再当選就職。学務委員満期再選。	二月　日露戦争はじまる。
〃	五月二十五日	〃	戦時国民貯蓄組合員に選任される。	
〃	七月十日	〃	『太湖三十勝』刊行	
〃		〃	乃木希典らに柏原駅で著書進呈。	
明治三十八年（一九〇五）	八月六日	三十六歳	『膽吹山』刊行	九月　ポーツマス条約締結。日比谷焼打ち事件。
明治三十九年（一九〇六）	三月	三十七歳	郡会議員満期退職	
〃	四月	〃	二男占午出生	
このころ		〃	柏原村大字柏原のもと柏原宿駅時代の史料を調査・整理し、柏原村誌編纂嘱託を受け上下二巻を編纂。	
明治四十年（一九〇七）	四月十七日	三十八歳	坂田郡長より近江坂田郡志編纂委員嘱託。	
〃	七月二十九日	〃	近江坂田郡志常務委員嘱託（主任となる）。	
〃	十月	〃	柏原村助役当選	

〃	十二月一日	〃	二男占午死去（享年二）	
〃		〃	郡会議員任期終了	
明治四十一年（一九〇八）	四月	三十九歳	柏原村学務委員満期、三度目当選就職	
〃	九月二十六日	〃	四女八重子出生	
〃	十二月三十一日	〃	母その死去（享年七十九）	
明治四十二年（一九〇九）	三月	四十歳	坂田郡志編纂史料採訪のため東京帝国大学史料編纂掛を初めて訪れる。三上参次・田中義成、辻善之助・渡辺世祐・和田英松らに面会、また久米邦武の家を訪ね古文書学を学ぶ（久米邦武と初面会）。	
〃	十二月十七日	〃	長男中川公平死去（享年九）	
明治四十三年（一九一〇）	四月一日	四十一歳	柏原村会議員当選就職	五月　大逆事件。八月　韓国併合。
〃	十月	〃	皇太子が滋賀県に行啓の時、「花の木」台覧の件を上申し、県知事と愛知郡長より謝状をもらう。	
大正元年（一九一二）	八月	四十三歳	北畠具行のものと伝わる墓を修理しようと柏原村において表忠会を組織し、資金を募り石柵を新築し記念碑を建設する。「元弘の忠臣北畠具行卿伝」を著述、表忠会に寄付する。	
〃	十月十九日	四十三歳	長浜町誌編纂委員	
〃	十一月六日	〃	長女そのゑ死去（享年二十一）	
大正二年（一九一三）	八月十五日	四十四歳	『伊吹山名勝記』（『膽吹山』の第二版）刊行	
〃	八月	〃	『近江坂田郡志』刊行	
〃	十一月十六日	〃	第一回長浜町誌史料展覧会（於　長浜議事堂）	
大正三年（一九一四）	四月一日	四十五歳	蒲生郡は大正天皇即位大典記念事業として蒲生郡志編纂を計画し、中川泉三に郡志編纂主任を嘱託。	八月　独に宣戦布告（第一次世界大戦）
〃	十月十八〜二十日	〃	蒲生郡志史料展覧会開催（於　安土村）	
大正四年（一九一五）	十月	四十六歳	第二回蒲生郡志史料展覧会・講演開催（於　日野町）	
大正五年（一九一六）	十一月十一日	四十七歳	第二回長浜町誌史料展覧会（於　下郷共済会）	
大正六年（一九一七）	六月一日	四十八歳	安土保勝会理事嘱託任命	

〃	十月三十日	〃	蒲生郡特別大演習事務委員任命	
〃	十一月	〃	陸軍特別大演習が近江国で挙行されることにより、『蒲生郡行幸啓誌』・『蒲生郡古城趾図』編纂。郡はこれを伏見宮貞愛親王・閑院宮載仁親王、その他来県文武官に献上。	十一月　滋賀県で陸軍特別大演習挙行
大正七年（一九一八）	七月八～十一日	四十九歳	徳富蘇峰、近世日本国民史論編修につき、織田豊臣時代の近江の史蹟を探訪。県は中川泉三にその同道を嘱託する（徳富蘇峰との初面会）。	七月　米騒動
大正八年（一九一九）	四月二十六日	五十歳	蒲生氏郷銅像除幕式に出席。	四月　史蹟名勝天然紀念物保存法公布
〃	八月	〃	『伊吹山案内』（『膽吹山』の第三版）刊行	
大正九年（一九二〇）	五月	五十一歳	『織山観音正寺由来記』編纂	戦後恐慌
〃	六月二十九日	〃	滋賀県保勝会第一部調査員任命	
〃	十一月三十日	〃	大隈重信を訪問して近江蒲生郡志の序文を、宮内大臣波多野敬直子爵に題字を依頼。	
大正十年（一九二一）	六月	五十二歳	柏原村保導委員嘱託	
〃	十月十日	〃	近江栗太郡志編纂主任嘱託	
〃	十二月	〃	菩提寺の徳願寺本堂内陣改修につき寄付	
大正十一年（一九二二）	三月	五十三歳	栗太郡志史料展覧会	
〃	五月	〃	『近江蒲生郡志』刊行。『近江蒲生郡志』宮中へ献上。	
大正十二年（一九二三）		五十四歳	在郷軍人会柏原分会の基本財産募集につき寄付。	四月　滋賀県内の郡制廃止施行。九月　関東大震災。
大正十三年（一九二四）	四月一日	五十五歳	八相宮氏子総代当選	
〃	四月	〃	柏原村保導委員満期改選　再当選就職	
〃		〃	保導委員満期再選	
大正十四年（一九二五）	四月二日	五十六歳	柏原村会議員当選	
〃	九月三十日	〃	近江愛智郡志編纂主任任命	
〃		〃	八相宮中門透塀改築につき寄付。	
大正十五年（一九二六）	三月十五日	五十七歳	土屋弘（鳳洲）死去（享年八十五）	

〃	三月二十七日	〃	愛智郡志史料展覧会	
〃	五月十三日	〃	愛智郡志史料展覧会	
〃	五月十五日	〃	滋賀県坂田郡柏原村マラリヤ予防調査委員任命	
〃	六月	〃	『近江栗太郡志』刊行	
〃	九月十日	〃	長浜税務署より土地賃貸価格調査嘱託員委託。	七月　滋賀県内の郡役所・郡長廃止
昭和二年（一九二七）	一月十五日	五十八歳	多羅尾徹死去	
〃	四月一日	〃	柏原村保導委員満期三度目当選就職。八相宮氏子総代満期再選就職。	
〃		〃	保導委員満期三選	
昭和三年（一九二八）	三月	五十九歳	『松居家誌』編纂	
〃	六月三～二十五日	〃	胃腸の病で一時危篤に陥る、午後快方に向い二十五日に至り入浴を許される。	
〃	十月一日	〃	大礼奉祝近江商人事績展覧会委員嘱託	
昭和四年（一九二九）	四月七日	六十歳	池田毅死去（享年七十七）	七月　東京帝国大学文学部史料編纂掛が史料編纂所と改称。世界恐慌。
〃	六月六日	〃	大阪城東錬兵場で親閲の陪観。	
〃	七月一日	六十歳	近江商人事績写真帖編纂事務任命	
〃	十一月	〃	野田東三郎から鹿の角の杖を贈られる。	
〃	十二月	〃	『近江愛智郡志』刊行	
昭和五年（一九三〇）	四月	六十一歳	『章斎詩鈔』刊行	昭和恐慌
〃	五月十九日	〃	『近江愛智郡志』宮中へ献上	
〃	十二月	〃	『近江日野町志』刊行	
昭和六年（一九三一）	二月二十四日	六十二歳	久米邦武死去（享年九十三）	九月　満州事変
〃	三月二日～九月二十八日	〃	日野町中井源左衛門の古文書記録調査と家史編纂。	
〃	六月二十日	〃	名古屋市中央放送局主催　織田信長公三百五十年記念講演放送「織田信長公と安土城」	
〃	九月六日	〃	三浦周行死去（享年六十）	

昭和七年（一九三二）	三～四月	六十三歳	彦根町史編纂主任嘱託	三月　満州国建国宣言。十月　リットン調査団、報告書発表。
〃	九月	〃	『近江之聖蹟』刊行	
〃	十一月	〃	『近江之聖蹟』宮中へ献上	
昭和八年（一九三三）	四月	六十四歳	『曽我氏家記』編纂	三月　国際連盟脱退
〃	十一月二十五日	〃	「豊臣家の忠臣石田三成」放送講演（大坂中央放送局の依頼）	
昭和九年（一九三四）	六月	六十五歳	『北花澤の「花之木」』編纂	
昭和十年（一九三五）	四月二十七日	六十六歳	黒田惟信死去（享年六十八）	
〃	五月十二日	〃	京都帝国大学経済学部本庄栄治郎・黒正巌・菅野和太郎ら主催の日本経済史研究所大会近畿諸国郷土史家の会に出席。	
〃	八月	〃	『伊吹山人詩草』・『伊吹山人文草』刊行（二冊合わせて『伊吹山人詩文草』とも）	
昭和十一年（一九三六）	四月？	六十七歳	『伊吹艾と亀屋佐京』編纂	二月　二・二六事件
〃	十一月十日	〃	文部大臣より、郷土史家として表彰される。	
〃	十二月	〃	『石之長者木内石亭全集』刊行	
昭和十二年（一九三七）	六月十四日	六十八歳	東伏見邦英夫妻、浜田耕作京都帝国大学総長の案内で泉三宅に陳列された近隣出土の古代石器・土器を見学。	七月　日中戦争はじまる
〃	六月	〃	『京極道誉と勝楽寺』編纂	
〃	七月	〃	『王車歯痕』編纂	
〃	九月十日	〃	大阪中央放送局主催「琵琶湖に就て」講演	
〃	十二月	〃	『石之長者木内石亭全集』宮中へ献上	
昭和十三年（一九三八）	四月十四日	六十九歳	『近江要史』刊行	四月　国家総動員法公布
〃	四月十六日	〃	病にて倒れる（脳溢血）、しばらく療養生活	
〃	四月	〃	『勝軍山新放生寺舎那院史』編纂	
昭和十四年（一九三九）	四月十六日	七十歳	章斎文庫建設のため地鎮祭	

〃	四月二十八日	〃	章斎文庫建設のため地搗	
〃	五月	〃	章斎文庫立柱	
〃	六月七日	〃	三上参次死去（享年七十五）	
〃	七月三日	〃	喜田貞吉死去（享年六十九）	
〃	八月二日	〃	章斎文庫書院の立棟	
〃	九月四日	〃	尾形慶治郎（楓峡）死去	
〃	十月二十二日	〃	章斎文庫完成	
〃	十月二十七日	〃	章斎文庫完成式典挙行	
〃	十二月二十三日	〃	彦根市史脱稿	
〃	十二月二十七日	〃	中川泉三死去（享年七十）	
昭和十五年（一九四〇）	三月		泉三の死去により一時中止されていた章斎文庫の公開、再開される。	九月 日独伊三国同盟締結。十月 大政翼賛会結成。十一月 紀元二六〇〇年式典。

＊本表は、蔭山兼治・青谷美羽が作成した。

中川泉三人物関係図

中川泉三

京都帝国大学
- 喜田貞吉
- 三浦周行
- 梅原末治
- 中村直勝
- 小林行雄

東京帝国大学
- 三上参次
- 藤田　明
- 辻善之助
- 渡辺世祐
- 鷲尾順敬
- 蘆田伊人
- 伊木寿一

師匠
- 久米邦武

友人
- 黒田惟信
- 武田貞之助

その他
- 徳富蘇峰
- 漢詩
  - 小野湖山
  - 土屋鳳洲
  - 尾形楓峡

研究者
- 東京帝室博物館
  - 高橋健自
- 宮内省
  - 宮地直一
  - 本多辰次郎
- 日本美術院
  - 新納忠之介
- 沼田頼輔
- 大西源一
- 山本一清
- 藤井甚太郎
- 堀田璋左右
- 菅野和太郎
- 牧野信之助

坂田郡
- 坂田郡志
  - 多羅尾徹
  - 江龍清城
  - 清水精一郎
  - ほか
- 改訂坂田郡志
  - 西秋実郎
  - 樋口元
  - 沢直一
  - 中村林一
  - ほか
- 大野木・柏原
  - 谷村伊平
  - 桑原勘三郎
  - 高橋憲治
  - 小沢五郎作
  - 松浦佐京
  - 三家重三郎
  - ほか
- 長浜町誌
  - 下郷共済会
  - 下郷傳平
  - 長義堂
  - 横田立次郎
  - 服部俊崖
  - ほか

蒲生郡
- 蒲生郡志
  - 角田亀次郎
  - 久村静弥
  - 中島又次
  - 桐江亮吉
  - ほか
- 八幡町誌
  - 近松文三郎
  - ほか
- 日野町志
  - 野田東三郎
  - 池田毅
  - 野田現浄
  - 石岡清蔵
  - 西村市郎衛門
  - 野田六左衛門
  - 中井源左衛門
  - ほか
- 松岡範宗
- ほか

蔭山兼治作成

滋賀県

栗太郡

栗太郡志
一谷軍治
青地重治郎
里内勝治郎
久保久一郎
片岡達吉
石田繁治郎
杉江孝春
ほか

蓮井知城
三好勝太郎
川辺金平
ほか

愛智郡

愛智郡志
古市良吉
石森儀作
高橋省三
満島延三
太田禎一郎
丸橋茂平
森野正
ほか

西堀宜整
浜中光暢
岡村多内
三木佐右衛門
松居泰次良
松居房治郎
松居文次郎
ほか

犬上郡

彦根市史
松原広吉
中村一形
北野源治
北村金吾
ほか

曽我粂吉
大菅喜三郎
沢実願
前田英一
樋口耕造
宮川桂禅
ほか

伊香郡

松原五百蔵
藤田宇太五郎
富田八郎
西山高遠
前川理三郎
ほか

東浅井郡

西川太治郎
伊藤之朗
南部晋
清水節堂
ほか

甲賀郡

細野正
小島捨一
竹若慶治郎
中田岩松
服部泰吉
ほか

滋賀郡

梅辻馨
杉浦重文
山口光円
ほか

神崎郡

大橋金造
塚本源三郎
ほか

高島郡

万木良知
ほか

野洲郡

井狩一郎
ほか

中川家系図

この系図は現在の中川家の方からの聞き取りと章斎文庫所蔵資料から作成

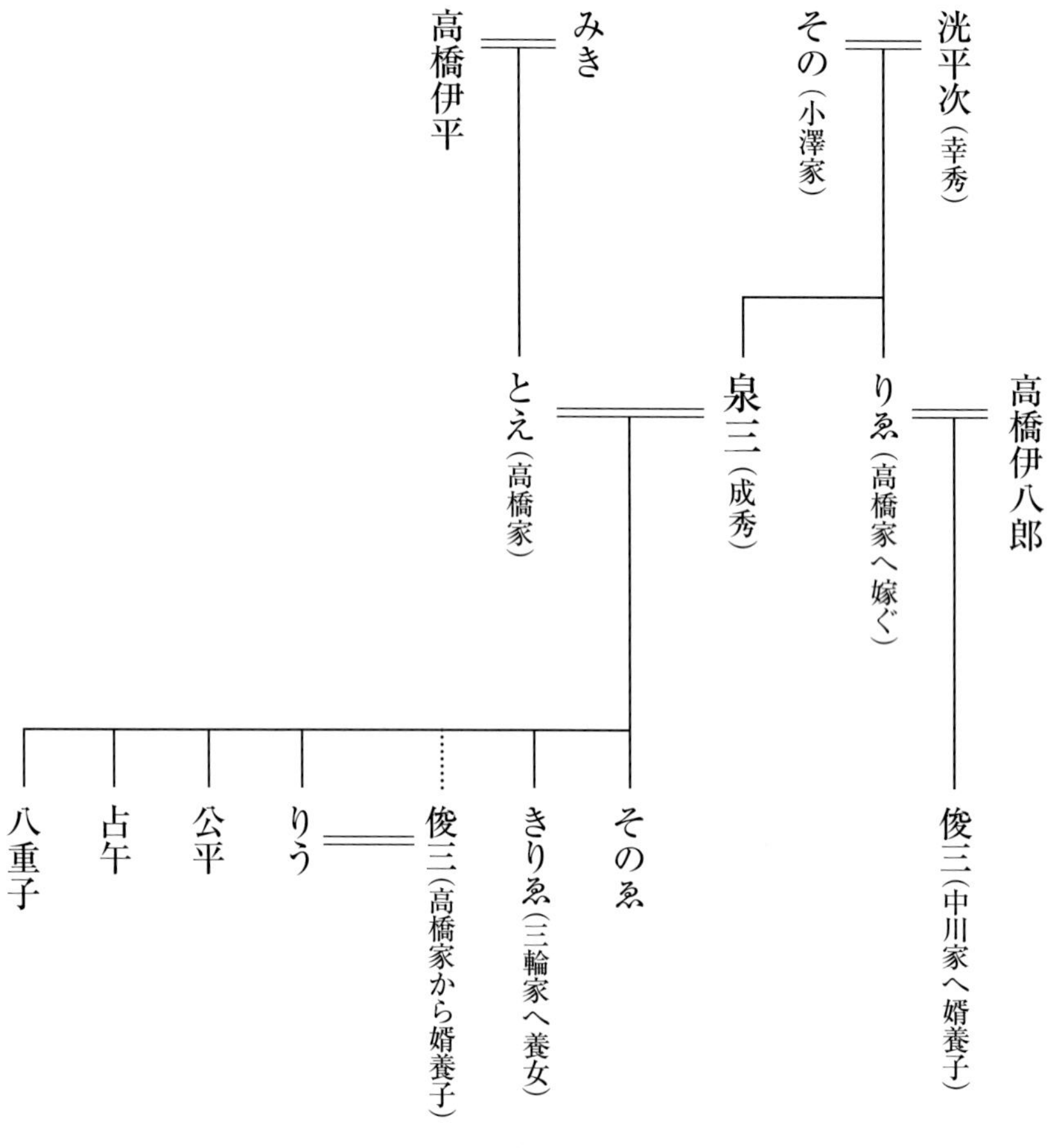

主な参考文献

伊吹町史編さん委員会編『伊吹町史』通史編　上・下（伊吹町　一九九九年）
愛知川町教育委員会編『愛知川町の伝承・史話』（サンブライト出版　一九七九年）
愛知川町史編集委員会編『近江　愛知川町の歴史』一　古代・中世編（愛知川町　二〇〇五年）
愛知川町史編集委員会編『近江　愛知川町の歴史』三　民俗・文献史料編（愛荘町　二〇〇八年）
愛知郡教育会編『えちのみなかみ』（愛知郡教育会　一九五二年）
近江町史編さん委員会編『近江町史』（近江町役場　一九八八年）
久米美術館編『新訂版　歴史家久米邦武』（久米美術館　一九九七年）
国立歴史民俗博物館編『収集家一〇〇年の軌跡』図録（国立歴史民俗博物館　一九九八年）
湖東町人物誌編集委員会編『湖東町人物誌』（サンブライト出版　一九八七年）
湖東町歴史民俗資料館編　町制施行三十周年記念特別展示『聖徳太子お手植　花ノ木と仏像』（湖東町歴史民俗資料館　一九八四年）
里内文庫資料調査会編『里内文庫資料目録』（栗東歴史民俗博物館　二〇〇五年）
山東町史編さん委員会編『山東町史』（山東町　一九九三年）
滋賀県愛知郡豊椋小学校　自治団文芸部　編『我等の郷土　第一輯』（滋賀県愛知郡豊椋小学校自治団文芸部　一九三四年）
滋賀県教育委員会『安土城・織田信長関連文書調査報告　4　摠見寺文書目録Ⅱ・浄厳院文書目録』（一九九五年）
滋賀県教育会編『近江の先覚』三（二〇〇六年）
滋賀県警察本部警務部警務課編『滋賀県警察史』（滋賀県警察本部　一九六八年）
滋賀県史編さん室編『滋賀年表』（滋賀県　一九八五年）
滋賀県市町村沿革史編さん委員会編『滋賀県市町村沿革史』全六巻（一九六〇～六七年）
滋賀県小学校校長会調査広報部委員会編『滋賀の先覚的教育人間像』（一九六八年）
滋賀県神社誌編纂委員会編『滋賀県神社誌』（滋賀県神社庁　一九八七年）
滋賀県百科事典刊行会編『滋賀県百科事典』（京都新聞社滋賀本社　一九八四年）
滋賀県編『鶴駕奉迎記』（滋賀県　一九一一年）
滋賀県立愛知高等女学校校友会錦郷会編『滋賀県立愛知高等女学校十五年小史』（滋賀県立愛知高等女学校校友会錦郷会　一九三七年）
太田敏兄著・滋賀新報社編『御大典記念滋賀県名士録』（滋賀県名士録刊行会　一九二九年）
滋賀大学附属図書館編『近代日本の教科書のあゆみ―明治期から現代まで』（サンライズ出版　二〇〇六年）
聖徳中学校郷土研究会『滋賀県八日市町史の研究（近代篇）』―筏の流れ　第五集―（滋賀県神崎郡八日市　一九五二年）
東京大学史料編纂所編『東京大学史料編纂所史史料集』（東京大学出版会　二〇〇二年）
東京大学百年史編集委員編『東京大学百年史』部局史四（東京大学　一九八七年）
中川泉三著作集刊行会編『中川泉三著作集』全六巻（川瀬泰山堂　一九七八年）
長浜市教育委員会・長浜北高等学校歴史部編『ふるさと長浜』（長浜市　一九七三年）
長浜小学校百年誌編集委員会編『長浜小学校百年誌』（創立百周年記念事業協賛会・長浜小学校　一九七一年）
日本歴史学会編『日本史研究者辞典』（吉川弘文館　一九九九年）
野村綱治郎編『日本の霊樹 世界の奇木 花の木由来』（野村綱治郎　一九一四年）
秦荘町史編集委員会編『秦荘の歴史』三　近代・現代（愛荘町　二〇〇八年）
秦荘町歴史文化資料館編　平成十三年度秋季企画展図録『豪恕展―円頓戒授与百万人―』（秦荘町歴史文化資料館　二〇〇一年）
秦荘町老人クラブ連合会編『秦荘町人物史』（秦荘町老人クラブ連合会　一九八二年）
彦根市史編集委員会編『新修彦根市史』三　通史編 近代（彦根市　二〇〇九年）
彦根市史編集委員会編『新修彦根市史』九　史料編　近代2・現代（彦根市　二〇〇五年）
米原市教育委員会・『章斎文庫』所蔵資料調査室編『「章斎文庫」所蔵資料調査　写真展　地方史研究の魁―中川泉三の足跡―展示解説書』（米原市教育委員会・『章斎文庫』所蔵資料調査室　二〇〇六年）
米原町史編さん委員会編『米原町史』通史編（米原町役場　二〇〇二年）
米原町史編さん委員会編『米原町史』資料編（米原町役場　一九九九年）
栗東歴史民俗博物館『近江の歴史家群像』図録（栗東歴史民俗博物館　一九九八年）
浅井聖晃『松居泰次良物語』（文芸社　一九九八年）
阿津坂林太郎編『地方史文献総合目録』全三冊（巌南堂書店　一九七〇～七五年）
市古貞次ほか編『国書人名辞典』全五巻（岩波書店　一九九三～九九年）
伊東ひろ美「中川泉三の歴史編さん―『近江栗太郡志』を例に―」（『栗東歴史民俗博物館紀要』五　一九九九年）
若井敏明「皇国史観と郷土史研究」（『ヒストリア』一七八　二〇〇二年）
岩永篤彦「滋賀県における地域史と「郷土誌」編さん」（『栗東歴史民俗博物館紀要』二　一九九六年）
江南良三『近江商人列伝』（サンライズ出版　一九九八年）
太田浩司「二人の地方史研究家―地方史研究の自立と史料保存をめぐって―」

（『歴史科学』一四二号　一九九五年）
蔭山兼治「中川泉三の『章斎文庫』設立とその意義について」（『市立長浜城歴史博物館研究紀要』一　二〇〇二年）
河村豊吉『国語読本学習書』（西濃印刷株式会社出版部　一九三一年など）
北堀光信「徴古神記」（『愛荘町歴史研究』二　二〇〇八年）
木全清博『滋賀の学校史』（文理閣　二〇〇四年）
黒田惟信編『奥野昌綱先生略伝並歌集』（一粒社　一九三六年）
駒井喜一『現代近江人要覧』第二輯（近江人協会　一九三一年）
鈴木良・高木博志編『文化財と近代日本』（山川出版社　二〇〇二年）
住友陽文「史蹟顕彰運動に関する一考察」（『日本史研究』三五一　一九九一年）
高木博志「『史蹟名勝天然紀念物』昭和編・解題」（『史蹟名勝天然紀念物』昭和編　解題・総目次・索引（不二出版　二〇〇八年））
高木博志「史蹟・名勝の成立」（『日本史研究』三五一　一九九一年）
高木博志『近代天皇制と日本』（岩波書店　二〇〇六年）
高木博志「「郷土愛」と「愛国心」をつなぐもの」（『歴史評論』六五四　二〇〇四年）
高田誠二『久米邦武―史学の眼鏡で浮世の景を―』（ミネルヴァ書房　二〇〇七年）
田尻佐編『贈位諸賢伝　増補版』全二巻（近藤出版社 一九七五年）
谷村伊平『中川章斎先生小伝』（中川泉三翁古稀祝賀会事務所　一九三九年）
中川千之「祖父 中川泉三のこと―在野郷土史の先覚者」（『湖国と文化』二〇　一九八二年）
中村賢二郎『文化財保護制度概説』（ぎょうせい　一九九九年）
布施整亮編『現代滋賀県人物史』全二巻（暲龍社　一九一九年）
古川武志「地域社会における郷土史の展開―泉州地域を中心として―」（『ヒストリア』一七三　二〇〇一年）
米原謙『徳富蘇峰―日本ナショナリズムの軌跡―』（中央公論社　二〇〇三年）
松下浩「近代における安土山の保存活動―安土保勝会をめぐって―」（『滋賀県安土城郭調査研究所研究紀要』三　一九九五年）
松下浩「徳富蘇峰の織田信長観―特に信長の神格化をめぐって―」（『滋賀県安土城郭調査研究所研究紀要』五　一九九七年）
松下浩「安土城と徳富蘇峰」（『滋賀県安土城郭調査研究所研究紀要』一三　二〇〇八年）
峯崎康忠『軍人伝道に関する研究――日本O.C.U.の源流』（ヨルダン社　一九八〇年）
森容子「松居泰次良」（「草の根県民史」企画編集委員会編『近江を築いた人々』下　一九九二年）
矢野敬一『慰霊・追悼・顕彰の近代』（吉川弘文館　二〇〇六年）
横田英男編『湖東町史』上（湖東町役場　一九七九年）